치유명상

일러두기》이 책은 2003년 발행된《나무마을 윤신부의 치유명상》의 수정증보판입니다.

치유명상
ⓒ 윤종모, 2009

윤종모 지은 것을 정주득이 2009년 11월 30일 처음 펴내다. 편집주간 이균형, 김우종이 다듬고, 김윤선이 꾸미고, 경운출력에서 출력을, 한서지업사에서 종이를, 영신사에서 인쇄와 제본을, 기획 및 영업부장 김영수, 하지혜가 책의 관리를 맡다. 정신세계사의 등록일자는 1978년 4월 25일(제1-100호), 주소는 03785 서울시 서대문구 연희로2길 76 A동 한빛빌딩 2층, 전화는 02-733-3134, 팩스는 02-733-3144, 홈페이지는 www.mindbook.co.kr, 인터넷 카페는 cafe.naver.com/mindbooky 이다.

2019년 2월 21일 펴낸 책(초판 제5쇄)

ISBN 978-89-357-0322-7 03200

치유명상

지금 이 순간의 의미와 행복 찾기

윤종모 지음

정신세계사

수정증보판을 내면서

제가 2003년에 《나무마을 윤신부의 치유명상》이란 제목으로 이 책을 낸 지 벌써 꽤 오랜 시간이 흘렀습니다.

이 책을 처음 쓸 때만 해도 그저 저 자신이 즐기고 있고, 또 제 삶에 큰 도움이 되었던 명상 경험들을 소개하고 싶은 마음뿐이었습니다. 그러나 책이 출판되자 뜻밖에도 많은 분들로부터 좋은 반응을 얻게 되었고, 또 아픔이 치유되고 영적 성장을 경험했다는 감사와 격려의 글을 많이 받아서 무척 행복했습니다.

그러나 이 책은 이런저런 사정으로 재판을 찍은 후에 품절이 되었는데, 그동안 많은 분들이 다시 펴내줄 것을 요청해왔습니다. 그래서 저는 이왕 다시 펴내려면 내용도 일부 고치고 또 보충하자고 결심하게 되었습니다.

오늘날 사람들은 물질문명을 즐기면서도 한편으로는 물질문명에 지쳐 있으며, 복잡한 현대 산업 구조 속에서 경쟁과 성공의 신화에 내몰리고, 복잡한 인간관계의 갈등으로 시달리고 있습니다.

어떤 사람의 시詩처럼, 오늘날 우리는 더 높은 빌딩과 더 넓은 고속도로를 가지고 있지만 성질은 급해지고 시야도 좁아졌습니다. 더 많은 돈을 쓰지만 즐거움은 줄었고, 더 좋은 약을 먹지만 건강은 나빠졌으며, 좋은 말을 많이들 하지만 오히려 사랑은 적게 하고 미움은 많아진 것 같습니다.

어떤 대안이 없을까요?

그래서 현대인은 물질문명의 대안으로 영성을 추구하게 되었습니다. 웰빙well-being 족과 느림의 미학을 즐기는 슬로비slobbie 족이 나왔고, 동서양 할 것 없이 영성이 이 시대의 화두가 되었습니다. 그리고 영성을 충족시키는 최상의 도구가 곧 명상임을 이해하고 그것을 생활화하게 되었습니다.

그 결과로 오늘날 종교 집단들은 말할 것도 없고, 병원과 학교, 교도소, 심지어는 공항에 이르기까지 명상방이 마련되어 있는 곳이 속속 생겨나고 있습니다.

저는 이 책을 읽는 사람들이 명상을 통해 고요한 마음과 삶의 의미를 깨달아서, 영성이 성장하고 치유를 경험하여 무한한 마음의 평화와 행복을 즐기기를 진심으로 희망해봅니다.

자유로운 마음을 꿈꾸며
윤종모

책을 열며

　　사람은 누구나 행복하기를 원하지만 정작 행복한 사람은 그리 많지 않은 것 같습니다.
　우리는 삶의 과정에서 다른 사람을 만나게 되고, 또 그들과 웃고 떠들지만, 그 만남과 웃음의 이면에는 항상 쓸쓸함과 공허함과 고독이 있습니다. 그리고 때로는 격렬한 분노와 살을 쨀 듯한 아픔과 고통도 있습니다.
　치열한 삶의 경쟁 속에서 패배의 좌절과 마음의 상처는 끊임없이 우리를 괴롭힙니다. 삶은 축복이며 아름다움이지만, 그 이면은 이처럼 아픔이며 고통입니다.
　인생사 고난은 도처에서 우리를 기다리고 있고, 삶의 순간순간에 덮쳐오는 스트레스는 우리를 지치게 만듭니다. 해결되지 않은 마음의 상처와 고통은 우리를 신경증 환자로 만들어버립니다.
　정도의 차이는 있겠지만 현대인치고 신경증 환자가 아닌 사람이 과연 얼마나 될까요?
　저는 지난 십여 년간 대학에서 상담과 심리치료를 가르쳐왔습니다. 한 학기의 강의가 끝나면 치유를 경험했다고 말하는 사람들이 꽤 있었습니다. 그때마다 저는 정말로 감사한 마음이 들었지만, 그러면서도 늘 무언가 부족하다는 아쉬움이 있었습니다.

"좀더 근본적인 치유는 없을까?"

옛날부터 중국에서는 이런 이야기가 전해옵니다. 한 아이가 커다란 물독에 빠져 곧 죽을 지경에 이르렀는데, 그 물독이 하도 크고 높아서 사람들은 방법을 찾지 못해 허둥대고 있었습니다. 그때 한 지혜로운 이가 망치로 독을 깨서 아이를 구했다는 것입니다.

독에다 사다리를 걸쳐놓고 물을 퍼내는 식으로는 아이를 구할 수 없습니다. 물을 퍼내는 동안에 아이는 죽고 말 것입니다. 망치로 독을 깨고 아이를 구하는 일은 간단해 보이지만 지혜가 필요한 일입니다.

독을 깨고 아이를 구하는 것처럼, 삶을 고통과 아픔으로 경험하는 사람들을 치유할 수 있는 방법은 없을까요?

저는 그 방법을 명상이라고 생각합니다. 명상을 옳게 수련하면 스트레스와 마음의 상처, 삶의 공허함, 그리고 신경증 같은 정서장애까지도 치유할 수 있습니다.

어떤 사람들은 명상을 통해 초자연적인 능력을 얻으려 하고, 또 어떤 사람들은 종교적인 깨달음을 얻으려고 합니다. 다 중요하고 귀중한 것들입니다. 그러나 제가 명상에서 관심을 두고 있는 부분은 영성의 성장이며 치유입니다.

명상에는 강력하고 근본적인 치유의 기능이 있습니다. 그러므로 명상을 통해 치유를 경험하고자 한다면 불교식이니, 기독교식이니 하는 구분이 필요 없을 뿐만 아니라 구태여 초자연적인 면을 강조할 필요도 없습니다.

성장과 치유의 관점에서 명상을 이해하고 수련한다면, 저는 그것을 '치유명상'이라고 불러도 좋으리라고 생각합니다.

여러분이 치유명상을 통해 마음의 평화를 얻고, 상처를 치유하고, 삶과 죽음의 본질을 깨달아서 삶을 미소로 관조할 수 있다면 좋겠습니다. 그것이 곧 영성의 성장일 테니까요. 저는 보다 많은 사람들이 명상을 통해 그런 경지에 도달하기를 바랍니다. 그리고 이 책이 그 조그마한 시발점이 되었으면 합니다.

"아, 나는 평화로운 영혼, 그물에 걸리지 않는 바람 같은 존재!"
이런 이가 되기를 꿈꾸며…….

누추한 명상방에서
윤종모

차례

수정증보판을 내면서 4
책을 열며 6

프롤로그 새로운 의식의 창 15
마음의 눈이란 무엇인가 17
명상이란 무엇인가 27

제1부 자기의 발견과 치유

제1장 명상, 치유, 그리고 행복 32
삶은 행복인가 고통인가 33
행복지수 36
아브라함 마슬로우의 욕구단계 39
연결성 42
마음의 눈을 뜨면 46
나는 누구인가 48
치유명상 1 | 나는 누구인가 52

제2장 궁극적 치유의 세계, 깨달음 54

앤소니 드 멜로의 가르침 56
석가의 깨달음 57
예수의 치유 59
노자의 가르침 60
빅터 프랑클의 의미요법 61
매튜의 깨달음 64
바람흔적미술관의 털보 화가 이야기 65
자아초월 심리치료 66
명상방에서 일어난 일 70
치유명상 2 | 깨달음의 유쾌함 73

제3장 자기 자신이 되어라 75

자부심과 자존감 76
참자아를 발견하면 행복하다 81
행복 만들기 84
나는 위대한 정신 88
치유명상 3 | 나는 위대한 영혼 90
에니어그램 91
치유명상 4 | 에니어그램 명상 99
왜곡된 자아, 페르소나와 그림자 101
치유명상 5 | 마음 닦기 명상 105

제2부 지혜를 따르는 길

제4장 명상의 기초 108

명상의 장소 109
호흡을 바라보기 110

바라보기, 관觀 명상　113
기초 명상 열두 가지　117

제5장 치유와 행복을 위한 명상의 근본 태도 열두 가지　123

보는 관점을 바꾸라　125
판단하지 말라　128
인내심을 가지라　130
자신을 신뢰하라　131
물 흐르듯이 자연스럽게 하라　133
수용하라　134
집착하지 말고 내려놓으라　137
의미를 추구하라　138
초월을 경험하라　139
영성을 성장시키라　140
자연의 신비와 아름다움을 느끼라　142
초심初心을 유지하라　144

제6장 건강과 명상　146

즐거운 상상하기　147
산책 명상　150
우주 에너지 명상　151
보디 스캔　153

제7장 스트레스와 명상　158

스트레스　159
우울증　162
명상치유　163
웃음치유　167
음악명상　169

제8장 심리치료와 명상 171

의식과 무의식 174
건강한 정신 176
사람됨의 뿌리는 유아기 179
치유는 어떻게 일어나는가 184

제9장 마음 닦기 188

치유를 위한 자비명상 205
치유명상 6 | 자비명상 1 209
절정경험과 명상 211

제10장 죽음에 대한 치유명상 215

치유명상 7 | 자신의 주검 바라보기 명상 217
치유명상 8 | 자신의 장례식 바라보기 명상 219
죽기 전에 5분이 남았다면 220

제11장 치유명상의 숙달 222

치유명상 9 | 감수성 명상 222
즐거운 추억의 신비 명상 227
빈 의자 명상 228
성숙한 자아 만들기 229
치유명상 10 | 유언장 쓰기 명상 236
상담 후 명상 237
치유명상 11 | 절대자와의 합일 명상 240

제3부 지혜로운 인도자

제12장 나는 평화로운 영혼 244

치유명상 12 | 산악 명상 246
치유명상 13 | 자아의 그림자 보기 명상 247
치유명상 14 | 유한성과 무한성 명상 248
치유명상 15 | 옴 샨티 명상 250
치유명상 16 | 거기와 여기 명상 252
치유명상 17 | 영적인 에너지를 새롭게 하는 명상 253
치유명상 18 | 자비명상 2 255
치유명상 19 | 상징적 동일시 명상 256

제13장 베일을 걷으면 쏟아지는 햇살 257

성인은 멈춰 서서 응시한다 257

마음의 눈 · 고독 · 카르마1 · 심리적 위기 · 스트레스에 반응하지 않고 대응하기 · 바라보기와 함께하기 · 영성은 전체성으로 보는 눈 · 관계성은 생명의 본질 · 존재사랑과 결핍사랑 · 우울증과 반생명 · 초월 · 도가도 비상도 · 우리 안에서 춤추는 신 · 마음도 배가 고프다 · 지금 여기가 가장 중요하다 · 마음의 활성화 · 나는 나일 뿐 · 내면의 중심에서 피어나는 꽃 · 그들 자신이 되게 하라 · 올바른 생각이 건강한 정서를 만든다

들꽃처럼 사는 사람들 273

내려놓으라 · 깊은 바다의 물고기 · 내 곁을 스쳐가는 행복 · 죽음에 대한 명상 · 카르마2 · 답답한 사람들1 · 가지고 있는 것을 사랑하면 부자이다 · 자기 자신으로 살기 · 신앙과 치유 · 미소는 생명의 향기 · 창조적 관계는 생명의 본질 · '아아! 선'을 인정하라 · 세계는 이야기들로 이루어져 있다 · 영성의 목마름 · 참자아를 깨달은

이는 오고 감이 없다 · 촛불이 달빛의 아름다움을 가로막다 · 행복의 요건 · 인생찬가 · 진실한 아름다움은 마음속에 있다 · 당신은 행복하십니까 · 최선을 다하되 집착하지 않는 삶

신의 정원에 핀 꽃들 296

밤이 끝나고 낮이 시작될 때 · 보는 방법을 바꾸라 · 행복의 비밀은 · 답답한 사람들2 · 자신이 누구인지 우리는 단지 잊어버렸을 뿐 · 소경의 등불 · 디오게네스의 향기 · 사랑 · 모든 사람은 꽃이다 · 인간에게는 얼마나 많은 땅이 필요한가 · 최고의 초능력은 깨달음 · 진실한 구도자의 가슴 · 꼬마 물고기 · 버리라

제14장 영성의 길 305

성 이그나티우스의 영성 수련 306

영적 독서 313

심우도 315

노인과 바다 327

치유명상 20 | 산티아고 노인과 함께 하는 명상 331

책을 닫으며 333

프롤로그

새로운 의식의 창

왜 어떤 사람은 행복하고 어떤 사람은 불행할까요?

사람들은 모두 행복하기를 원하지만 실제로 행복한 사람은 그리 많지 않은 것 같습니다. 사람들은 흔히 다른 사람들은 다 행복한데 나만 불행한 것 같다고 느끼는 경향이 있습니다. 그러나 여러분은 자신이 행복하다고 느끼는 사람보다 불행하다고 느끼는 사람이 훨씬 더 많다는 사실을 알고 계시는지요?

저는 가끔 집단상담을 인도해본 경험이 있습니다. 저는 집단상담에 참석한 사람들에게 "당신은 행복하십니까?" 물어보곤 하는데, 대부분은 서슴없이 행복하다고 대답합니다. 그러나 상담이 진행되면서 자신의 감정을 진실하게 드러내놓을 때쯤 되면, 눈물을 흘리면서 자신의 상처를 털어놓으며 자신은 진실로 불행한 사람이라고 고백하는 사람들이 의외로 많이 있습니다.

우리는 왜 불행할까요?

우리는 남보다 돈이 적어서 불행하고, 지위가 낮아서 불행하고, 아파트 평수가 작아서 불행하고, 별로 아름답지 않아서, 즉 미모가 떨어져서 불행합니다. 또 어떤 사람은 열등감이나 우울증 때문에 불행하고, 때로는 이루고자 하는 욕구가 충족되지 않아서 불행합니다.

당장 먹을 것, 입을 것, 혹은 학비가 없어서 불행하다면, 즉 절대빈곤 때문에 불행하다면 그것은 당연한 감정입니다. 그러나 남보다 못하다고 느껴서, 즉 상대적 빈곤 때문에 불행을 느낀다면 이는 단지 마음의 허상 때문에 우리가 우리 자신을 괴롭히고 있는 것에 다름 아닙니다.

남과의 지나친 비교, 지나친 욕구, 그 욕구를 충족하지 못한 좌절감, 또 우울증이나 열등감 등은 모두 상대적 빈곤 때문에 생기는 불행의 원인입니다.

그렇다면 어떻게 해야 마음의 평화를 얻고 행복을 느끼며 우리의 삶을 즐길 수 있을까요? 이것은 모든 사람이 원하면서도 결코 얻기가 쉽지 않은 인생의 난제 중에 난제입니다. 저도 이 문제로 일생을 고군분투하며 살아왔지만, 여전히 마음이 불안하고 불행을 느끼며 또한 욕구불만에 차 있습니다.

그러면서 제가 깨달은 결론은, 우리가 마음의 평화를 얻고 행복한 삶을 즐기기 위해서는 새로운 의식의 창, 즉 마음의 눈(eye of mind)을 얻는 수밖에 없다는 것입니다. 마음의 눈이란 자신의 잘못된 생각을 바르게 볼 수 있는 눈을 의미합니다. 다른 말로 하면 지혜의 눈, 영성靈性의 눈이라고 불러도 좋겠습니다.

고대 그리스의 스토아학파 철학자들은 고통이나 불행의 근본적 원인은 외부의 환경에 있는 것이 아니라 외부의 환경을 보는 나의 마음에 있다고 가르칩니다.

이런 깨달음은 동양이나 서양이 다를 바 없습니다. 일체유심조一切唯心造, 즉 세상의 모든 것은 단지 마음이 그리 만들어 보는 것일 뿐 그 자체는 선도 악도 아니라는 불교의 가르침이나, "천국은 너희 마음속에 있다"는 예수의 가르침도 심층구조에서는 결국 같은 맥락입니다.

상담가, 심리치료가, 혹은 영성지도자들은 '마음의 눈'이라는 말을 자주 사용합니다. 인류 역사에 등장했던 현자賢者들이나 성인들은 마음의 눈으로 세상을 바라볼 때에만 인생의 진실을 볼 수 있고, 깨달음을 얻을 수 있고, 집착에서 벗어나 참된 의미의 자유인이 될 수 있다고 한결같이 말해왔습니다.

마음의 눈이란 무엇인가

자아초월 심리학자인 켄 윌버Ken Wilber는 인간이 사물을 인지하는 데에는 세 가지 통로가 있다고 말합니다. 첫 번째는 육체의 눈(eye of flesh)으로서 사물의 형체와 감각의 세계를 인지하는 눈이요, 두 번째는 마음의 눈(eye of mind)으로서 상징과 개념과 언어의 세계를 인지하는 눈이며, 세 번째는 정관의 눈(eye of contemplation)으로서 영적·초월적 세계를 인지하는 눈입니다.

육체의 눈은 그야말로 우리가 가진 두 눈을 통해 사물의 외형만을 봅니다. 거기에는 사물의 외형 너머 보이지 않는 곳에 있는 의미의 세계까지 보는 지혜가 없습니다. 반면에 마음의 눈은 사물의 외형 너머 보이지 않는 곳에 있는 의미의 세계까지 보는 지혜를 의미합니다. 정관의 눈은 좀더 깊은 차원의 지혜, 즉 궁극적인 마음이라고 할 수 있습니다. 그러나 보통 '마음의 눈'이라고 말할 때는 정관의 눈까지를 포함하여 일컬을 때가 많습니다.

육체의 눈은 장님이 아니면 누구나 가지고 태어나지만, 마음의 눈과 정관의 눈은 사색과 명상을 통하지 않고서는 뜰 수 없습니다.

육체의 눈으로만 보는 사람에게 세상은 어떤 곳일까요? 아마 약육강식弱肉強食의 세계, 즉 '만인에 대한 만인의 투쟁'의 세상일 것입니다. 행복하기 위해서는 성공해야 하고, 성공하기 위해서는 다른 사람과의 경쟁에서 반드시 이겨야 하고, 경쟁에서 이기기 위해서는 수단 방법을 가리지 않아야 하고, 다른 사람이 나를 치기 전에 내가 먼저 그를 쳐야 한다는 식의 법칙들에 따라 정신없이 돌아가는 세상 말입니다.

 육체의 눈으로만 세상을 보는 사람들은 성공만을 삶의 목표로 삼고 살아갑니다. 그들은 왜 성공해야 하는지 그 이유를 찾아보지도 않고, 참된 성공이란 무엇인지 그 의미를 물어보지도 않습니다. 그저 본능적으로 성공을 추구하며 삽니다. 그러는 가운데 다른 사람과의 경쟁에 시달리고, 스트레스를 받고, 마음에 상처를 받고, 삶은 황폐화됩니다.

 상처를 입은 사람들은 분노, 적개심, 질투, 열등감, 불안 같은 부정적 감정들을 마음속에서 키우다가 결국 우울증에 시달리기도 합니다. 이런 부정적 감정들은 암과 같아서, 일단 마음속에 자리를 잡으면 자꾸자꾸 커져가며 마음 전체를 병들게 합니다. 부정적 감정들로 가득 차 있는 사람은 행복할 수가 없습니다. 세상을 긍정적으로 보고 행복을 느끼며 살아가려면, 눈에 보이지 않는 숨겨진 의미를 발견할 수 있는 마음의 눈을 가져야 합니다.

 언젠가 명상하는 동료가 나에게 따뜻한 마음을 담아 전해준 잠언시箴言詩를 한 편 소개합니다. 은은한 차 향기를 음미하듯, 오랜 세월 숙성된 포도주 한 잔을 마시듯, 깊은 음악을 느끼듯, 이 시를 몇 번이고 마음으로 읽어보십시오.

  오늘날 우리는 더 높은 빌딩과 더 넓은 고속도로를 갖고 있지만
  성질은 더 급해지고 시야는 더 좁아졌다.

  돈은 더 쓰지만 즐거움은 줄었고
  집은 더 커졌지만 식구는 줄었다.

일은 더 대충대충 넘겨도 시간은 늘 모자라고
지식은 더 많아졌지만 판단력은 줄었다.
약은 더 먹지만 건강은 나빠졌다.

가진 것은 몇 배가 되었지만 그 가치는 줄어들었다.
말은 많이 하지만 사랑은 적게 하고 미움은 많아졌다.

우리는 달에도 갔다 왔지만
이웃집에 가서 이웃을 만나기는 더 힘들어졌다.
우리는 우주를 정복하기 시작했지만
내면의 세계는 잃어버렸다.

수입은 늘었지만 도덕심은 떨어졌고
자유는 늘었지만 정열은 줄어들었고
음식은 많아졌지만 영양가는 적어졌다.

호사스런 결혼식이 많아졌지만
더 비싼 대가를 치르는 이혼도 늘었다.
집은 더 좋아졌지만 파괴되는 가정은 늘어가고 있다.

그래서 오늘 나는 제안한다.

특별한 날을 위해 오늘을 낭비하지 말라.
매일 매일이 특별한 날이기 때문이다.
진실을 찾고, 지식을 구하라. 있는 그대로 보라.
사람들과 보다 깊은 관계를 유지하라.

새로운 의식의 창

사물이나 자신에 대해 집착하지 말고
돈이나 무엇이나 쓸 필요도 없이
이 모든 것을 자신의 방식으로 하라.

식구들과 친구들과 좀더 많은 시간을 보내라.
당신이 사랑하는 사람들과 함께
당신이 좋아하는 음식을 즐겨라.
당신이 좋아하는 곳을 방문하고
새롭고 신나는 곳을 찾아가라.

인생이란 즐거움으로 이루어진 아름다운 순간들의 연속이다.
인생은 결코 생존의 게임만은 아니다.
내일을 위해 아껴두었던 무언가를 오늘 사용하도록 하라.

당신의 사전에서 '언젠가', '앞으로 곧',
'돈이 좀 생기면' 같은 표현을 없애버려라.
시간을 내서 '해야 할 일들' 목록을 만들라.
굳이 돈을 써야 할 필요가 없는 일들을 먼저 하도록 하라.

그 친구는 요즘 어떻게 지낼까, 궁금해하지 말라.
그 친구에게 바로 연락해 알아보라.
가족과 친구들에게 당신이 얼마나 그들을
고마워하고 사랑하는지 자주 말하라.

당신의 삶에 그리고 누군가의 삶에 웃음과 기쁨을
보태줄 수 있는 일을 미루지 말라.

매일, 매 시간, 매 순간이 특별하다.

　이 지혜의 시는 곱씹어볼수록 우리가 얼마나 앞만 보고 달려왔는가, 그리고 얼마나 맹목적으로 삶을 살아왔는가를 일깨워줍니다.

　복잡한 산업사회 속에서 성공의 신화에 매달려 치열한 경쟁의 삶을 살아온 현대인들은 이제 소모적인 삶의 방식을 바꿔야겠다는 생각을 갖기 시작했습니다. 현대 사회의 일상적인 삶의 방식으로는 결코 행복해질 수 없다는 사실을 깨닫고 새로운 방향을 모색하는 사람들이 나타난 것입니다. 웰빙well-being 족과 슬로비slobbie 족이 바로 그들입니다.

　웰빙의 정신은 생명에 대한 경이와 함께 마음을 평화롭게 유지하고, 하찮아 보이는 사물 속에서도 신선함과 감사함을 느끼며, 동시에 건강한 신체를 만들어 행복한 삶을 살자는 것입니다. 웰빙 족은 평화로운 마음을 만들기 위해 요가와 운동을 하며 친환경적인 음식을 선호합니다. 그러므로 웰빙이 명품이나 좋은 것만을 선호한다는 생각은 육체의 눈으로만 보는 사람들이 가진 잘못된 생각입니다.

　웰빙 족은 잘 사는 것(well living)에도 관심을 가지지만 잘 죽는 것(well dying)에도 관심을 가집니다. 진정한 의미에서 잘 산다는 것과 잘 죽는다는 것은 영성 차원의 문제여서 마음의 눈으로 바라보아야만 합니다.

　슬로비 족은 느림의 미학을 즐기는 사람들입니다. 그들은 절대로 서두르는 법이 없으며 또 바쁘게 살지도 않습니다. 슬로비 족은 일을 천천히 하지만 오히려 온 마음을 기울여 더 잘 하려는 사람들입니다.

　그들은 일 자체를 즐기고 성취한 일에 만족하며 행복해합니다. 성취한 일이 크든 작든 상관하지 않습니다. 그들은 경쟁 자체를 즐기거나 경쟁에 이겨서 행복해하는 사람들이 아니기 때문입니다. 그래서 그들은 도시를 떠나 자연 속으로 들어가기도 하고, 도시에 살더라도 느림의 미학을 추구합니다.

웰빙 족과 슬로비 족의 공통점은 명상을 생활화하고 있다는 점입니다. 오늘날 서구에 불고 있는 명상 열풍은 가히 폭발적이라고 할 수 있습니다. 얼마 전 신경정신과 전문의 이시형 박사가 한 강연에서 다음과 같은 말을 했습니다. 한 10년 전만 해도 미국의 공원마다 조깅하는 사람들로 가득 차 있었는데, 얼마 전 미국을 가보았더니 공원에 조깅하는 사람은 별로 없고 벤치며 잔디밭이며 온통 명상하는 사람들로 가득 차 있더라는 것입니다.

2003년 8월 4일자 《타임》지에 의하면, 미국에서는 이미 천만 명 이상이 매일 명상을 실천하고 있다고 합니다. 명상은 이제 수행자들만의 전유물이 아니며 학교, 병원, 법률사무소, 정부 청사, 기업체 사무실, 그리고 심지어는 감옥에서도 이루어지고 있습니다.

여기서 꼭 명심해야 할 일은 명상을 어느 한 가지의 개념만으로 정의하지 말자는 것입니다. 수많은 사람들이 명상에 대해 나름대로의 정의를 내리고 있지만, 그것은 각자의 수행 방식과 목적에 따른 것일 뿐 명상의 모든 것을 다 담아 표현한 것은 아닙니다.

명상의 핵심 중 하나는 마음 닦기입니다.

저는 나이아가라 폭포를 방문한 적이 있습니다. 정말로 장관이었습니다. 그러나 제가 정말로 감명을 받아 좋았던 곳은 나이아가라 폭포 근처의 어떤 원예지역이었습니다. 세월은 좀 지났지만 지금도 눈을 감으면 그 아름다운 광경이 눈에 선하게 떠오릅니다.

잘 가꾸어진 꽃밭과 잔디, 시원하고 멋진 나무들, 아름다운 호수와 정원……. 그곳은 정말로 아름답고 신비한 분위기를 연출하고 있었습니다.

저는 그 아름다운 경치에 한없는 기쁨과 즐거움을 느끼면서도, 동시에 그 어떤 기운이 마음속 깊은 곳을 건드려서 주체할 수 없이 눈물을 흘렸습니다. 저는 그때 진실로 마음의 치유를 경험했고 넉넉한 마음이 저의 감정을 가득 채우는 경험도 했습니다.

그러나 이 세상에는 그런 아름다운 장소만 있는 것이 아닙니다. 사람들이 쓰레기를 가져다 버리고 잘 가꾸지 않아서 오물이 썩어가고 악취가 진동하는, 도무지 견딜 수 없는 그런 장소들도 많이 있습니다. 그런 곳에서 우리는 무엇을 느낄까요? 아마도 심한 불쾌감과 혐오감일 것입니다.

우리의 마음도 마찬가지입니다. 아름다운 것들로 정성껏 가꾸면 창조적이고 생명력 넘치는 풍부한 마음이 되겠지만, 가꾸기는커녕 썩고 더러운 것들만 계속 쌓아둔다면 금세 시들고 죽어갈 것입니다. 명상은 바로 이렇게 마음을 가꾸는 일입니다.

명상은 마음 닦기임과 동시에 깨달음을 얻고 고요한 마음을 이루는 것입니다.

면도를 할 때 욕탕 거울에 김이 서리면 얼굴이 보이지 않아 답답하기 짝이 없습니다. 반대로 물을 뿌리거나 환기를 시켜 거울을 맑게 하면 얼마나 가슴이 시원해지는지 모릅니다. 물론 면도도 깨끗하고 안전하게 할 수 있지요.

명상이란 이와 같은 것입니다. 자기가 하는 일이 옳은 일인지, 혹은 지금 바르게 하고 있는 것인지 살피지 않고 "바쁘다 바빠!"만 외치면서 앞으로 치달리기만 하는 사람은 수증기가 낀 거울을 보면서 면도를 하는 것과 마찬가지입니다. 맑은 거울을 보며 면도를 해야 안전하고 깨끗하게 수염을 깎을 수 있습니다. 마찬가지로 자신의 마음을 들여다보아야만, 자신 안에 있는 영성靈性을 바르게 보아야만 참된 삶이란 무엇인지, 진정한 의미의 행복과 성공이 무엇인지 바르게 깨달을 수 있는 것입니다. 이런 현상을 두고 우리는 '마음의 눈'을 가지게 되었다고 말합니다.

마음의 눈을 가지기 위해서는 마음의 틀을 다시 짜야(Re-packing)합니다.

사람들은 대부분 자신이 바르게 생각하고, 바르게 행동한다고 믿고 있습니다. 그러나 마음의 눈으로 보면 전혀 그렇지 못할 때가 많다는 사실을 깨닫게 됩니다. 따라서 영성지도자나 심리치료가들은 마음의 눈을 열기 위해 다음과 같은 과정으로 사람들을 인도하곤 합니다. 그 과정을 간단하게 소개해봅니다.

1. 우리는 모두 어떤 편견이나 선입견을 가지고 있음을 알아야 합니다.(pre-packed)

인간은 진공 속에서 태어나는 것이 아니라 환경 속에서 태어납니다. 태어나자마자 부모와 형제, 사회와 문화라는 환경이 주어집니다. 우리가 옳다고 믿는 가치관, 윤리관, 인생관, 행복관, 신앙 등은 사실 우리 자신의 생각이나 철학이 아닙니다. 엄격히 말하면 이런 것들은 외부 환경으로부터 우리 마음속에 투입(input)된 후에 지식과 감정의 형태로 굳어져서 뇌 속에 저장되어 존재하고 있을 뿐입니다.

만일 어떤 엄격한 기독교인이 미국에서 태어나지 않고 중동의 이슬람 문화권에서 태어났다면, 그는 아마 이슬람교 근본주의자가 되어 있을지도 모릅니다. 물론 각자의 독특한 개성을 염두에 두어야 하겠지만, 환경의 영향은 그만큼이나 강력합니다.

2. 멘토, 상담자, 코치 등 지혜로운 이의 교육과정이 필요합니다.(pedagogical

process)

우리의 가치관, 윤리관, 인생관 등이 생명의 원리에 맞는 것이라면 좋겠지만, 만일 생명의 원리에 맞지 않고 파괴적, 반생명적, 자기패배적이라면 우리는 그것들을 바꿔야 합니다. 그러나 우리가 스스로 우리의 생각을 검토하고 바꾸는 것은 정말로 어려운 일입니다. 그래서 멘토나 상담가, 코치, 혹은 영성지도자 등이 필요합니다.

만일 우리가 좋은 스승을 만나 바르게 명상瞑想을 수련할 수만 있다면 우리는 스스로 우리 자신에 대한 멘토, 상담자, 치유가가 될 수 있습니다.

3. 잘못된 생각은 과감히 해체해야 합니다.(unpacking)

만일 우리의 가치관이나 철학이 부당하고 파괴적이라는 사실을 깨달았다면, 그것들을 하나하나 점검하면서 반생명적이고 반영성적이며 자기패배적인 기존의 생각과 태도, 신념 체계를 과감히 해체해야 합니다.

4. 우리의 생각을 건전하고 합리적인 생각으로 재구성해야 합니다.(re-packing)

스스로 자기 생각의 비합리성과 파괴성을 인지하고 감정적인 변화까지 이뤄냈다면, 우리는 생각과 행동, 태도, 신념체계 등을 생명의 원리에 맞게 재구성할 수 있습니다. 그때 우리의 영성은 성장하게 되고, 영성이 성장하면 치유와 마음의 평화를 경험하게 됩니다.

예를 들어, 나는 왜 불행한가, 만족하지 못하는가, 인간관계가 힘든가, 우울한가, 열등감을 가지고 있는가, 신경증적 죄책감에 시달리고 있는가, 분노하고 있는가, 이런저런 중독에 빠져 있는가, 자살충동을 느끼고 있는가, 부부 혹은 자녀와의 관계에서 갈등을 일으키고 있는가, 성공하지 못하는가 등등의 다양한 문제를 살펴보면, 반드시 숨겨져 있던 자기패배적인 핵심감정을 발견하게 됩니다.

그러면 그것의 불합리성과 반생명적 파괴성을 해체하는 한편으로, 생명원리에 맞게 우리의 생각을 재구성하는 작업에도 관심을 기울여야 합니다.

생각이 행동을, 행동이 습관을, 습관이 운명을 만듭니다.

우리가 한국에서 태어난 것, 남자 또는 여자로 태어난 것은 어느 누구도 피할 수 없는 운명입니다. 그러나 우리가 탓하는 '운명'의 대부분은 바로 우리 자신이 만든 것이라고 할 수 있습니다.

중요한 것은 우리가 어떤 생각을 가지고 있느냐 하는 점입니다. 우리의 생각이 창조적이고 건전하다면, 우리는 반드시 창조적이고 건전한 행동을 하게 됩니다. 이런 행동을 반복하다 보면 그에 맞는 습관을 형성하게 되고, 이 습관이 바로 우리의 운명을 만들게 됩니다.

그러므로 건전한 생각을 가진 사람은 결국 행복한 운명을 스스로 창조해내는 것이고, 불건전하고 자기패배적인 생각을 가진 사람은 불행한 운명을 스스로 만들어내는 것입니다.

많은 사람들은 자신의 생각이 건전하고 옳다고 믿습니다. 그러나 실제로는 그렇지 않은 경우가 너무나 많습니다. 얼마나 많은 사람들이 파괴적이고, 반생명적이며, 자기패배적인 생각을 하고 있는지 모릅니다.

그러면 어떻게 해야 바른 생각, 창조적인 지혜를 습득할 수 있을까요? 저는 명상을 통하지 않고서는 불가능한 일이라고 믿고 있습니다. 대부분의 사람들은 반문할 것입니다. 명상은 보통 사람들이 하기 어려운 것인데, 그렇다면 나 같은 사람은 바른 생각을 할 수 없고 창조적인 지혜도 얻을 수 없다는 뜻이냐고요. 물론 그렇지 않습니다. 문제는 명상에 대한 고정관념을 바꾸는 것입니다.

명상이란 무엇인가

사람들은 일반적으로, 명상은 주로 고등종교의 신비주의자들이나 구도자들에 의해 행해지는 수행이라고 생각합니다. 그래서 명상을 신비하고 행하기 어려운 것으로 여기는 경향이 있습니다.

전통적인 관점으로 보면 이런 생각도 틀린 것은 아닙니다. 그러나 오늘날의 명상은 이런 좁은 관점에 머물러 있지 않습니다. 블루마운틴 명상센터를 설립한 에크나트 이스와란은 명상에 대해 다음과 같이 말합니다.

"명상은 초자연적인 능력이나 초과학적인 힘과는 무관하다. 명상이란 마음을 비우는 것을 의미하지도 않는다. 또한 최면이나 암시 상태에 빠지는 것도 아니다. 명상은 우리 마음의 잠재력을 최대한도로 이끌어내고 응축해 내기 위한 기술이라고 할 수 있다. 명상은 마음의 훈련, 특히 집중력과 의지력의 훈련이라고 할 수 있으며, 그런 훈련을 통해서 우리는 의식의 표면으로부터 저 깊은 마음의 심층까지 여행할 수 있게 된다."

저는 명상이 가장 발달한 종교로 불교를 꼽는데, 불교에서는 집중적 명상(止)과 통찰적 명상(觀)이 통합된 이른바 지관쌍수止觀雙修를 통해 깨달음에 이르는 명상을 수행해오고 있습니다. 명상에 대한 불교식 이해에 익숙한 사람은 이스와란의 말에 약간의 혼란을 느낄지도 모르겠습니다. 그러나 오늘날 명상에 대한 이해가 그만큼 다양하고 폭이 넓다는 의미로 받아들이시면 됩니다.

《뇌내혁명》이란 책으로 유명해진 하루야마 시게오는 "긍정적이고 즐거운 상상은 모두 명상이다"라고 말하고 있고, 기독교상담학의 대부라고 할 수 있는 하워드 클라인벨Howard Clinebell은 "명상은 자신의 의식을 침묵하게 하여 중심으로 모으는 방법이요, 심리학적으로는 명백하고 흐트러짐이 없는 공간 속으로 들어가게 하는 방법이다"라고 말하고 있습니다.

오늘날 제4의 심리학*으로 각광받고 있는 자아초월 심리학, 혹은 초인성주의 심리학(transpersonal psychology)에서는 모든 문제의 근원적인 원인을 통찰·해결하는 중요한 도구로서 명상을 이해하고 있으며, 하버드 의과대학의 허버트 벤슨과 그의 제자들은 명상의 치유 효과를 주된 연구주제로 삼고 있습니다.

명상을 다시 간추려서 정리하면 이렇습니다. 기독교와 불교, 이슬람교, 힌두교 등의 종교에서는 깨달음과 마음의 평화에 중점을 두고 명상을 이해하고 있으며, 상담가나 심리학자는 명상의 심리학적 기능을 강조하고, 의사들은 명상의 치료 효과에 관심을 집중하고 있습니다. 그러므로 명상을 종교적인 시각만으로 부정적으로 보거나 비판하는 것은 매우 어리석은 일입니다.

실제로 명상을 하는 사람들은 공통적으로 '명상은 삶을 좀더 효과적으로 살기 위한 기술'이라는 생각을 가지고 있습니다.

명상가들의 가르침과 저 자신의 경험에 의해 명상의 효과에 대해 정리해 보자면 다음과 같습니다.

1. 명상을 하면 세상을 보는 관점이 바뀝니다.
2. 명상은 정서를 안정시키고 EQ(감성지수)를 강화합니다.
3. 명상은 상한 감정을 치유하여 사랑과 위로, 용기를 얻게 합니다.
4. 명상을 하면 몸과 마음이 건강해집니다.

---

* 심리학사(史)에서는 시대적으로 큰 영향력을 발휘했던 정신분석 학파를 제1의 심리학, 행동주의 학파를 제2의 심리학, 인본주의 학파를 제3의 심리학이라고 부른다.

5. 명상은 집중력을 비상하게 발달시킵니다.
6. 명상은 면역력을 강화시켜서 성인병의 예방과 치료에 좋습니다. 즉 생리적 치유효과가 있습니다.
7. 명상은 긍정적인 마음을 형성합니다.
8. 명상을 하면 창조력이 발달합니다.
9. 명상은 잠재력을 계발시켜 능력 있는 사람으로 만들어줍니다.
10. 명상은 자존감(self-esteem)을 높여줍니다.
11. 명상은 깨달음을 얻어 자아를 초월하게 해줍니다.
12. 명상을 하면 자연과 하나라는 일치감을 느끼게 됩니다.
13. 명상은 궁극적인 행복감을 가져옵니다.

다시 한 번 말하면, 명상은 삶을 좀더 효과적으로, 좀더 진지하고 건강하게, 그리고 좀더 행복하게 살기 위한 기술입니다. 물론 궁극적인 진리를 찾는 것도 명상의 한 목적이 될 수 있습니다.

어떤 사람들은 사색은 명상과 다르다고 말하지만, 저는 사색도 명상이라고 생각합니다. 다만 고요한 마음을 이루어 진지하게 사색해야 한다는 단서를 붙였을 때의 이야기입니다.

명상이 다루는 주제는 다양합니다. 따라서 어느 한 가지만을 강조하여 명상을 정의하면 스스로 그 굴레에 갇히게 됩니다. 바른 기도와 예배도 명상이고, 기독교의 영적 독서(Lectio Divina)와 관상觀想기도도 명상이며, 불교의 선禪도 명상입니다. 또한 음악을 감상하는 것도 명상이고, 머리로 배운 심리치료 이론을 가슴으로 성찰해보는 것도 다 명상입니다. 땅을 밟고 걷는 것도, 숲 속에서 바람소리와 새소리를 듣는 것도, 심지어는 설거지를 하는 것도 진지하게 의미를 추구하며 행한다면 전부 명상이라고 할 수 있습니다.

제1부

자기의 발견과 치유

명상은 잠자는 내면을 불러 일으켜서
　　　　온전한 삶으로 깨어나게 만든다

제1장

명상, 치유, 그리고 행복

　삶이란 참으로 아름다운 것이며 또한 기쁨입니다. 멋있는 배우자를 만나 결혼하여 아이를 낳고, 그 아이들이 잘 자라는 것을 보는 것은 거의 신비에 가까운 기쁨입니다. 아침에 뜨는 해와 저녁에 지는 해를 바라보며 그 화려하고 장엄한 색채와 광경에 마구 가슴이 뛰는 경험을 해본 사람은 누구나 생명의 아름다움과 고귀함을 느낍니다.

　사랑의 황홀함과 행복에 취해 있는 사람은 말할 것도 없지만, 실연의 아픈 늪에 빠져 있는 사람조차도 사실 어떤 면에서는 삶의 환희를 즐기고 있는 것이 아닐까?

　저는 최근에 자연의 아름다움을 볼 수 있는 눈과 신비로움을 느낄 수 있는 가슴을 얻고 나서야 살아 있다는 사실 자체가 축복임을 깨닫게 되었습니다. 이른 아침에 엷은 안개에 쌓여 있는, 인적이 드문 산 속에 혼자 조용히 앉아 물 흐르는 소리와 새소리, 그리고 나무 사이로 느슨히 쓸어가는 바람소리를 들으면서 자아를 초월하는 황홀한 느낌을 경험하곤 합니다.

　꿈을 가지고 있는 사람이 그 꿈을 성취하는 순간의 기쁨은 또 얼마나 클까? 아, 삶은 참으로 축복임에 틀림없습니다.

　그러나 어느 날 어떤 재난으로 인하여 마음에 상처를 입으면, 삶이 결코 아름답고 기쁜 것만은 아니며 하나의 고통이란 사실을 깨닫게 됩니다.

그 재난은 사랑하는 사람의 죽음일 수도 있고, 실직일 수도 있으며, 이혼이나 암과 같은 치명적인 병일 수도 있습니다. 때로는 존재의 의미에 대한 목마름, 또는 공허함에서 고통이 오기도 합니다.

삶은 행복인가 고통인가

마음의 상처는 대부분 시간이 가면 저절로 치유가 됩니다. 시간은 훌륭한 자연치유력을 가지고 있기 때문입니다. 그러나 시간과 심리치료로는 좀처럼 치유가 되지 않는 마음의 상처도 있습니다.

교통사고로 졸지에 사랑하는 아내와 딸을 잃어버린 김씨는 울다가 웃다가 기절하기를 여러 번 반복했습니다. 시간이 지나자 점차 의식은 회복했지만, 삶과 죽음이라는 근본적인 고민에 빠지면서 예리한 고통을 느끼게 되었고 이것은 상담가의 심리치료로 도저히 해결이 되지 않았습니다.

의사가 죽음이란 심장이 더 이상 뛰지 않고 뇌의 기능이 멈추어서 신체가 뻣뻣이 굳어가는 것이라고 설명했지만 김씨는 그 설명에 만족할 수가 없었습니다.

"그래, 나도 그 정도는 알아. 내가 알고 싶은 건 죽음의 의미란 말이야. 도대체 죽음이란 뭐지? 왜 사랑스러운 아내와 딸이 더 이상 말도 못하고 미소도 지을 수 없는 거냐고?"

아내와 딸의 죽음이 계기가 되어 김씨는 의미의 세계에 들어가게 된 것입니다.

신체적 질병, 사회의 구조적 모순, 인간관계, 그리고 삶의 의미에 대한 상실감 등으로 삶의 아픔을 경험하게 된 사람들의 이야기와 글을 읽을 때마다 저 또한 인생의 본질에 대해 숙고해보곤 합니다.

저는 윤동주의 시詩를 좋아합니다. 그의 시를 읽으면 그의 고뇌와 가슴 속 처절한 상처가 느껴져 가슴이 시려옵니다. 다음은 〈자화상〉이라는 그의 시입니다.

산모퉁이를 돌아 논가 외딴 우물을 홀로 찾아가선 가만히 들여다봅니다.
우물 속에는 달이 밝고 구름이 흐르고 하늘이 펼치고 파아란 바람이 불고 가을이 있습니다.
그리고 한 사나이가 있습니다.
어쩐지 그 사나이가 미워져 돌아갑니다.
돌아가다 생각하니 그 사나이가 가엾어집니다.
도로 가 들여다보니 그 사나이는 그대로 있습니다.
다시 그 사나이가 미워져 돌아갑니다.
돌아가다 생각하니 그 사나이가 그리워집니다.
우물 속에는 달이 밝고 구름이 흐르고 하늘이 펼치고 파아란 바람이 불고 가을이 있고 추억처럼 사나이가 있습니다.

나라를 잃고 피지배 민족으로서 살아가야 하는 시대와 사회의 구조적 모순 속에서 어쩌지 못하고 자기연민에 빠져 있는 한 지식인의 상처와 좌절과 고뇌가 느껴지십니까?

그의 시에는 격렬한 슬픔이 나타나 있지 않지만, 찬찬히 읽어 보면 혹은 눈을 감고 묵상 속에서 음미해보면, 그의 잔잔한 슬픔이 오히려 뼛속까지

서리서리 느껴집니다.

　저는 언젠가 암병동에서 몇 주일을 지낸 적이 있는데 그때 참으로 가슴 아픈 사연을 경험했습니다.

　어린 두 아이를 둔 서른네 살의 젊은 어머니가 유방암에 걸렸는데 양쪽 가슴에 다 암이 퍼져서 의사도 치료를 포기한 상태였습니다. 그 여성은 처음에는 "왜 나에게 이런 일이 일어난단 말이야? 이건 너무 불공평해. 이럴 수 없어. 아니, 이건 현실이 아닐 거야" 하며 분노하고 현실을 부정했지만, 마침내 현실을 인정하고 죽음을 받아들이기로 마음을 먹었습니다. 그러나 어미 없이 자랄 아이들에게 생각이 미칠 때면 이대로 죽을 수는 없다고 다시 몸부림을 칠 수밖에 없었습니다.

　제자와 관련된 안타까운 사연도 있었습니다.

　저의 제자인 박군이 어느 날 상담을 하러 제 사무실에 들렀습니다. 박군은 베체트^{behcet}라는 병을 앓고 있었는데, 에이즈처럼 증상만 확인이 될 뿐 치료법은 아직 발견이 안 되었다고 합니다. 걸린 지 2~3년 후면 실명이 되고, 내장이 파열되고, 중추신경이 마비되며 관절염이 오고, 피부에는 홍색 반점이 생기는 무서운 병이었습니다.

　박군은 이미 눈이 잘 안 보이기 시작한 상태였습니다. 그는 여러 번 자살에 대해 생각해봤으나 기독교인이기 때문에 도저히 실행에 옮길 수는 없다고 말하면서, 참았던 울음을 터뜨리며 이렇게 울부짖었습니다.

　"오, 하느님, 왜 저에게 이런 끔찍한 시련을 주십니까?"

　저는 상담학을 전공하고 대학에서 가르치기도 하는 심리치료사이지만, 그저 무기력하게 침묵을 지킬 수밖에 없었습니다. 고작 다음과 같은 말을 그에게 들려주었을 뿐입니다.

　"박군, 병균이 나의 육체는 파멸시킬 수 있어도 나의 신앙과 정신만은 파멸시킬 수 없다는 용기를 가질 수는 없겠나?"

그 외에도 저는 상담을 하면서 고통을 겪고 있는 수많은 사람을 만났습니다. 아내가 정부情夫와 가출한 탓에 우울증에 걸려 손가락 하나 까딱할 수 없는 상황에서도 무서운 복수를 꿈꾸는 남편, 남편의 무관심과 욕설과 폭력으로 삶의 의욕을 잃어버린 아내, 부모의 애정결핍으로 미소를 잃어버린 아이들, 대학에 떨어져 친구들과 술 한 잔을 걸친 후 길모퉁이에서 꺼이꺼이 울고 있는 젊은이들, 미모가 떨어진다고 열등감에 빠져 주눅 든 젊은 여성들, 한 끼 밥술과 하룻밤 잠자리를 찾아 기웃거리는 노숙자들……. 그들을 보면 삶 속에는 행복보다는 고통이 더 넓게 퍼져 있다는 생각을 지우기가 어렵습니다.

행복지수

우리는 모두 행복하기를 원합니다. 그러나 위에서 언급한 것처럼 삶 속에는 행복보다 고통과 불행이 더 많아 보입니다.

그렇다면 우리 모두가 그토록 갈망하는 행복이란 도대체 무엇일까요? 우리는 행복에 대해 잘 안다고 생각하지만, 곰곰이 따져보면 행복이라는 개념은 참으로 애매모호할 때가 많습니다.

세계에서 가장 행복한 사람들은 방글라데시 사람들이라고 합니다. 그런데 다들 아시다시피, 방글라데시 사람들은 한 달에 버는 돈이 고작해야 20달러, 30달러 내외가 아닌가요?

그런 사람들이 한 달에 2천 달러, 3천 달러씩 버는 나라의 사람들보다 더 행복하다는 것은 도대체 무슨 말일까요? 좀더 행복해지기 위해서는 국

민소득이 한 푼이라도 더 올라가야 한다고 악을 쓰는 사회의 일반적 경향과 비교해보면 더욱 헷갈리고 의아해집니다.

두 다리를 다 잃고 폐타이어를 엉덩이에 붙이고 기어 다니면서도 늘 미소를 잃지 않고 다니는 사람이 있는가 하면, 사지가 멀쩡하고 아직 재산이 남아 있음에도 사업 실패로 좌절하여 자살로 삶을 마감하는 사람도 있습니다.

나라마다 사정은 조금씩 다르겠지만, 선진국에서는 대체로 부자들이 사는 동네에 정신과 병원이 더 많으며, 가난한 사람들보다는 부자들에게 더 정신질환이 많다고 합니다.

왜 그럴까요?

여기서 우리는 행복지수에 대해 생각해볼 필요가 있습니다. 행복이란 무엇일까요? 심리학자의 도움을 받아 행복지수를 설명해보자면 다음과 같습니다.

"행복은 우리가 갈망하는 욕구와 그 욕구의 성취와의 관계에서 결정되는 정서적 만족도라고 할 수 있습니다. 즉 우리가 원하는 것이 100이라 가정할 때 우리가 가지고 있는 것 혹은 성취한 것이 70이라면 우리의 행복지수는 70이 됩니다."

그러나 이 기준을 기계적으로 무조건 적용할 수만은 없습니다. 우리가 원하는 것은 항상 변하기 때문입니다. 예를 들어, 늘 먹을 것이 부족했던 사람이 비록 비정규적이지만 취직을 하여 맛있는 음식을 매일 충분하게 먹게 되었다면, 그의 행복지수는 80~90 혹은 거의 100에 가까워지고 그는 매우 큰 행복을 느낄 것입니다. 하지만 그의 갈망이 배부름이 아니라 안정된 직업을 향하게 되면 그의 행복지수는 다시 밑바닥으로 떨어집니다.

만일 그의 직업이 비정규직에서 정규직으로 바뀐다면 잠깐 행복지수가 높아지겠지만, 예를 들어 나이가 들어 결혼을 하고 싶은데 사랑하는 여성이 생기지 않는다면 다시 행복지수는 낮아지게 됩니다. 이처럼 행복지수는 늘 변하게 되어 있습니다. 그러므로 행복지수에 대한 심리학자들의 설명은 일상생활을 하는 개인에게 구체적으로 적용하기에는 충분치 않습니다.

물질적인 것이든 정신적인 것이든, 생존을 위해서는 우리에게 꼭 필요한 것들이 있습니다. 최소한의 음식, 옷, 수업료 등은 반드시 필요한데, 만일 이런 것들이 절대적으로 부족하다면 이것은 절대빈곤이라고 할 수 있습니다. 그러나 먹을 것과 입을 것이 충분히 있는데도 다른 사람과 비교하여 늘 부족하다고 느낀다면 저는 이것을 상대적 빈곤이라고 부릅니다.

오늘날 대부분의 사람들은 상대적 빈곤에 시달리고 있습니다. 물론 아주 가난한 나라 사람들은 제외하고 말입니다. 상대적 빈곤은 영성적인 문제입니다. 그런데 이 사실을 깨닫고 있는 사람들은 의외로 많지 않습니다.

심리학자들은 행복지수를 높이는 방법은 두 가지밖에 없다고 합니다. 하나는 열심히 노력하여 원하는 것을 획득하는 것이고, 다른 하나는 나의 욕구를 줄이는 것입니다. 그러나 자신의 욕구를 줄이는 것은 정말로 어렵습니다. 약간의 사색으로 자신의 욕구를 줄였다고 생각하는 사람들이 더러 있지만, 그조차도 욕구를 억압했을 뿐인 경우가 대부분입니다.

자연스럽게 자신의 욕구를 줄이는 것은 사실 영성적인 문제입니다. 그리고 영성을 성장시킬 수 있는 최상의 방법은 명상입니다. 명상하지 않는 개인, 명상하지 않는 종교는 결코 영성이 성숙할 수 없다는 것이 저의 생각입니다.

행복의 요소를 주로 외부의 환경에 두는 사람은 좀처럼 행복할 수 없습니다. 늘 경쟁과 스트레스에 시달리다 언젠가는 탈진하고 맙니다.

삶을 행복으로 보느냐, 혹은 고통으로 보느냐 하는 문제는 모든 사람에게 항상 따라다니는 문제이지만, 명상을 수련하여 영성이 깊어진 사람에게 삶은 언제나 행복입니다.

아브라함 매슬로우 Abraham Maslow의 욕구단계

아브라함 매슬로우라는 심리학자는 인간의 욕구에도 단계가 있다는 이론을 발표했습니다. 이 이론을 행복지수와 관련지어 생각하면 행복의 개념이 훨씬 더 명확하게 이해될 것입니다.

욕망은 인간 본성의 중요한 일부분입니다. 인간은 욕망이 있기 때문에 움직이며, 욕망을 충족시키기 위해 부지런히 노력합니다.

매슬로우라는 심리학자는 인간의 욕구를 피라미드 형태로 기본적인 욕구에서 고차원적인 욕구 순으로 단계를 설정하여 설명했습니다. 그는 인간은 보통 기본적인 하위의 욕구를 충족시킨 이후에 상위의 다른 욕구를 충족시키려 하며, 하위의 욕구가 충족되지 않으면 상위의 욕구에는 별로 관심을 두지 않는다고 말합니다.

그러나 인간의 욕구는 꼭 그의 이론대로 되는 것은 아닌 것 같습니다. 사람에 따라서 어떤 사람은 하위의 욕구가 충족되지 않은 상태에서도 상위의 욕구에 집착하는 경우가 많기 때문입니다.

어떤 사람은 물질적 욕구에 집착하고, 어떤 사람은 성적 욕구에 집착하며, 어떤 사람은 명예나 지위에 집착하고, 또 어떤 사람들은 종교나 혹은 깨달음에 집착합니다. 사람마다 특별히 어떤 분야에 집착하는 것은 주로 과거의 경험에 그 원인이 있습니다.

매슬로우의 욕구단계 이론은 약간의 비판의 여지는 있지만 욕구라는 관점으로 인간을 이해하는 데 매우 유용한 이론입니다. 그 내용은 다음과 같습니다.

1. 생리적 욕구(physiological needs)

인간에게는 생존을 위한 가장 기본적인 생리적 욕구가 있습니다. 그것들은 배고픔, 목마름, 잠, 호흡, 휴식, 성욕 등입니다. 이런 욕구가 충족되면 사람은 좀더 상위의 욕구에 목마르게 되고, 그 욕구가 충족되면 좀더 높은 차원의 욕구를 갈망하게 됩니다.

이런 점에서 인간은 충족되지 않은 욕구에 의해서 동기화되는 존재라고 할 수 있습니다. 그러므로 우리는 우리가 집착하는 욕구를 살펴봄으로써 내가 누구인지를 알 수 있는 것입니다.

2. 안전에 대한 욕구(safety needs)

생물학적인 욕구가 충족되면 불안, 고통, 공포, 위협 등을 피하고 자신을 보호하려는 안전과 안정(safety and security)에 대한 욕구가 제일 중요한 위치를 차지하게 됩니다.

대부분의 사람들에게 안전과 안정에 대한 욕구는 물질적인 면보다는 심리적인 면이 더 큽니다. 예를 들어, 10억 원의 재산이 있던 사람이 증권으로 9억 원을 날렸다면 그는 아직 1억 원의 재산을 가졌음에도 자살을 생각할지도 모릅니다. 그러나 천만 원의 재산이 있던 사람이 장사로 1억 원의 이익을 남겼다면 그는 재벌도 부럽지 않을 것입니다.

가지고 있는 재산은 똑같이 1억 원인데도 이렇게 감정이 다른 것은 안정에 대한 욕구가 심리적인 면에 크게 의존하기 때문입니다. 실직한 사람은 경제적으로뿐만 아니라 심리적으로도 안정을 상실한 사람이어서, 여전히 꽤 많은 돈을 가지고 있다 해도 불안해하며 우울증에 빠지기 쉽습니다.

3. 소속과 사랑에 대한 욕구(belongingness and love needs)

기본적인 생리적 욕구와 안전의 욕구가 충족되면 사랑과 소속에 대한 욕구가 생깁니다. 그래서 다른 사람들과의 의미 있는 관계 형성과 소속 집단에 의한 수용이 대부분의 사람들에게 아주 중요한 관심사가 되는 것입니다.

이것은 어린아이나 장년이나 노인이나 다 마찬가지입니다. 그래서 소위 왕따라고 불리는 따돌림은 사람을 불행하고 우울하게 만들며, 생활을 메마르게 할 뿐만 아니라 때로는 자살에까지 이르게 합니다.

소속감과 사랑이 결핍되면 소위 '고독'이라는 증상으로 나타나는데, 거의 모든 자살은 고독으로부터 비롯됩니다. 예를 들어 누군가 자살을 했다면, 나이 든 노인이든 인기가 떨어진 연예인이든 에이즈aids와 같은 불치병 환자든 간에, 주위에 사람들이 없다는 고독감이 그를 마지막 선택으로 몰고 갔을 것입니다.

이러한 관계성 또는 연결성(connection)에 대해서는 뒤에서 다시 한 번 자세히 이야기할 것입니다.

4. 존경에 대한 욕구(esteem needs)

존경에 대한 욕구는 다른 사람에게 인정을 받고자 하는 욕구입니다. 그래서 어떤 사람들은 존경에 대한 욕구를 인정에 대한 욕구 혹은 명예에 대한 욕구라고 부르기도 합니다.

사람은 누구나 다른 사람보다 뛰어난 면을 성취해서 그것으로 사람들에게 인정을 받고자 합니다. 알프레드 아들러Alfred Adler라는 심리학자는 '우월성에 대한 추구'야말로 인간의 가장 강력한 욕구 에너지라고 말했는데,

우월성을 추구하는 심리 깊은 곳에는 바로 존경에 대한 욕구가 꿈틀거리고 있는 것입니다.

5. 자아실현에 대한 욕구(needs of self actualization)

자아실현의 욕구는 '한 인간이 될 수 있는 최대한의 인간이 되고자 하는 욕구(the need to become all that one is capable of becoming)'라고 할 수 있습니다. 이것은 곧 자아완성의 욕구를 의미하는 것입니다.

매슬로우는 자아실현이란 가장 높은 수준의 욕구로서 개인의 내적 성장을 포함한다고 보았습니다. 그는 자아를 실현한 사람들의 성격을 조사하여 열다섯 가지의 성격적 특성을 제시했는데, 그 내용은 뒤에서 다시 소개하려고 합니다.

자아를 실현한 사람들의 성격은 대체로 사물을 있는 그대로 편견 없이 바라보고, 사고나 행동이 물 흐르듯이 자연스러우며, 초연한 생활을 즐깁니다. 그들은 특히 절정경험과 신비경험을 해보았거나 심지어 그것을 즐긴다는 공통점이 있습니다.

그러나 자아를 실현한 사람들의 가장 중요한 특징은 '행복'입니다. 그들은 행복을 만들 줄도 알고, 행복을 즐길 줄도 압니다.

연결성 (connection)

예일 대학교의 주디스 로딘Judith Rodin 교수와 하버드 대학교의 엘렌 랑거Ellen Langer 교수는 다음과 같은 실험을 했습니다.

우선 요양원 환자들을 두 집단으로 나누어, 첫 번째 집단에게는 생활계

획표를 스스로 짜도록 했고, 두 번째 집단에게는 직원의 지침대로 따르게 했습니다. 그러고는 이 연구의 일환으로 환자들에게 화분을 주어 방에 놓아 두고 기르게 했습니다.

그랬더니 첫 번째 집단의 사망자 수는 보통 환자들의 절반 수준이었고, 두 번째 집단은 사망자 수가 보통 환자들과 비슷했습니다. 그래서 연구진은 화분에 물을 주는 사소한 행동일지라도 그것을 스스로 계획하고 실행하도록 하면 사망률을 줄일 수 있다고 해석했습니다.

그들의 해석은 아주 의미가 깊습니다. 하지만 저는 여기에서 간과된 다른 해석 하나를 덧붙이고 싶습니다.

첫 번째 집단은 스스로 화분에 물을 주면서 식물과 어떤 연결성 내지는 관계성(connection or relationship)을 느꼈을 것입니다. 식물과의 관계에서 형성된 연결성이 첫 번째 집단의 사망자 수를 보통 환자의 절반으로 줄였을지 모릅니다.

두 번째 집단은 자신의 의지에 따라 스스로 화분에 물을 주는 것이 아니라 직원의 지시에 따라 화분에 물을 주었으므로 화분을 하나의 생명으로 보지 않고 방 안의 다른 가구들처럼 무생물로 보는 경향이 있었을 것입니다. 그들은 화분과의 정서적 연결성이나 관계성을 느끼지 못했을 것이며, 이 사실이 두 번째 집단의 사망률이 보통 환자들과 비슷한 결과를 낳았는지도 모릅니다.

여기서 우리가 깨달을 수 있는 것은, 인간은 다른 존재와 관계성을 형성할 때 정서적으로 안정되고 행복을 느끼며 이것이 다시 생명력에 영향을 준다는 사실입니다.

연결성이나 관계성은 매슬로우가 말하는 사랑과 소속의 욕구와 같은 것인데, 이 욕구가 충족될 때 인간은 행복을 느끼게 됩니다.

다음은 연결성과 관련된 몇 가지 상식과 시사점입니다.

- 일반적으로 결혼한 사람들이 독신자들보다 오래 산다. 결혼한 사람들 중에도 금실이 좋은 부부가 더 오래 산다.
- 혼자서 사는 구도자 혹은 수도자는 비록 독신자이지만 자연 혹은 신神과의 연결성이 있어서 그런지 대체로 오래 산다.
- 같은 어미에게서 태어난 동물이라도 격리시켜서 키운 동물은 빨리 죽는다.
- 출생 후 나흘이 지난 원숭이 새끼를 어미와 분리시키고 철망으로 가짜 어미 모형을 만들어 젖을 주어보았다. 다음에는 부드러운 천으로 가짜 어미 모형을 만드는 대신에 젖은 주지 않았다. 그러자 새끼 원숭이는 굶주리면서도 부드러운 천으로 만든 어미에게 매달리는 집착을 보였다. 이것은 신체적 접촉(skinship)이 중요하다는 사실을 보여주는 결과였다.
- 신체적 접촉은 인간 사이의 연결성을 형성하는 데 가장 근본적인 요소 중의 하나이다.
- 모든 생명체, 특히 인간에게는 정서적 접촉 또한 중요하다. 신체적 접촉이 정서적 접촉으로 이어지지 않으면 인간은 좌절감과 고뇌를 느낀다. 예를 들어, 성(sex)으로 신체적 접촉을 이루지만 정서적 접촉, 즉 사랑을 느끼지 못한다면 결국 좌절하고 고통에 빠지게 된다.
- 어린 시절에 부모와의 밀착감이 결여되면 희노애락喜怒哀樂 불감증에 걸리기 쉽고, 암에 걸릴 위험성도 증가한다. 긍정적 태도와 신념, 타인과의 기본적 신뢰, 정서적 능력 등은 전부 아동기에 뿌리를 내린다. 그러므로 아동기에 격리, 학대, 폭력 등으로 밀착감이 결여되면 성인이 되어도 정서장애로 시달릴 수 있다.

- 모든 관계성의 본질과 핵심은 사랑이다. 마음속에 사랑을 담아두고 표현하지 않으면 생명 에너지가 생기지 않는다. 생명 원리에 의하면 사랑은 표현해야 하고, 표현 방법이 건전해야 한다. 가장 좋은 표현 방법은 상대방을 칭찬하고 인정하는 것이다. 생명이 있는 두 존재 사이에서는 눈에 보이지는 않지만 '나를 좀 중요한 존재로 인정해다오'라는 하나의 강력한 정서적 전파가 흐르고 있다.

- 스위스의 정신의학자인 앨리스 밀러Alice Miller에 따르면, 어릴 적 상처가 있는 아동, 청소년, 성인들이 알코올, 약물 중독, 성적 남용을 할 가능성이 높다.

- 부모 혹은 교사가 일부러 의도하지는 않았다 하더라도 "바보", "못난이", "너 때문에 부끄러워" 등의 말을 자주 하게 되면 아이들은 그 말들을 쉽게 내면화하여 부정적인 정체성을 형성한다.

- 우리는 배가 고프다는 생리적 메시지가 오면 음식을 먹고, 배가 부르다는 메시지가 오면 그만 먹는다. 이것은 정상적인 생리적 피드백(biofeed-back)이다. 그러나 배고픔의 메시지가 아니라 연결성의 결핍으로 인한 정서적 공허감의 메시지로 음식을 먹으면, 배가 부르다는 메시지가 와도 강박적으로 음식을 먹는다. 이것은 일종의 섭식攝食장애라고 할 수 있다. 스트레스를 음식으로 푸는 것도 비슷한 작용이다.

- 치유에 앞서 먼저 자신의 상처를 바라보고 인정해야 한다. 그러고 나서 자신을 긍정적으로 느낌으로써, 즉 자신을 사랑함으로써 우리는 상처를 치유할 수 있다. 만약 자신의 상처가 연결성의 결핍으로, 혹은 불건강한 연결성으로 인해 생긴 것이라면 건강한 연결성을 확보하는 것이 매우 중요하다. 친밀한 인간관계를 형성하거나 동물 혹은 식물을 기르는 것도 좋은 방법이며, 신앙을 가져서 신神과 친밀관계를 이루거나 명상瞑想을

수행하여 깨달음을 얻는 것도 좋은 방법이다.
- 나는 전체성 안에서 연결성을 가지고 있는 존재이므로, 나를 중심으로 하는 에고이즘egoism을 초월해서 전체적으로 보는 시각이 중요하다. 이것은 인간관계에서도, 종교에서도, 그리고 민족에 있어서도 마찬가지이다. 그러므로 배타성은 그 어느 곳에서나 반생명적인 질병이라고 할 수 있다.

마음의 눈을 뜨면

인간의 고통은 상징적으로 에덴동산에서 쫓겨난 존재로서는 도무지 피할 수 없는 운명적인 것들입니다. 그중에도 특히 죽음은 가장 두렵고 가장 큰 고통입니다.

교회에서는 사순대재 수일, 즉 재의 수요일*이라고 부르는 날에 사제가 신자들의 이마에 잿가루로 십자가를 그으며 "인생아, 기억하라. 너는 흙으로부터 왔으니 흙으로 돌아가리라" 하고 말합니다. 이것은 죽음을 하느님 안에서 그대로 받아들이라는 교훈의 의식입니다.

요즘은 종교인이 아니더라도 죽음의 의미가 무엇인지, 또 어떻게 죽는 것이 잘 죽는 것인지 관심이 많은 것 같습니다. 명상을 제대로 수행하기만 하면 죽음까지도 삶의 한 부분으로 여기는 마음이 생겨 죽음을 두렵거나 슬

● 재의 수요일(Ash Wednesday)은 예수 수난을 기념하는 사순절이 시작하는 날이다. 사순대재라고도 불리는 이 절기는 일요일을 뺀 부활절 전의 40일을 말하는데, 이 절기의 시작이 수요일에 시작되므로 사순대재 수일이라고 한다. 이날에는 지난해의 성지주일에 나눠준 종려나무 잎을 태워서 사제가 신자들의 이마에 그 재를 가지고 십자가를 그으며, "인생아, 기억하라. 너는 흙이니 흙으로 돌아가리라"고 말한다. 이 말의 뜻은 인간의 운명과 한계상황을 이해하고 진지하고 겸손하게 인생을 살라는 뜻이다.

프게 여기지 않게 되며 오히려 친근한 감정이 생겨나기도 합니다.

석가는 삶이란 것이 태어나고, 늙고, 병들고, 마침내는 죽어야 하는 고통의 바다(苦海)라고 했습니다. '苦'라는 말에는 고통이라는 뜻과 함께 '인간으로서는 어찌할 수 없는 것'이란 뜻도 포함되어 있습니다. 인간이 어찌할 수 없기에 그것은 더욱 커다란 고통이 됩니다.

인간은 한계상황에 부딪힘으로써 그 문제의 의미를 탐구하게 되고 나름대로 어떤 깨달음을 얻게 되는 경우가 있습니다. 깨달음을 얻었다고 해도 마음의 상처로 인한 고통이 완전히 사라지는 것은 아닙니다. 적어도 그 깨달음이 완전히 나의 것으로 소화되기까지는 그렇습니다.

이것은 깨달음이 머리의 수준에서 가슴의 수준으로 깊이 들어가야 치유가 이루어진다는 사실을 말해줍니다.

깨달음이 가슴의 수준으로까지 깊이 들어간 사람은 사물을 영성적인 차원에서 볼 수 있는 마음의 눈을 가지게 됩니다.

세상의 모든 사람은 다 나름대로의 상처를 가지고 고통 속에서 살아가고 있습니다. 그러나 마음의 눈을 뜨면 자신의 고통과 상처의 본질을 보게 되고, 그것을 받아들임으로써 마음의 평화를 얻을 수 있습니다. 아픈 상처와 고통 속에서도 마음의 평화를 누릴 수 있다면 그것이 곧 치유입니다.

옛날에, 마음의 상처와 고통을 털어버리고 행복하게 살고 싶은 어떤 사람이 있었습니다. 그는 어느 날 유명한 현자를 찾아가서 고통 없이 행복하게 살 방법이 없겠느냐고 물어보았습니다. 현자는, 세상을 돌아다니면서 걱정근심이 없는 사람을 찾아보라고 했습니다. 그런 사람을 발견하면 그때 고통 없이 살 수 있는 방법을 가르쳐주겠다고 말입니다.

행복하게 살고 싶은 그 사람은 마을마다 돌아다니면서 걱정근심 없이 살고 있는 사람을 찾아보았습니다. 그러나 안타깝게도 그런 사람은 단 한 사람도 없었습니다. 물론 현자는 그에게 고통 없이 살 수 있는 방법을 가르쳐 줄 수 없었습니다.

이 이야기가 주는 교훈은 크고 작은 정도의 차이는 있을지언정 고통 없이 살아가는 사람은 세상에 단 한 사람도 없다는 뜻이 아니겠습니까? 현자는 고통이 삶의 한 부분임을 깨닫고 받아들이는 것이 행복에 이르는 길이라는 사실을 보는 마음의 눈을 가지고 있었던 것입니다.

그러면 우리는 어떻게 해서 마음의 눈을 가질 수 있을까요?

종교인과 수행자, 그리고 심리학자까지도 마음의 눈을 얻을 수 있는 가장 좋은 방법은 명상이라고 합니다.

우리는 기쁘고 좋은 일이 있으면 행복하다고 느끼고, 슬프고 나쁜 일이 생기면 불행하다고 느낍니다. 그러나 슬프고 비참한 가운데서도 마음의 평화를 유지하며 미소로 그 상황을 바라볼 수 있다면 우리는 참으로 자유인이 아닐까요? 이것은 마음의 눈을 뜰 때 가능한 일입니다. 그러므로 마음의 눈을 얻는다는 것은 얼마나 귀한 일인지 모릅니다.

나는 누구인가

나는 누구일까요? 이것은 인간에게 가장 중요하고 기본적인 질문이지만, 사람들은 너무나 바쁜 일상생활 속에 빠져서 이 문제를 신중하게 생각하려고 하지 않습니다.

심리학자 카를 융Carl G. Jung은, 사람이 중년기에 들어서면 의식적으로 혹은 무의식적으로 이런 문제로 고민하기 시작한다고 합니다. 공연히 쓸쓸하고, 삶이 허무하게 느껴지고, 하고 있는 일이 의미가 없어지곤 하는 증상이 생긴다는 겁니다. 외부를 향했던 삶의 나침판이 내면을 가리키기 시작하는 것입니다. 삶의 나침판이 방향을 바꾸었다는 사실을 미처 알아채지 못한 중년들은 심한 정서적 장애를 보이기도 합니다.

'나는 누구인가' 라는 문제를 화두로 삼고 바라보노라면, 이 문제는 자아 정체성의 문제, 삶과 죽음의 문제, 외부의 환경에 반응하는 나의 성격의 문제, 절대자(神)의 문제 등으로 한없이 확장되어 갑니다.

우리는 다른 사람을 만날 때 우선 명함을 주고받습니다. 명함에는 사장, 부장, 교수, 의사 등등의 직함이 적혀 있습니다. 그러나 명함에 적혀 있는 직함이 그 사람의 정체성을 온전히 밝혀주지는 못합니다. 왜냐하면, 회사에서는 사장이지만 집에서는 아버지요, 교회에서는 신자이며, 야간에는 최고경영자대학원에 다니는 학생일 수도 있기 때문입니다. 만일 내가 이런 여러 가지 역할을 하고 있다면, 과연 어떤 역할을 하는 내가 진정한 나일까요?

요즈음 의사 지망생들에게는 성형외과가 인기라고 합니다. 얼굴을 고치려는 사람이 많기 때문이지요. 그러나 아름답게 고친 얼굴도 나이가 들면 흉하게 변하고 맙니다. 강한 육체를 가지고 있는 젊은이는 자신만큼은 영원히 늙지 않을 거라고 생각합니다만, 세월이 흐르면 그도 어느새 늙고 힘없어집니다. 죽은 육체는 시간이 지나면 썩어서 흔적도 없이 사라지고 맙니다.

그렇다면 육체가 과연 나일까요? 젊은 시절의 건장하고 아름다운 육체가 나일까요? 늙어서 쇠약하고 쪼그라든 육체가 나일까요? 아니면 죽어서 흙이 되어 흩어져버린 먼지가 나일까요? 육체가 나의 일부분인 것은 확실하지만 나의 본질은 아닙니다.

이렇게 보면 생각도 마찬가지입니다. 어떤 사람들은 육체보다 생각이나 정신이 더 본질적인 나의 모습이라고 생각합니다. 그러나 어떤 생각이 나의 참된 모습일까요? 어제의 생각은 오늘의 생각과 다르며 또 내일의 생각과도 다를 것입니다. 생각도 고정되어 변하지 않는 것이 아니며 항상 변하고 있습니다. 그렇다면 나의 어떤 생각이 참자아일까요?

마음의 눈으로 보면 육체나 생각도 나 자신은 아니며, 나의 느낌이나 나의 행위도 나 자신은 아닙니다. 그렇다면 나는 누구일까요? 이것은 각자가 바라보고 고민하며 깨달아야 하는 각 개인의 몫입니다.

어떤 사람은 인간의 본질이 영혼이라고 합니다. 어떤 사람은 인생을 무無 혹은 무상無常이라고 합니다. 무상은 변하지 않는 영원한 것은 없다는 뜻입니다. 파도에서 튀어 오른 물방울은 본래 바닷물이지만, 파도에 실려 순간적으로 물방울이 됩니다. 그러나 이내 다시 바닷물로 돌아갑니다.

인간의 생명도 자연의 순환 가운데에서 드러나 순간적인 삶을 살지만 이내 다시 자연으로 돌아갑니다. '나'라는 존재는 물방울처럼 순간적으로 존재하다가 사라지는 존재입니다. 그러므로 '나'에 집착하여 고민하고 번뇌하며 발버둥 치는 것은 얼마나 허망한 일입니까?

다음의 시는 작자가 누구인지 알려져 있지 않지만, 삶과 죽음의 의미에 대해서 깊은 깨달음을 얻은 사람이 아닌가 합니다.

> 인생은 구름 한 점 일어남이요
> 죽음은 구름 한 점 사라짐이니
> 있으나 없으나 웃으며 사세.
> 웃지 않는 이는 바보이려니.

인생을 깊이 관조하고 달관한 사람이 아니고서는 이런 시를 쓸 수 없을 것입니다. 짧은 네 줄의 시이지만, 그 뒤에 숨어 있는 인생에 대한 시인의 고뇌와 성찰은 엄청난 분량으로 우리에게 덮쳐옵니다.

이런 깨달음은 얼핏 보면 허무주의적인 것처럼 보이지만 사실은 대자유인이 되는 것입니다. 그러므로 이러한 사람은 자신이 하는 일에 최선을 다하면서도 집착을 하지 않습니다.

번뇌는 집착에서 나오는 것인데, 집착이 없으니 번뇌도 있을 수 없고, 번뇌가 없으니 고통도 있을 리 없습니다. 그저 마음의 평화만 있을 뿐입니다.

'나'란 본래 그런 존재입니다.

치유명상 1 | 나는 누구인가

허리를 곧바로 펴고 눈을 감은 채 심호흡을 하십시오. 숨을 가늘고 깊게, 그리고 천천히 들이쉬십시오. 충분히 심호흡을 하십시오.

이제 참으로 나는 누구인가 묵상해보십시오. 당신은 긍정적인 생각과 말과 행동보다는 부정적인 생각과 말과 행동을 하는 습관이 있지는 않는지요? 만일 당신이 열등감, 우울증, 강박증, 이유 모를 불안과 두려움 등에 시달리고 있다면 왜 그런지 생각해보십시오.

나는 왜 불행한가, 나는 왜 만족하지 못하는가, 나는 왜 인간관계가 힘든가, 나는 왜 열등감과 우울증에 시달리고 있는가, 나는 왜 신경증적 죄책감에 빠져 있는가, 나는 왜 자살충동을 느끼고 있는가, 나는 왜 성공하지 못하고 삶에서 늘 실패만 하고 있는가 등등의 문제를 자신에게 물어보십시오. 자아를 방어하지 말고 진실하게 당신의 내면을 살펴보십시오.

이제 당신이 최근에 어떤 일로 누군가와 다툰 적이 있다면 그 장면을 마음속에 그려보십시오. 생생하게 그려보십시오. 만일 당신의 마음속에 분노의 감정이 있다면 그 분노의 감정을 생생하게 느껴보도록 합니다. 한참을 그 분노의 감정 속에 머물러 있어보십시오.

이제 다른 사람과 다투게 만든 그 일을 살펴보십시오. 그 일이 정말로 그토록 화를 낼 만한 일이었나요? 그 사람의 주장도 일리가 있고, 그 사람의 입장도 이해할 만하지 않나요? 그런데 나의 입장만 생각해서 그토록 화를 내는 나는 과연 누구인가요?

이제 당신의 마음속 깊은 곳을 살펴보십시오. 마음속 깊은 곳에 있는 당신의 핵심감정은 무엇입니까? 두려움입니까, 외로움입니까, 이기적인 욕심입니까, 열등감입니까, 집착입니까, 허무함입니까, 모든 사물이 불쌍해 보이는 연민 혹은 자비심입니까? 이제 왜 그런 핵심감정이 형성되었는지 살펴보십시오. 그리고 그런 감정이 당신의 본래 모습인지 살펴보십시오.

이제 프로이트의 도움을 받아 당신의 무의식을 바라보십시오. 원본능(id)과 자아(ego)와 초자아(superego)가 당신의 무의식 안에서 어떻게 상호 작용하고 있는지 살펴보십시오. (176쪽 참조)

이제 에니어그램enneagram의 아홉 가지 성격 유형을 살펴보고 당신은 어떤 성격 유형인지, 그리고 왜 그런 성격 유형으로 형성되었는지 살펴보십시오. (91쪽 참조)

나는 누구인가요? 나는 어디서 와서 어디로 가는 건가요? 이 일에 그렇게 집착하고, 슬퍼하고, 혹은 기뻐하는 나는 과연 누구인가요?

제2장

궁극적 치유의 세계, 깨달음

　　　　인도의 신화에 이런 이야기가 있습니다. 조물주가 인간을 창조해놓고 보니, 하도 이런 저런 부탁을 많이 하며 불러내는 통에 인간들이 귀찮아졌습니다. 그래서 깊은 물속이나 높은 산꼭대기에 숨어보기도 했지만, 인간들은 기어이 조물주를 찾아내서 계속 이것저것을 부탁하곤 했습니다.

　인간으로부터 숨을 곳을 못 찾아 고민하는 조물주를 보고 어떤 신이 인간들이 절대로 찾아내지 못할 장소를 가르쳐주겠다고 나섰습니다. 조물주는 너무나 기쁜 나머지 그곳이 어디냐고 물었고, 그 신은 다음과 같이 말했습니다.

　"이제는 인간의 마음속에 숨어보십시오. 그러면 인간은 절대로 당신을 찾아내지 못할 것입니다. 왜냐하면 인간은 절대로 자신의 마음속을 들여다보려고 하지 않으니까요."

　조물주에게 숨을 곳을 가르쳐준 그 신은 인간의 속성을 정확히 파악하고 있었습니다. 대부분의 사람들은 자신의 마음을 결코 들여다보지 않기 때문입니다. 그러나 예외가 있습니다. 불교와 도교, 유대교와 기독교의 많은 수도자들과 인도의 요가 수행자, 수피(신비주의 색채가 짙은 이슬람교의 한 종파), 힌두교의 구루들 중 어떤 사람들은 명상을 통해 자신의 마음속 내면을 살펴보곤 했기 때문입니다.

마음을 들여다보는 수련을 한 사람들은 영성이 맑고 깊어져서 나름대로 어떤 깨달음을 얻게 되는데, 이것은 자기만의 독특한 마음의 눈을 가지게 되었다는 뜻입니다. 이런 사람들은 자아를 초월하는 경험을 통해 치유에 이르게 됩니다.

예수나 석가, 노자 같은 이들도 사실은 오랜 명상을 통해 자신만의 독특한 깨달음을 얻은 사람들입니다. 그들의 가르침을 통해 수많은 사람들이 구원을 받고 치유를 경험하므로, 사람들은 그들을 인류의 위대한 스승이라고 존경합니다. 그런데 사람들이 그들로부터 구원과 치유를 경험한다면, 사실 그들은 마땅히 '치유자'라고 불릴 수 있습니다. 그래서 어떤 이들은 그들을 '위대한 영혼의 의사'라고 부르는 것입니다.

시공時空을 초월하여 이런 깨달음을 얻은, 그러나 알려지지 않은 수많은 사람들이 있습니다. 그들의 한결같은 공통점은 세상과 사물을 보는 관점을 바꾸는 것입니다. 보는 관점을 바꾸거나 새롭게 해서 그들은 상한 감정을 치유하고, 마음의 평화를 얻고, 초월경험과 절정경험을 하고, 달관의 경지에 이릅니다.

명상을 통해 깨달음을 얻고 궁극적 치유를 경험하는 일은 종교인이나 수행자만의 전유물이 아닙니다. 요즈음은 심리학자와 정신의학자들도 명상을 통한 치유에 관심이 많습니다.

저는 대학원 학생들을 대상으로 '영성치유(spiritual healing)' 혹은 '자아초월 심리치료(transpersonal psychotherapy)'라는 과목을 강의한 적이 있는데, 영성치유나 자아초월 심리치료에서 명상은 중요한 치유 도구입니다. 그러므로 치유명상에서 기독교다, 불교다, 혹은 심리학의 인본주의다 하는 식의 배타적인 태도는 의미가 없습니다. 다만 마음의 상처와 고통을 치유하고,

나름대로 깨달음을 얻어 마음의 평화를 얻는다면 그것으로 족한 것입니다.

이제 명상을 통해 치유와 해방과 성장을 경험한 몇몇 스승들의 이야기와 명상의 현대적 치유 경향을 소개합니다.

앤소니 드 멜로의 가르침

제자 : "깨달음이란 무엇입니까?"
스승 : "보는 것이네."
제자 : "무엇을요?"
스승 : "성공의 공허함을, 명예의 허망함을, 인간 노력의 허무함을."
제자 : "그것은 깨달음이 아니라, 비관이고 절망이네요."
스승 : "아니지. 그것은 푸르른 창공으로 날아오르는 독수리의 자유스러움이고 신명남이지."

인도의 예수회 신부인 앤소니 드 멜로Anthony de Mello는 이름난 우화작가입니다. 위의 이야기에서 그는 한 제자와 스승의 대화를 통하여 인간이 작위적인 노력으로 성공과 명예를 추구하는 것은 공허하고 부질없는 짓이라는 사실을 말하고 있습니다. 그런데 제자의 관점은 달랐습니다. 그는 이런 깨달음을 비관과 절망으로 이해합니다.

세상에서 살아가는 대부분의 사람들은 제자의 관점을 가지고 있습니다. 그러므로 끊임없는 경쟁과 실패와 좌절을 경험할 수밖에 없는 현실 속에서 그들은 마음의 상처와 고통을 안고 살아갈 것입니다. 그러나 만약 스승의 관점을 가질 수 있다면, 우리는 실패와 좌절까지도 미소로 바라볼 수 있을 것입니다.

성공의 공허함을, 명예의 허망함을, 인간 노력의 허무함을 비관과 절망으로 보지 않고 푸르른 창공으로 날아오르는 독수리의 자유스러움과 신명남으로 볼 수 있는 마음의 눈을 가지고 있다면, 그는 진실로 '그물에 걸리지 않는 바람' 같은 삶을 살 수 있을 것입니다.

석가의 깨달음

석가는 인도 가비라 성에서 정반왕淨飯王과 마야 왕비 사이에서 태어났습니다. 그는 남부러울 것 없는 왕자였지만, 인간의 보편적이고 필연적인 문제, 즉 태어나고, 늙고, 병들고, 그리고 마침내 죽어가야만 하는 고통을 해결하기 위해 출가했습니다. 그는 이 세계를 고통의 바다(苦海)로, 그 속에서의 삶을 끊임없는 윤회의 씨앗만 가져다주는 존재로 인식하였습니다.

그는 〈사만냐 팔라 숫따〉에서 이렇게 말합니다.

> 재가在家의 삶은 장애물로 가득 차 있는 욕정의 길이다. 모든 세상일을 버린 자의 삶은 공기와 같이 자유스럽다. 세상에 거주하는 자가 완전한 만족을 영위한다는 것은 얼마나 어려운 일인가? 머리와 수염을 자르고 황색 옷을 걸치고 재가에서 출가出家로 나아가자.

그는 또 〈숫따 니빠따〉에서 이렇게 말합니다.

> 그 끈을 끊어 버리고, 물고기처럼 그 그물을 찢어 버리고, 다시는

그 자리로 되돌아오지 않는 타오르는 불과 같이, 그리고 무소의 뿔과 같이 홀로 가자.

석가는 세상의 모든 인연과 그에 대한 집착을 고통의 원인으로 보았습니다.

석가로부터 출발하여 독특하게 형성된 선명상禪瞑想에서는 우리가 일상적으로는 이해하기가 어려운 말을 자주 쓰곤 합니다. 그래서 선명상에서 쓰는 말은 일상언어가 아니라 진리언어라고 부르는 것이 좋을 듯합니다. 진리언어에는 깨달음의 깊은 뜻이 담겨 있어 그 뜻을 잘 해석하는 것이 매우 중요합니다.

예를 들어, "출생이란 아기가 태어나는 것이 아니라 내가 태어나는 것이다"('나'에 대한 집착이 그만큼 뿌리 깊다는 뜻)라는 진리언어를 일상언어로 풀게 되면, 생노병사生老病死의 현상들도 '내가 태어난다', '내가 늙는다', '내가 아프다', '내가 죽는다' 라는 식의 자기중심적 사고방식으로 보게 되기 때문에 우리는 아집과 고뇌의 고통에서 벗어나지 못합니다.

그러므로 '나' 라는 집착에서 벗어나기만 한다면 태어나고, 늙고, 병들고, 죽는 것은 더 이상 고통이 아니겠지요. '나' 라는 집착에서 벗어나면, 죽음까지도 대자연의 섭리와 과정으로 관조할 수 있으니 말입니다. 이것은 오랜 명상 수련으로도 도달하기가 어려운 경지입니다만, 만약 이 경지에 이를 수만 있다면 대자유인이 될 것입니다.

예수의 치유

저는 얼마 전에 〈벤허〉라는 영화를 다시 보았습니다. 벌써 여러 번째 보는 것이었지만 이번에는 예전에 스쳐 지나갔던 장면이 눈에 들어왔습니다.

벤허는 뼈에 사무친 원수를 죽이고 통쾌하게 복수를 했지만 마음속의 공허함을 지울 수 없었고, 손에는 여전히 보이지 않는 복수의 칼을 쥐고 있었습니다. 그는 허탈한 심정으로 예루살렘 거리를 헤매는데, 옛날 자신이 노예선에 노예로 끌려갈 때 사막에서 물을 주었던 예수라는 젊은이가 십자가를 지고 가는 모습을 보고 그를 따라갑니다.

벤허는 골고다 언덕에서 십자가에 매달린 예수가 자신의 손과 발에 못을 박는 병사들을 위해 기도하는 것을 듣고는 큰 충격을 받습니다. "하느님, 저들을 용서해주십시오. 저들은 자신들이 무슨 짓을 하고 있는지 모릅니다." 자신의 살에 못을 박는 자를 위해 기도하는 것이 과연 가능한 일일까요?

예수의 무한한 사랑과 자비심에 충격과 감동을 받는 순간, 벤허는 여전히 자신의 손에 쥐어져 있던 복수의 칼이 스르르 손에서 빠져나가는 것을 느낍니다. 그리고 바로 그때 문둥병에 걸려 있는 벤허의 어머니와 여동생이 병에서 낫는 기적이 일어납니다. 이것은 치유에 대한 매우 상징적인 이야기입니다.

예수는 유대교의 전통 안에서 인간의 실존을 이해하고 있었습니다. 〈창세기〉에 보면 아담과 하와(이브)의 이야기가 나옵니다. 아담과 이브는 벌거벗고 다녔지만 서로 부끄러움을 느끼지 못했습니다. 그러나 선악과善惡果를 따먹은 후에는 벌거벗은 몸이 부끄러워 무화과나무 잎으로 성기를 가립니다. 이것은 인간과 인간이 본래는 하나였지만 선악과 사건 이후로 둘로 분리되었다는 상징입니다.

아담과 이브는 선악과를 따먹지 말라는 하느님의 명령을 어긴 죄로 에덴동산 밖으로 추방됩니다. 이것은 하느님과 인간이 서로 분리되었다는 상징입니다. 인간의 고독과 고통은 하느님과 분리되고, 다른 인간과도 분리된 인간의 실존으로부터 비롯된 것입니다.

예수는 하느님과 인간이, 인간과 다른 인간이 다시 화해하고 하나되는 것이 곧 구원이라고 생각했습니다. 그리고 그것은 사랑으로 가능하다고 생각했습니다.

노자의 가르침

노자는 인간 사회의 모든 악과 인간의 모든 불행이 의도적 작위作爲에서 비롯된다고 보았습니다. 작위는 도道의 자연스러운 진행과정을 방해하고 파괴합니다. 그러므로 무위자연無爲自然의 상태로 가야 인간은 평화로워진다고 노자는 믿었습니다.

고려 말의 고승인 나옹혜근懶翁惠勤의 다음 시詩에서 우리는 무위자연이라는 노장사상의 결정체를 느낄 수 있습니다.

> 청산靑山은 나를 보고 말없이 살라 하고
> 창공蒼空은 나를 보고 티 없이 살라 하네.
> 탐욕도 벗어 놓고 성냄도 벗어놓고
> 물같이 바람같이 살다가 가라 하네.

무위자연의 경지에 들어가려면 어떻게 해야 할까요? 〈노자〉 16장이 그

핵심이라고 생각하여 아래에 인용합니다.

> 비움을 극치에 달하게 하고 고요함을 돈독히 지키라.
> 우주의 모든 존재가 일제히 일어나 생동하고 있다.
> 나는 그 생동하는 만물들이
> 다시 근원으로(뿌리로) 되돌아가는 것을 본다.
> 뭇 존재들이 활기에 차서 무성하다가 각기 그 근원으로 복귀한다.
> 근원으로 복귀하는 것을 고요함이라 한다.
> 이는 곧 명命으로 돌아가는 것이다.
> 명으로 돌아가는 것은 영원불변한 것이다.
> 영원불변한 것을 아는 것을 밝음이라 한다.
> 영원불변한 것을 모르고 그릇되게 행동하면 흉하다.
> 영원불변한 것을 알게 되면 만물을 포용하게 된다.
> 도道에 이르는 것은 곧 영원해지는 것이다.
> 그러므로 육신이 죽음을 맞을지라도 위태롭지 않을 것이다.

인간을 비롯한 모든 생명은 모두 도에서 나오고 다시 도로 돌아가는데, 이것을 깨달은 사람은 밝은 사람이니 죽음이 눈앞에 닥치더라도 불안하지 않을 것입니다. 도의 깊은 바다 속에서 유유히 노니는 사람은 삶을 아픔으로 느낄 수가 없을 것입니다.

빅터 프랑클의 의미요법 (logotherapy)

독일의 정신과 의사인 빅터 프랑클Victor Frankl은 유대인이라는 죄목으로 체포되어 나치 수용소에 수감된 적이 있었는데, 그곳에서 그는 매우 특별한 여인을 만났습니다.

모두가 죽음의 공포 속에서 제정신을 잃고 살아가고 있는데, 이 여인은 저녁식사 후에 주어지는 짧은 휴식시간에 막사와 막사 사이에 있는 나무 밑에서 마치 소풍이라도 나온 소녀처럼 밝고 평온한 얼굴을 하고 나무와 새를 바라보며 얘기를 나누곤 했습니다.

프랑클은 처음에 그녀가 약간 실성한 게 아닌가 생각했지만, 며칠을 두고 자세히 살펴보아도 그녀의 얼굴은 평온하고 정상적인 표정이었습니다. 그는 매우 기이하게 생각하여 그녀와 대화를 나누고 싶었습니다. 그는 기회를 만들어 그녀에게 죽음의 공포 속에서 어떻게 이런 평온한 자세를 가질 수 있느냐고 물었고, 그녀는 이렇게 대답했습니다.

"나는 나를 이처럼 혼나게 한 운명에 감사하고 있어요. 왜냐하면, 이전의 부르주아적 생활에서 너무 안일하게 살아오면서 진정한 의미의 정신적인 소망을 추구하지 못했는데, 이처럼 혼나면서 비로소 인생의 의미를 깨닫게 되었으니까요."

이 여인은 고난 가운데서 삶의 의미를 발견했는데, 그때 그녀가 발견한 삶의 의미는 일종의 영성적인 깨달음이라 할 수 있습니다. 이 깨달음으로 그녀는 끔찍하고 잔인한 나치 수용소의 치욕스러운 생활에서도 고통을 극복하고 감사하는 마음을 품을 수 있었던 것입니다.

의미에 대한 깨달음은 하나의 깨달음인 동시에 하나의 태도를 선택하는 것입니다. 범사에 감사하라는 예수의 가르침도 결국은 하나의 태도를 선택하는 것이며, 어떤 사물에 대해 긍정적인 의미를 발견하는 것입니다. 사람은 긍정적인 의미를 발견할 때 치유를 경험합니다.

프랑클은 사람이 의미를 발견할 수 있는 가치에는 세 종류가 있다고 말합니다.

첫 번째 가치는 창조적 가치입니다. 사람은 자신이 중요하다고 여기는 그 어떤 것을 할 때 의미를 발견합니다. 객관적으로 보아서는 좋은 직업을 가지고 있는 사람도 자신이 하는 일에서 의미를 발견하지 못하면 삶에 활기가 없고 가슴에 늘 우울한 기분을 느끼게 됩니다.

교수나 성직자, 혹은 수도자들까지도 자기가 하는 일에서 창조적인 의미를 느끼지 못하면 탈진하여 고통을 받습니다. 저는 이런 사람들을 많이 보아왔습니다.

만약 등산과 암벽 타기를 좋아하는 사람들이나 낚시를 좋아하는 사람들에게 월급을 줄 테니 직업으로 그런 일을 하라고 한다면 그들이 과연 그런 일을 직업으로 선택할까요?

일이 없거나, 일이 있더라도 자기가 하는 일에서 창조적인 가치를 느끼지 못하는 사람은 심리적으로는 죽었다고 말할 수도 있습니다.

성공지향적이고 경쟁 위주의 사회에 사는 사람들은 대개 일상생활에서 의미를 발견할 수 있는 능력이 결여되어 있습니다. 이런 사람들에게 명상은 일상생활 속에서 의미를 발견하는 좋은 연습이 됩니다.

두 번째 가치는 태도적 가치입니다. 사람은 인생을 확신하는 태도를 선택할 때 의미를 발견합니다. 무엇보다 중요한 것은 사람이 고통에 대해 취하는 태도인데, 그 태도에서 어떤 의미를 발견하면 사람은 자신에게 닥친 고통을 수용할 수 있습니다.

프랑클은 나치 수용소에서 매를 맞고 모욕을 당하면서도 '너희가 나의 육체는 짓밟을 수 있어도 나의 정신에는 손끝 하나 건드릴 수 없다'는 태도를 취함으로써 건강하고 고고한 정신을 유지할 수 있었다고 합니다.

독립운동가나 순교자들이 죽음 앞에서도 당당한 태도를 취할 수 있었던 것은 자신들이 선택한 태도에서 의미를 발견했기 때문입니다.

세 번째 가치는 경험적 가치입니다. 자신이 직접 창조하지는 않았지만, 다른 사람이 창조해놓은 것을 경험하면서 가치와 의미를 발견하는 것입니다.

사람들은 소설이나 시詩, 미술, 음악 등 다른 사람의 창조물에서 의미를 발견하고 자신의 정신과 영성을 풍요롭게 만듭니다. 자연의 아름다움과 우주의 신비를 느끼면서 어떤 의미를 발견한다면 우리의 영성은 더욱 깊어질 것입니다.

인간은 삶의 의미를 발견하지 못할 때 실존적 공허(existential vacuum)의 상태에 빠져서, 미국의 문학가인 허먼 멜빌Herman Melville이 인생의 노년기를 상징하여 사용한 말인 '쓸쓸한 내 영혼의 11월'을 경험하게 됩니다. 이런 관점에서 의미의 발견은 곧 치유를 뜻합니다.

매튜의 깨달음

매튜는 20세에 암으로 죽은 청년입니다. 그는 병원에 입원해 있을 때 난폭한 사람으로 소문나 있었습니다. 의사와 간호사에게 소리 지르고, 물건을 던지고, 다른 환자들에게도 공연히 시비를 걸곤 했습니다.

그는 자신이 젊은 나이에 치명적인 병에 걸려 죽어야 한다는 사실에 분노하고 당황하여 감정을 조절할 수 없었습니다.

그러나 그는 죽기 10개월 전 다음과 같은 시를 쓰고는 죽음을 초월하여 밝게 살다가 세상을 떴습니다.

태양이 없으면 우리는 무지개를 가질 수 없지.
비가 없어도 우리는 무지개를 가질 수 없지.
아, 태양과 비, 웃음과 고통,
그것들이 함께 어울려 무지개를 만드는 거지.

여기서 무지개는 우리의 인생을 의미하고, 태양은 인생의 긍정적인 면을, 비는 인생의 부정적인 면을 의미합니다. 그러니까 인생은 밝고 긍정적인 면만 있는 것이 아니고 긍정적인 면과 부정적인 면이 함께 섞여 이루어져 있다는 뜻입니다. 이것은 지극히 상식적인 이야기지만, 이 사실을 머리로 알고 있는 것과 마음으로 깨닫는 것은 엄청난 차이가 있습니다.

매튜는 비록 자신의 병을 치료할 수 없었지만, 인생은 행복과 불행이 섞여 이루어져 있다는 사실을 깨닫고 병과 죽음까지 받아들였으므로 치유를 경험했던 것입니다. 그래서 그는 마음의 평화를 얻고, 자기를 돌봐주는 의료진에게 감사하고, 다른 환자들에게 봉사하며 살다가 죽었습니다.

바람흔적미술관의 털보 화가 이야기

경상도 가회라는 곳에서 조금 들어가면 '바람흔적미술관'이라는 집을 지어놓고 혼자 사는 털보 화가가 있습니다. 그는 기인 같은 용모와 생활을 하고 있어서, 저는 그에게 어떻게 이런 삶을 살게 되었느냐고 물어본 적이 있습니다.

그는 어렸을 때 미국으로 이민을 갔는데, 자라면서 죽음을 동경하게 되었답니다. 그러나 죽기 전에 인도에 가면 뭔가 인생의 비밀을 배울 수 있지 않을까 싶어 여행을 떠났습니다. 그러나 인도에서도 별다른 것을 배우지 못했고, 이번에는 정말 죽어야겠다 싶어 사막으로 들어갔습니다.

그는 사막에서 어떤 구루를 만났습니다. 구루는 힌두교의 스승으로 늘 명상을 하면서 지혜를 닦는 사람입니다. 구루는 그의 이야기를 듣고 나서 이렇게 물었습니다.

"당신은 자연사한 동물을 본 적이 있소?"

"아뇨, 본 적이 없습니다."

"그럴 것이오. 동물들은 거의 자연사로 죽지 못한다오. 자기보다 힘센 동물들에게 잡아먹히거나 아니면 사냥꾼에게 잡혀 죽지요. 생명 중에서는 사람이 그래도 자연사로 죽을 가능성이 가장 높지요. 그런데 스스로 목숨을 끊을 필요가 뭐 있소? 죽음이 닥치면 그때 환영하면 될 것이오. 그때까지는 신이 주신 생명을 즐기시구려."

구루의 말을 듣고 털보 화가는 죽기를 미루고, 그에게서 배운 후 돌아와 시골에 자리를 잡았다고 합니다.

자아초월 심리치료

현대의 심리치료는 지그문트 프로이트Sigmund Freud의 심층심리학으로부터 출발했습니다. 그러나 프로이트의 정신분석학적 심리치료만으로는 치유가 쉽지 않은 욕구와 소망과 아픔도 있습니다.

정신과 의사인 김정일은 《아하, 프로이트》라는 책에서 다음과 같은 말을 합니다.

"이렇게 매일같이 진료실에 한 시간씩 틀어박혀 아동기 감정 양식만을 찾고 교정하느니 차라리 큰스님으로부터 화두를 하나 받고 속으로 되씹으며 열심히 현실의 삶으로 뛰어드는 것이 더 낫지 않을까? 특히 요즘같이 발빠른 적응이 요구되는 세상에서는…… 그래서 나는 요즘 아동기가 성인기를 결정한다는 프로이트 이론보다는 이런 제언에 골몰하고 있다. 사람은 순간마다 새롭게 태어난다고…….”

사람이 새롭게 태어난다는 것은 어떤 깨달음이나 각성에 의해서 가능한 일이니, 이 말은 치료의 방법만이 아니라 오히려 치료의 근본적인 원리를 의미하는 것 같습니다. 그렇다면 그가 함축하는 바는 자아초월 심리치료와 맥을 같이 하는 것입니다.

정신의학회와 심리치료학회 등에서는 자아초월 심리학(transpersonal psychology)을 제4의 힘으로 출현한 심리학이라고 말하는데, 자아초월 심리학에서는 인간의 초욕구, 궁극적 가치, 절정경험, 황홀한 무아지경, 신비경험, 영성, 우주적 마음의 자각, 초월 현상, 궁극적 마음 등을 다루고 추구합니다.

궁극적 마음이란 깨달은 상태를 말하는데, 깨달음은 우주적 의식(universal consciousness)을 지각함으로써 이르게 되는 경지입니다. 종교의 핵심은 이 궁극적 마음을 획득해서 인간의 모든 문제를 그 근원으로부터 해결하려고 하는 것입니다. 그리고 이것이야말로 궁극적 치유라고 할 수 있습니다.

미국 기독교 상담학의 대가이며 심리치료사인 하워드 클라인벨Howard Clinebell은 정신통합* 훈련을 받은 다른 한 심리치료사에게 상담을 받은 적이 있는데, 그때까지 풀리지 않던 슬픔과 분노의 단단한 덩어리가 보다 높

---

* 정신통합 혹은 정신종합(psychosynthesis) 이론은 로베르토 아싸지올리Roberto Assagioli의 자기초월 심리치료의 이론으로서 전인적인 관점에서 치료와 성장에 접근하는 방법이다. 성장중심적이고 영성 지향적인 이론이다.

은 자아(higher-self), 즉 인간의 내부에서 인간이 온전한 전체가 되는 그곳과 접촉하면서 차가운 응어리가 녹는 것을 느꼈다고 고백합니다.

정신과 교수인 시모어 부어스타인Seymour Boorstein은 "자아초월적 수행은 곧 명상수행"이라고 말하면서 다음과 같이 덧붙였습니다.

"나의 명상 수행은 내가 수련받았던 오랜 기간의 개인 정신분석적 방법으로 해결하지 못한 어떤 심리적인 갈등을 설명하고 해결해주었다."

심리치료사인 클라인벨이 풀리지 않던 슬픔과 분노의 단단한 덩어리가 보다 높은 자아와 만났을 때 차가운 응어리가 녹는 것을 느낀 것이나, 부어스타인이 정신분석적 방법으로 해결되지 않았던 어떤 심리적 갈등을 명상수행으로 해결했다는 것은 결국 같은 성질의 이야기입니다.

자아초월 심리치료에 대한 좀더 구체적인 이해를 위해서 이탈리아의 정신과 의사인 아싸지올리의 인성에 대한 그림을 살펴보겠습니다.

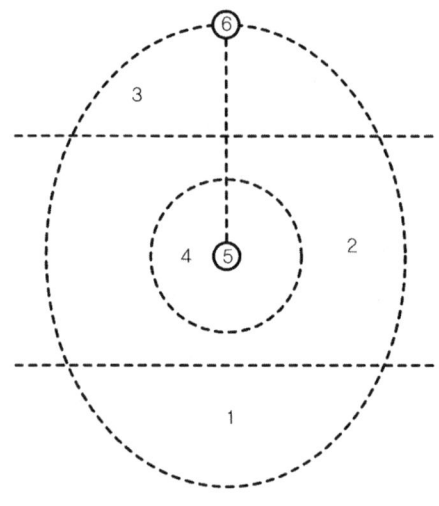

〈아싸지올리의 성격 구조도〉

1은 하부 무의식의 영역입니다. 프로이트가 말하는 무의식의 세계와 비슷한 세계입니다.

2는 중간 무의식의 영역입니다. 깨어 있는 현재 의식, 그리고 상부 무의식과 접하고 있는 무의식입니다.

3은 상부 무의식입니다. 초월적 의식 혹은 보다 높은 자아(higher-self)가 존재하는 영역의 무의식입니다.

4는 의식의 영역입니다.

5는 현재 의식 속에서 느끼고 있는 '자아(ego)' 혹은 '나' 입니다.

6은 보다 높은 자아입니다.

아싸지올리는 상부 무의식 속에 존재하는 심미적, 윤리적, 종교적 경험들, 직관, 영감, 그리고 신비적 의식들은 하부 무의식의 성적 충동과 공격적 충동만큼이나 자연스러운 것인데, 이런 영성적 요소들도 성장하기를 갈구하고 있다고 말합니다.

인간은 의심, 질투, 폭력, 비난 등등의 수많은 하부 인격들을 가지고 있습니다. 그런데 인간이 현재 의식의 '나' 라는 관점에서 이런 하부 인격들을 보고 있는 한 변화와 치유는 이루어질 수 없습니다.

보다 높은 자아의 의식에서 이런 하부 인격들을 바라볼 때 비로소 그 속성들이 보이고 변화와 치유가 가능합니다. 현재 의식의 '나'의 눈으로 보는 세상의 모든 것을 '보다 높은 자아'의 눈으로 볼 때라야 치유가 일어납니다.

그렇다면 문제는 어떻게 상부 무의식 속에 존재하는 보다 높은 자아를 인식할 수 있느냐 하는 것입니다.

그것은 명상을 통해서 가능합니다. 명상 속에서 자신의 깊은 내면 속으로 들어가 자신의 맑고 깊은 영성과 만나면 보다 높은 자아를 인식하게 됩니다.

보다 높은 자아는 신(神)이라고 불리는 영적 실체와 융합합니다. 또한 자연과의 통합도 이루어냅니다. 초월적인 실체와의 친교 내지는 일체감을 이루어 나가면 더할 나위 없는 기쁨을 경험하게 되는데, 이것은 곧 치유입니다.

심리치료가 수평적인 치유라고 한다면, 신(神)이랄까 혹은 우주적 정신이랄까, 좌우간 보다 위대한 어떤 존재나 보다 높은 자아를 내면 속에서 만나 치유가 이루어지는 것은 수직적인 치유라고 할 수 있습니다.

명상방에서 일어난 일

저는 지난 5년간 매년 겨울방학 한 달을 캐나다의 에드먼턴에 있는 수녀원에서 지낸 적이 있습니다. 에드먼턴의 겨울은 영하 30도에서 40도의 혹독한 날씨여서, 저는 대학의 세미나에 참석하는 시간을 제외하고 거의 대부분을 수녀원에서 지냈습니다.

수녀원의 방에서 종일 빈둥거리는 것이 지루해진 저는 어느 날 우연히 명상방이란 곳을 들르게 되었습니다. 그 명상방은 한두 평 남짓한 좁은 공간인데, 긴 의자가 벽 쪽에 하나 놓여 있고, 양 옆으로는 화분들이 놓여 있었으며, 앞면은 통유리로 되어 있었습니다.

통유리 앞으로는 하얀 눈으로 덮인 정원이 길게 뻗어 있었습니다. 보이는 것은 온통 하얀 눈뿐입니다. 드문드문 우람하게 서 있는 나무들 너머로 보이는 교회의 사제관 굴뚝에서는 가끔 하얀 연기가 하늘 높이 솟아오르곤 했습니다. 저는 이곳이 마음에 들어 어떤 날은 명상방에서 하루 내내 지낸 적도 있습니다.

명상방에서 그렇게 오랜 시간을 보내면서 저는 특이한 경험을 했습니다. 세미나며 숙제 등으로 심한 스트레스에 시달려 늘 가슴이 뛰고 머리가 아프고 어깨가 굳어 무거웠는데, 명상방에서 머무는 동안 그런 증세는 씻은 듯이 사라져버렸습니다.

저는 그때 명상에 관해서는 거의 아무것도 몰랐습니다. 그러나 지금 생각해보면, 저는 그때 나름의 명상을 하고 있었습니다. 제가 명상방에서 했던 경험들을 정리해보면 다음과 같습니다.

첫째, 신체적으로는 두통과 가슴이 뛰는 증상이 사라지고, 정신적으로는 한없는 마음의 평화를 느꼈습니다.

둘째, 가끔 어떤 황홀감을 느끼곤 했습니다. 저는 이어폰을 귀에 꽂고 돌고래와 파도 소리가 들리는 테이프를 듣기도 했고, 숲 속의 곤충과 새와 바람 소리가 들리는 테이프를 듣기도 했습니다. 저는 기독교 신앙이 있는 사람이라 그 테이프들을 들으면서 예수와 함께 깊은 바다 속을 헤엄쳐보기도 하고 숲 속을 함께 거닐어도 보았습니다. 그러면서 자아를 초월한 어떤 경지에서 황홀한 기쁨을 맛보았습니다.

셋째, 순수의식으로 사물을 보게 되었고, 그로 인해 사물의 본질을 더 잘 이해하게 되었습니다. 순수의식으로 사물을 보며 이해의 영역을 넓혀가는 것을 기독교 전통에서는 관상기도라 하고, 동양에서는 관觀명상이라고 합니다. 나 자신을 보고, 나의 신앙을 보고, 특히 죽음의 본질을 보았습니다.

넷째, 순간순간 새로운 깨달음을 얻었습니다. 새로운 깨달음을 얻으면 나 자신이 그만큼 성장하는 것 같고 치유도 경험하게 됩니다. 깨달음을 얻는 순간의 담백한 기쁨을 세상의 무엇과 비교할 수 있을까요?

저는 이런 관점에서 명상의 본질은 치유라고 생각합니다. 두통과 불안이 사라지는 것도, 스트레스에서 벗어나는 것도, 사물의 본질을 볼 수 있는 것도, 어떤 깨달음을 얻는 것도, 초월 상태에서 절정경험을 맛보는 것도 사실은 모두 치유의 영역에 속하는 것입니다.

치유명상 2 | 깨달음의 유쾌함

인류 역사상 위대한 영혼들은 모두 깨달은 사람들입니다. 앤소니 드 멜로의 우화에 나오는 스승과 제자의 관점들을 바라보십시오.

성공의 공허함을, 명예의 허망함을, 인간 노력의 허무함을 비관과 절망으로 보는 제자의 관점과, 그것을 비관과 절망으로 보지 않고 푸르른 창공으로 날아오르는 독수리의 자유스러움과 신명남으로 보는 스승의 관점을 바라보십시오. 그리고 당신의 마음은 그들의 관점에 각각 어떻게 반응하는지 살펴보십시오.

인간의 삶을 생노병사生老病死의 고품로 이해한 석가의 고뇌와 그의 해탈에 대한 깨달음을 명상해보십시오.

예수의 치유에 대한 글을 읽고 당신은 어떤 깨달음을 얻습니까? 예수는 왜 그렇게 사랑을 강조했는지, 생명과 사랑 혹은 자비심에 대한 관계에 대해 살펴보십시오. 그리고 사랑이 결여된 정의에 대해서도 살펴보십시오.

이제 무위자연無爲自然의 道로 대자유인을 꿈꾸었던 노장사상을 바라보십시오.

매튜의 치유에 대한 글도 묵상해보십시오. 그에 대한 외부의 환경은 변한 것이 하나도 없었지만 삶에 대한 그의 깨달음이 그를 구원하지 않았습니까? 깨달음이란 과연 어떤 것입니까?

깨달음은 어두운 밤길을 비추는 내 발 앞의 등불입니다. 삶의 의미를 잃어버리고 실존적 공허감에 빠져 있을 때 삶의 의미를 발견하여 치유를 경험하는 것이 깨달음이며, 죽음의 방향에서 생명의 방향으로 눈을 돌려 사물을 생명지향적으로 바라보는 관점의 변화가 또한 깨달음입니다. 그래서 우주의 모든 것을 물 흐르듯이 자연스럽게 바라볼 수 있는 자유인이 되는 것이 깨달음입니다.

명상은 사과에 대해 분석할 뿐만 아니라, 사과를 직접 먹어보는 일입니다. 맛있는 사과를 먹으면 마음이 유쾌해집니다.
그래서 명상중에 어떤 깨달음을 얻으면 마음이 유쾌해지는 것입니다.

아, 나는 자유로운 영혼…… 유쾌한 영혼…….

제3장

자기 자신이 되어라

나의 본래 모습은 순수한 의식, 순수한 영혼입니다. 그러나 나의 현재의 모습은 심히 왜곡되어 있습니다.

외부의 어떤 자극에 대해서 반응하는 나의 방식은 어떻습니까? 조그만 일에도 쉽게 화를 내고 싸우려 들지는 않습니까?

다른 사람의 조그만 비난에 금방 좌절하고 우울해지지는 않습니까? 지나친 열등감으로 늘 위축되고 긴장되어 있지는 않습니까? 이유를 알 수 없는 불안으로 늘 가슴이 뜁니까? 그밖에도 지나친 외로움, 죄책감 등 정서적인 문제가 있습니까?

이런 것들은 본래 나의 모습이 아닙니다. 인간은 진공 속에 태어나는 것이 아니라 사회 속에 태어나는 것입니다. 그래서 다른 사람과 경쟁을 해야 하고, 경쟁에서 밀리면 좌절과 열등감이 형성되고, 반복되는 어려움 때문에 우울증과 불안증이 생기고 자존감이 낮아지는 것입니다.

나의 심리장애나 정서장애를 정확히 알기 위해서는 심리학의 도움이 필요합니다. 그래서 다른 사람의 심리장애를 치료하고자 하는 사람은 반드시 심리학을 공부해야 하고, 또 심리학을 치료에 응용할 수 있는 기술을 배워야 합니다. 치유명상은 이런 지식의 역동성을 깊은 내면의 차원에서 바라봄으로써 좀더 완전하고 본질적인 치유를 가능하게 합니다.

치유를 위한 명상에서는 먼저 순수한 영혼의 존재인 나의 본래 모습을 바라봅니다. 다음에 왜곡된 나의 모습을 바라봅니다. 그리고 왜곡된 나의 모습에서 한 발짝 뒤로 물러나 나의 본래 모습으로 돌아와서 객관적으로 왜곡된 나의 모습을 바라봅니다. 판단하거나 비난하지 말고 그저 바라보기만 합니다. 화가 나 있으면 '아, 나의 왜곡된 자아가 화를 내고 있구나', 우울하면 '아, 나의 왜곡된 자아가 우울해하고 있구나' 하고 바라만 봅니다. 그렇게 바라보다 보면 어떤 새로운 느낌이 들 것입니다. 그러면 그 느낌에 따른 자각이 생기고, 결단을 하게 되면 치유가 일어납니다.

자부심(pride)과 자존감(self-esteem)

왜곡된 자아 중에서 가장 문제가 되는 것은 낮은 자존감입니다. 낮은 자존감과 열등감은 손바닥의 앞뒷면 같은 것입니다.

프로이트는 가장 핵심적인 삶의 에너지가 '성性'이라 했지만, 또 다른 정신분석가인 알프레드 아들러Alfred Adler는 가장 핵심적인 삶의 에너지를 '우월성의 추구'라고 했습니다.

근본적으로 인간은 열등감에서 완전히 벗어나기 어렵습니다. 누구든지 어린이일 때는 어른의 도움이 필요합니다. 배가 고프면 어른이 먹을 것을 주어야 하고, 똥오줌을 싸도 어른이 기저귀를 갈아주어야 합니다. 이때 아이들은 마음속 깊은 곳에서 힘세고 능력이 많은 어른들에 대한 열등감을 알게 모르게 형성하게 됩니다.

아이들은 자라면서 점점 힘도 세지고 지식도 늘지만 그 열등감에서 벗어나지 못합니다. 아무리 힘이 세지고 지식이 늘어도, 언제나 자기보다 더 힘세고 지식이 많은 형이나 언니가 있기 때문입니다. 그래서 인간은 열등감을 피할 수 없는 것입니다.

이 열등감 때문에 사람들은 다른 사람보다 좀더 강하고 나아져야 한다고 생각하고 노력하는데, 아들러는 이것을 '우월성의 추구'라고 했습니다. 그의 입장에서 본다면 사람들이 인생에서 성공하려고 애쓰는 것이나, 어떤 것을 성취하려고 애쓰는 것은 모두 우월성의 추구 때문이라고 볼 수 있습니다.

저의 경험에 의하면, 열등감이 없는 사람은 단 한 사람도 없습니다. 따라서 우월성의 추구에서 제외되는 사람도 없습니다. 이것은 스님이나 신부나 수녀조차도 예외가 아닙니다. 문제는 정도의 차이입니다. 열등감 때문에 우월성을 추구하는 것에 너무 집착하게 되면 강박증 환자가 될 수도 있습니다. 우월성의 추구에서 실패한 사람은 더욱더 심한 열등감에 빠져 신경증 환자가 되고 심하게 위축됩니다.

이런 사람들은 마음의 상처와 함께 인간의 품위와 존엄성도 잃게 됩니다. 모든 일에 자신이 없고 자기 자신을 비하합니다. '나는 안 돼'라는 부정적인 생각이 무의식 속에 뿌리깊이 자리 잡고 있어서 창의성도 없고 도전적인 행동도 없습니다. 이런 사람을 자존감이 낮은 사람이라고 합니다.

제가 상담한 학생 중에 매우 자존감이 낮은 학생이 있었습니다. 그는 열등감 덩어리였습니다. 별로 중요한 질문이 아닌데도 대답하기 곤란하면 말을 잘 못하고 더듬거릴 뿐 아니라 손도 벌벌 떠는 그런 학생이었습니다.

어느 대학에 다니느냐고 물으면 자기가 다니는 대학을 말하는 것도 부끄러워 가슴이 뛰고 혀가 굳어버린다고 했습니다. 저는 그 학생과 상담할 때마다 항상 연민의 정에 가슴이 아팠습니다.

제가 그 학생과 함께 한 첫 번째 작업은 열등감에 대한 해석이었습니다. 열등감이란 과연 무엇일까요? 한마디로 말하면, 열등이란 없습니다. 우월도 없습니다. 단지 다름만 있을 뿐입니다.

'그는 키가 크지만 나는 작다. 그는 공부를 잘 하는데 나는 못한다. 그러나 농구는 내가 더 잘 한다.'

세상에는 외모든 능력이든 똑같은 사람이 아무도 없는데 그 차이를 우리는 우월 혹은 열등으로 해석합니다. 열등이 없다면 열등감은 허상입니다. 그런데 이 허상 때문에 사람들은 강박증에 걸리고 신경증에 시달리며 괴로워합니다.

자존심(pride)과 자존감(self-esteem)은 보통 때는 거의 같은 뜻으로 쓰이지만, '높은' 자존감 혹은 '낮은' 자존감 등의 형용사가 붙으면 뜻이 매우 달라집니다.

자존심 혹은 자부심은 항상 다른 사람과 비교하는 데서 나오는 감정입니다. 그래서 다른 사람과 비교해서 자신이 좀 나으면 우쭐하는 우월감이 생기고, 다른 사람보다 못하다고 여겨지면 열등감이 생겨 위축되는 것입니다. 지나친 우월감으로 독선과 고집이 센 사람들이 있습니다. 그런데 지나친 우월감의 심층에는 사실 열등감이 가득 차 있어서, 그 열등감이 우월감의 독선과 고집으로 나타나는 수도 많습니다.

그러나 자존감은 자신의 존재를 있는 그대로 존중하는 것이기에 다른 사람들에 의해 좌우되지 않습니다. 존중한다는 말은 영어로 'respect'인데, 이 단어는 '있는 그대로 본다'는 뜻의 라틴어 'respectare'에서 유래됐다고 합니다.

자신의 존재를 있는 그대로 존중하는 사람은 우월감이나 열등감과는 상관없습니다. 잘나면 잘난 대로, 못나면 못난 대로 자신을 온전히 존중하기 때문입니다. 남보다 낫다고 우쭐대지도 않고, 남보다 못하다고 위축되지도 않습니다.

어떤 것은 귀하게 여기고 어떤 것은 하찮게 보는 사회의 가치관이 아니라 마음의 눈으로 보는 깨달음만 얻을 수 있다면, 우월감과 열등감은 허상이라는 사실을 누구나 알 수 있습니다.

그런데 그 학생은 좀처럼 이 사실을 인정하려 들지 않았습니다. 저는 오랜 동안에 걸쳐 형성된 고정관념은 그것이 허상이나 편견이라 할지라도 좀처럼 고쳐지지 않는다는 사실을 다시 한 번 배울 수 있었습니다. 그러나 희망을 버리지 않고 그 허상에 대한 도전을 계속했고, 마침내 그도 조금씩 변화를 보이기 시작했습니다.

제가 그 학생과 두 번째로 한 작업은 적극적인 사고를 하도록 격려하는 것이었습니다. 저는 그에게 로버트 슐러와 노만 빈센트 필의 '적극적인 사고 태도'를 소개해주고 자신을 통찰하도록 도와주었습니다. 적극적인 사고 태도란 PMA(Positive Mental Attitude)라고도 알려져 있는데, 그 내용은 대략 다음과 같습니다.

1. 행복을 느낄 수 있는 습관을 가지라.
2. 모든 문제에 대해서 적극적이고 긍정적으로 생각하는 태도를 가지라.
3. 당신이 할 수 있다고 생각하면 당신은 할 수 있다.
4. 문제가 있다고 해서 뒤로 물러서지 말라. 당신은 장애물을 극복할 힘을 가지고 있다.
5. 끊임없이 자신을 신뢰하라.

저는 그 학생에게 이 내용을 가지고 다니면서 적어도 하루에 세 번씩, 즉 아침에 일어나서, 잠자리에 들 때, 그리고 혼자만의 조용한 시간이 날 때 명상 속에서 바라보고 또 바라보라고 했습니다. 그는 완전히 고쳐지지는 않았지만 확실히 조금씩 달라지고 있었습니다.

열등은 없습니다. 우월도 없습니다. 단지 다름만 있을 뿐입니다. 열등감을 버리십시오. 열등감은 허상에 지나지 않습니다. 당신이 허락하지 않는 한 열등감은 절대로 당신 안에서 자라지 못할 것입니다.

당신의 가치를 믿고, 타인이 가지고 있지 않은 자신만의 재능이 있음을 믿으십시오. 사회의 가치관으로 자신을 평가하지 말고, 나는 내 길을 간다는 소위 '마이 웨이my way'에 대한 확신을 가지십시오. 적극적인 마음은 우리에게 희망을 주고, 패배주의와 염세주의적 사고에서 벗어나 자신의 삶에 적극적이고 창조적으로 대응하도록 해줍니다.

이 사실을 깨닫고 행동으로 옮긴다면 당신은 낮은 자존감에서 높은 자존감으로 성장하게 될 것입니다.

《지선아 사랑해》라는 책을 쓴 이지선 씨의 이야기를 소개할까 합니다. 그녀는 아름답고 젊은 20대의 여성이었습니다. 그런데 대학 졸업을 앞둔 어느 날, 교통사고로 3도 화상을 입어 얼굴이 원래의 모습을 찾아볼 수 없을 만큼 심하게 일그러지고 말았습니다.

누구라도 이런 사고를 당하면, 자신의 상황을 좀처럼 받아들이지 못하고 좌절하게 마련입니다. 이지선 씨도 마찬가지였습니다. 하지만 덧없이 고통의 세월을 보내던 그녀는 마치 매일 죽어가기 위해 사는 것 같은 자신을 발견하고 더 이상 스스로를 버리지 않겠다고 결심했습니다. 그리고 자신의 현실을 있는 그대로 받아들였습니다.

그녀가 가장 먼저 한 일은 거울에 비친 자신의 얼굴을 보면서 "지선아!" 하고 불러보는 연습이었습니다. 연습이 거듭되고, 그녀는 마침내는 자신을 있는 그대로 사랑해야겠다고 생각해서 "지선아, 사랑해!"라고 말하게 됐다고 합니다.

자존감이 높다는 것은 바로 이런 태도를 말합니다. 자존감이 높은 사람은 키가 크면 큰 대로, 작으면 작은 대로 자신을 받아들이고 사랑합니다. 이런 사람은 성적이나 외모 등에 상관없이 늘 행복할 수 있습니다.

자존감이 높은 사람은 만나는 사람들을 마음 편하게 해줍니다. 그들은 다른 사람을 도울 때 기꺼워할 뿐만 아니라, 다른 사람의 도움도 고마워하며 받아들입니다. 또한 자존감이 높은 사람은 다른 사람을 칭찬하는 데도 인색하지 않으며, 무슨 일이든 자신감을 갖고 합니다. 하지만 일의 결과에 집착하지 않기 때문에 실패하더라도 결코 좌절하지 않습니다. 그러므로 우울증이나 편집증 같은 정신적 문제도 겪지 않습니다.

높은 자존감은 보통 어렸을 때부터 주위에 높은 자존감이 있는 사람들 사이에서 자랄 때 형성됩니다. 하지만 나이가 들어서 높은 자존감을 형성하는 일은 간단치 않습니다. 그것은 명상을 수련하여 영성을 성장시키지 않으면 불가능합니다.

참자아를 발견하면 행복하다

사람은 누구나 자기 자신이 되고자 하는 본능적 욕구를 가지고 있습니다. 그래서 참자아일 때 행복을 느끼고 마음의 평화를 누리게 됩니다. 그러나 그렇지 못한 사람은 불행을 느끼고 마음의 평화를 잃어 지치게 됩니다.

참자아란 무엇일까요? 그것은 자기 내면의 소리에 귀를 기울이고 그 소리에 따라 자아를 만들어 가는 것입니다. 그러나 불행히도 우리는 그렇지 못한 환경에 살고 있습니다.

카를 융Carl G. Jung이라는 심리학자는, 참자아의 모습으로 살지 못하고 다른 사람이나 주위 환경이 요구하는 모습으로 사는 사람의 인격을 '페르소나persona'라고 불렀습니다. 페르소나는 '가면'이라는 뜻으로, 참자아의 모습으로 사는 것이 아니라 외부로부터 주어지고 요구되는 모습으로 사는 것을 의미합니다.

어떻게 하면 거짓에서 벗어나 참자아의 모습으로 살 수 있을까요? 제가 상담하는 과정에서 얻은 경험을 몇 가지 소개해봅니다.

1. 기대에 부응해야만 한다는 생각에서 벗어나라.

저는 가끔 집단상담에서 '참자아의 발견'이라는 주제를 다룹니다. 어떤 사람들은 자기의 솔직한 감정과 생각, 그리고 태도 등을 좀체 드러내지 않습니다. 그들은 끊임없이 교양 있는 여성, 힘 있는 남성의 태도로 말하고 행동합니다.

자신의 감정을 억압하면서 억지로 교양 있는 척하는 태도를 취하거나, 때로는 울고 싶어도 '남자는 약한 모습을 보이면 안 돼!' 하는 식으로 자신의 감정을 거부하는 것은 자연스럽지 않습니다. 이런 사람들은 상담이 끝날 때까지도 결코 치유되거나 성숙하지 않습니다.

그들은 '남이 나를 어떻게 볼까?' 하는 관점에서 생각합니다. 남의 기준에 자신을 맞추기 위해 진실하지 않은 행동을 합니다. 이것은 자신을 피곤하게 할 뿐 아니라 위선으로 이끌기도 합니다. 우리의 체면 문화 또한 그러한 예가 아닌가 합니다.

다른 사람 혹은 이 사회와 문화가 우리에게 기대하는 것이 잘못되었다면, 그로부터 벗어나는 것이 급선무입니다.

예를 들어, "남자는 울어서는 안 된다"든지, "여자는 다소곳하고 얌전해야 한다"는 말에 길든 사람들은 그렇지 않은 사람들보다 훨씬 더 많은 스트레스를 받습니다. 남자도 울어야 할 때는 울어야 하고, 여자도 말할 때는 말해야 합니다. 그래야 정신이 건강해지고 자연스럽습니다.

2. 꼭 해야만 한다는 강박관념으로부터 벗어나라.

'(무엇을) 해야만 한다'는 강박관념을 갖고 있는 사람이나 완벽주의자는 결코 마음의 평화를 누릴 수 없습니다. 물론 우리는 최선을 다해서 해야 할 일들이 있습니다. 그러나 최선을 다해서 일을 하는 것과 꼭 해야만 한다는 강박관념은 전혀 다릅니다. 전자는 우리를 즐겁고 행복하게 만들지만, 후자는 스트레스를 주어 우리의 몸과 마음을 망가뜨리고 맙니다.

3. 자신을 신뢰하고 받아들이라.

다른 사람은 존중하고 인정하면서도 자기 자신은 별로 중요하게 여기지 않는 사람들이 있습니다. 이것은 겸손과는 다릅니다. 잘나면 잘난 대로, 못나면 못난 대로, 있는 그대로 자신을 받아들여야 합니다. 키가 크면 어떻고, 작으면 어떻습니까? 발바닥이 땅에 닿으면 그것으로 족하지 않겠습니까?

4. 다른 사람을 좀더 폭넓게 받아들이라.

다른 사람 역시 있는 그대로 받아들여서 그를 간섭하거나 구태여 자기의 틀 안에 끼워 맞추려 하지 마십시오. 이런 행동은 인간관계를 갈등으로 이끌어 파괴시키는 지름길입니다. 나도 나 자신이 되고 싶은 것처럼, 상대 역시 그 자신이 되고 싶어한다는 사실을 명심하십시오.

5. 다른 사람과 경쟁하지 말라.

인생을 살아가자면 어느 정도의 경쟁은 피할 수 없습니다. 그러나 지나친 경쟁 심리는 우리를 지치게 만들 뿐만 아니라 천박하게 만들기도 합니다. 남들이 메이커 운동화를 신고, 골프를 치고, 비싼 차를 탄다고 해서 나도 꼭 그래야 하는 것은 아닙니다.

지금까지 경승용차를 타고 다녔어도 마냥 행복하기만 했는데, 옆집의 젊은 부부가 중형차를 산 것을 보고 남편을 무시하거나 부부 싸움을 한다면 이 얼마나 어리석은 일입니까?

불행하게도 우리는 참자아의 모습으로 살아가기가 어려운 문화 속에서 살고 있습니다. 저 자신을 돌아보아도, 참된 모습으로 사는 것이 결코 쉽지 않다는 사실을 새삼 깨닫게 됩니다.

저는 이따금 눈을 감고 명상음악을 들으면서 내면의 소리에 귀를 기울입니다. 그러면 이런 소리가 들려옵니다.

'그래도 너는 네 방식대로 네 길을 가라.'

그렇습니다, 누가 뭐래도 저는 저 자신이 되고 싶습니다. 명상하는 사람은 물 흐르듯이 자연스럽게 살아가는 자유인입니다. 그리고 자유인은 참으로 행복한 사람입니다.

행복 만들기

이제 저 자신이 명상을 하면서 혹은 집단상담을 하면서 직접 깨달은 행복에 대한 경험들, 그리고 함께했던 사람들이 발표해준 행복에 대한 이야기들을 짤막한 조언 형태의 말(tips)로 정리하여 소개하고자 합니다.

그냥 한 번 읽어버리는 것으로 끝내지 말고, 시간을 가지고 명상하면서, 마치 소가 음식을 되새김질하여 음식을 씹고 또 씹듯이 이 조언들을 고요히 음미하고 또 음미해보십시오.

1. **행복은 꿈을 가지는 것이다. 그리고 그 꿈을 실현하기 위하여 희망을 가지고 노력하는 것이다.**

삶에서 가장 중요한 일은 꿈을 가지는 일입니다. 일단 꿈을 가지면 구체적인 목적을 가지게 되고, 구체적인 계획을 세우게 됩니다. 그러면 그 꿈을 이루고자 하는 열정이 분출되고, 잠들어 있던 잠재능력이 비상하게 향상됩니다. 우리 주위에서 성공했다는 사람들은 모두 이런 사람들입니다.

2. **행복하기 위해서는 능력을 길러 원하는 것을 성취하거나, 아니면 욕구를 좀 줄여야 한다.**

행복지수라는 것은 우리가 가지고 있는 욕구를 얼마만큼 성취했느냐에 따라 달라집니다. 어떤 욕구를 성취하려고 하면 반드시 그에 걸맞은 능력이 있어야 합니다. 능력을 기르지 않고 성공하기만을 바라는 사람은 절대로 성공할 수 없습니다. 따라서 행복할 수도 없습니다.

3. **행복은 자신을 다른 사람과 비교하지 않는 것이다.**

수많은 사람들이 이 사실을 알고 있으면서도 끊임없이 자신을 다른 사람들과 비교하며 살아갑니다. 남과 비교하지 않고 사는 것은 정말이지 어려운 일입니다. 종교인도, 대학교수도, 소위 지성인이라고 하는 사람들도 모두 남과 비교하면서 행복과 불행을 느끼며 살아가고 있습니다. 명상은 남과 비교하지 않는 태도를 기르는 최고의 훈련입니다. 물론 어느 정도의 비교는 피할 수도 없고 실제로 필요하다는 사실 또한 깨닫고 있어야 합니다.

4. 사람은 진실로 누군가를 사랑하고, 또 사랑을 받을 때에 행복하다.

사랑은 생명이 있는 존재라면 동물과 식물을 가릴 것 없이 가장 근본적인 삶의 요소입니다. 대부분의 사람들은 사랑을 고상하고 낭만적인 감정이라고 생각하지만, 사랑은 사실 감정인 동시에 기술이기도 합니다. 에리히 프롬이 쓴 《사랑의 기술》은 이런 의미에서 누구나 일독해볼 필요가 있습니다.

5. 아무리 돈이 많아도 일이 없으면 불행하다. 행복은 열심히 일하고 때때로 쉬기도 하는 것이다.

돈은 우리의 삶에서 행복을 결정짓는 중요한 요소이기는 하지만, 돈보다 더 중요한 것은 일입니다. 돈과 시간은 있는데 일이 없으면 진실로 고통스럽고 견디기 어렵습니다. 돈벌이가 잘 되는 일이든 아니든, 때로는 순전히 봉사하는 일일지라도, 어떤 일이든 하십시오. 그러나 조심해야 할 점은, 일만하고 쉬지 않으면 우울증이나 강박증에 걸리기 쉽다는 것입니다.

6. 행복은 자기가 좋아하는 일을 하는 것이다.

진실로 행복하기를 원하면 자기가 좋아하는 일을 찾아서 반드시 그 일을 하십시오. 그 일이 사회적 기준으로 고상한지 고상하지 않은지는 신경을 쓰지 마십시오.

7. 가정이 불화하면 결코 행복할 수 없다. 가족이 행복해야 자신도 행복하다.

가정이 행복하려면 부부의 관계, 그리고 부모와 자녀의 관계가 좋아야 합니다. 그러나 이것은 원한다고 그냥 되는 것이 아닙니다. 좋은 부부가 되는 법, 좋은 부모와 자녀가 되는 법을 배워야 합니다. 그러나 대부분의 사람들은 얼떨결에 부부가 되고 부모가 되어 관계를 그르칩니다.

8. 행복은 자신이 무언가 창조적이고 의미 있는 일을 하고 있다고 느끼는 것이다.

일을 해야 행복감을 느끼지만, 그 일을 직업상 어쩔 수 없어서 한다고 느끼면 얼마 안 가서 싫증이 나고 짜증이 납니다. 일을 하되 그 일이 창조적이고 의미 있다고 느껴야 참으로 신나고 행복해집니다. 문제는, 여러 가지 환경의 제약 때문에 창조적이라고 느낄 수 있는 일만을 골라서 할 수만은 없다는 사실입니다. 그러므로 오히려 우리는 지금 하는 일에서 창조성과 의미를 찾아야 합니다. 예를 들어, 식당에서 음식을 만들더라도 돈벌이만이 목적이 아니라 이 음식을 먹고 사람들이 더 건강하고 행복해지기를 바란다면, 그 사람에게는 음식을 만들 때가 가장 행복한 시간으로 느껴질 것입니다.

9. 형편이 어떠하든, 감사하며 웃으면 행복이 찾아온다. 행복하면 웃게 되지만, 반대로 웃으면 행복해지기도 한다.

가지고 있는 것이 아무리 적다고 할지라도 감사하는 마음만 먹을 수 있다면 우리는 행복해질 수 있습니다. 감사하는 마음으로 웃으면 마음이 넉넉해지고 행복해집니다. 웃음은 내면의 행복 세포를 일깨워서 우리의 정서를 행복감으로 가득 차게 만드는 효과가 있기 때문입니다.

10. 진정한 행복은 풍요가 아니라 충만이다.

11. 추억을 음미하는 것은 좋지만, 과거에 집착하여 현재의 행복을 깨뜨리거나 미래의 등불을 꺼버리는 것은 바보나 하는 짓이다.

12. 미소를 지으면 아무리 힘들고 어려운 일도 쉬워진다. 바로 이런 것이 소박한 행복이다.

13. 피할 수 없으면 즐겨라. 그러면 행복해질지니…….

14. 숲 속에서 바람소리, 새소리, 물 흐르는 소리를 들으며 자연과 교감하는 기술을 익힌 사람은 행복하다.

15. 자아를 실현한 사람은 진실로 행복하다. 그는 공기같이 자유롭고 평화로운 사람이다.

나는 위대한 정신

우리는 가끔 스스로에게 이런 질문을 하곤 합니다.

'왜 나는 사소한 일에 집착하고 마음 졸이며 괴로워하는 걸까? 왜 다른 사람의 의상이 마음에 안 든다고 그 사람을 싫어하고, 웃는 모습이 얄체 같다고 싫어할까? 왜 남들이 나를 이해하지 못하고 비난한다고 해서 스트레스를 받는 걸까?'

스트레스에서 벗어나는 법을 배우고 심리학 시험에서 만점을 받아도, 사람들은 결코 스트레스에서 벗어나지는 못합니다. 적어도 그 처방을 마음으로 깨닫기 전까지는 그렇습니다. 머리로 아는 것과 마음으로 깨닫는 것은 전혀 다릅니다.

　사소한 일에 집착하고 매달리며 고통을 겪는 사람들은 다음 쪽의 명상을 실행해보길 권합니다. 사실 저도 끊임없이 스트레스를 받고 있기에 때때로 이 방법을 실행하고 있습니다.

　이 방법을 실행하다 보면, 우리가 알고는 있었지만 깨닫지는 못했던 어떤 사실이 마음속에 들어와 슬며시 자리 잡는 것을 경험하게 됩니다.

치유명상 3 | 나는 위대한 영혼

먼저 눈을 감고 3분 내지 5분 동안 심호흡을 하면서 정신을 집중합니다. 그리고 상상 속에서 하늘로 점점 높이 오르면서 자신의 모습을 내려다봅니다. 자신의 모습이 강아지만 하게 작게 보이다가 점점 더 작아져서 개미만 하게 보입니다. 하늘로 더 높이 날아오릅니다. 지구가 축구공만 하고, 마침내는 탁구공만 해질 때까지 하늘 높이 날아올라서 지구를 바라봅니다. 거의 보이지도 않을 만큼 조그만 지구 속에서, 지금 나는 고통과 스트레스, 분노, 질투, 좌절 등을 겪고 있습니다. 그것들을 바라봅니다.

어떤 느낌이 듭니까? 마음속에 일어나는 느낌을 고요히 바라보십시오. 그리고 아래의 만트라를 반복해보십시오.

"나는 위대한 영혼이다. 그런 하찮고 조그마한 일로 화내고, 슬퍼하고, 질투하고, 좌절하기에는 너무나 큰 정신이다. 나는 위대한 정신이다, 위대한 정신이다. 아, 마음의 평화……!"

에니어그램

자신을 발견하고 성장하는 것은 치유명상에서 매우 중요한 과제입니다.

자아 발견에는 심리학적인 측면과 존재론적인 측면이 있습니다. 그런데 이 두 가지 면을 다 충족시키는 방법이 있습니다. 그것은 에니어그램 enneagram 으로서, 인간을 각기 다른 성격에 따라 아홉 가지 유형으로 분류한 유형론의 하나입니다.

사람은 이 아홉 가지 유형 중 반드시 어느 하나에만 속하는 것은 아니고, 동시에 여러 유형의 특징을 가졌을 수도 있습니다. 중요한 점은 자신이 어떤 유형에든 집착하고 있다면, 그것은 왜곡된 자아이므로 그로부터 벗어나야 건강한 정신이 될 수 있다는 사실을 깨닫는 것입니다.

제1유형 : 완전해야 한다.

1유형은 완벽주의자들입니다. 그들은 어렸을 때부터 모든 일을 철저하게 하고, 책임을 져야 하며, 더 잘 해야 한다는 신념을 몸에 익힌 사람들입니다. 그들은 이상주의자들이어서 도덕과 정의를 지키는 엘리트가 될 수 있습니다.

그러나 1유형은 강박증 환자가 될 가능성이 많으며, 삶과 사람들이 당연히 그래야 하는 것처럼 되지 않기 때문에 늘 좌절하곤 합니다. 그들은 남을 쉽게 비판하고 높은 도덕성을 요구합니다. 그래서 그들은 다른 사람을 피로하게 만드는 경향이 있습니다.

1유형의 사람들은 독선적이 되지 않도록 경계해야 하며, 진리에 이르는 길이 하나만 있는 것이 아니라 여러 길이 있다는 사실을 깨달아야 합니다. 완전해야 한다는 지나친 집착에 빠져 있는 1유형의 사람들은 거기에서 벗어나야 합니다.

제2유형 : 필요한 사람이 되어야 한다.

2유형은 다른 사람들에게 매우 친절하고 어떤 일이든 잘 도와줍니다. 그들은 다른 사람의 관심과 사랑을 받기 위해 쓸모 있는 사람이 되어야 한다고 생각하기 때문에 다른 사람이 부탁하지 않아도 알아서 잘 해줍니다. 그러나 자기가 해준 것만큼 상대방이 해주지 않으면 배신감을 느끼며 착취당했다고 생각합니다.

2유형 중에 미성숙한 사람들이 마음에 상처를 입게 되면, 부드럽고 나긋나긋하던 모습을 버리고 갑자기 발톱을 드러내며 사나워집니다. 2유형의 사람들 중에는 어둡고 슬픈 어린 시절을 보낸 사람이 많습니다.

필요한 사람이 되어야 한다는 지나친 집착에 빠져 있는 2유형의 사람들은 거기에서 벗어나야 합니다.

제3유형 : 성공해야 한다.

3유형은 성공하기 위해서 목표를 정하고, 목표를 달성하기 위해서 열심히 노력하는 사람들입니다. 3유형이 되는 것은 어린 시절에 좋은 성적을 받거나 시합에서 이겼을 때 칭찬을 받은 경험 때문에 끊임없이 성공에 집착하기 때문이기도 하고, 사회에서 자신의 존재를 인정받는 길은 성공밖에 없다는 인식이 강하기 때문이기도 합니다.

3유형의 사람들은 일을 효과적으로 유능하게 할 수 있는 사람들이기도 하지만, 입신출세와 신분 상승을 꿈꾸며 가면을 쓰고 쇼를 잘 하는 경향도 있습니다. 그래서 그들은 주변 사람들의 기대에 능숙하게 부응할 줄 압니다. 그들은 절대로 실패나 패배를 견디지 못합니다. 그래서 그들은 실패를 남의 탓으로 돌리고 재빨리 다른 계획에 뛰어들곤 합니다.

성공해야 한다는 지나친 집착에 빠져 있는 사람은 생각을 바꿔야 마음의 평화를 얻을 수 있습니다.

제4유형 : 특별해야 한다.

4유형의 사람들은 미적인 감각과 예술적인 재능이 남다른 사람들입니다. 그들은 뛰어난 심미안을 가지고 있어서 예외적이고 창조적인 사람이 되길 원하는데, 실제로 그들 중 많은 사람들은 예술가, 음악가, 시인 등이 됩니다.

그들은 어떤 경우에는 비밀스럽고, 엉뚱하고, 다소 비정상적이며, 이국적인 사람이 되려고 애쓰기도 합니다. 그래서 그들은 베레모를 쓴다든지 스카프를 하면서 옷도 특별한 것을 즐겨 입는 경향이 있고, 좀 별난 이런저런 운동의 동조자가 됩니다.

4유형의 사람들은 평범하고 일상적인 것을 견디지 못하고, 사회의 규범이 자신에게는 통하지 않는다고 생각하고 있습니다. 그래서 그들은 종종 조직사회에서 배척을 당하기도 합니다. 그들은 어린 시절에 현실은 견딜 수 없고 무의미한 것이라는 경험을 했을 가능성이 있습니다.

4유형은 평범한 것, 진부한 것, 품위 없는 것, 시대에 뒤떨어진 것, 그리고 보통 사람들이 정상적으로 생각하는 것들을 싫어하고 자신의 고유한 개성을 지나치게 추구하는 경향이 있어서 주위의 사람들에게 매우 개성적인 사람으로 여겨집니다.

개성적인 것은 좋지만 지나치게 개성을 추구하는 것은 집착일 뿐만 아니라 자칫 현실성을 잃어버릴 가능성이 있기 때문에 4유형의 사람들은 건강한 현실성을 인식해야 합니다.

제5유형 : 알아야 한다.

5유형의 사람들은 객관적이고 호기심이 많으며, 사물을 자세히 탐구할 뿐만 아니라 끊임없이 새로운 사물에 흥미를 느낍니다. 그들은 어릴 때에 정신적으로 혹은 육체적으로 강압적인 부모 아래에서 자랐거나, 옹색한 환경에서 자란 사람이 많아 일종의 공허감이 있습니다.

5유형은 갖고자 하는 충동이 강합니다. 그들은 하찮은 물건에 대해서도 수집욕이 대단하지만 특히 지식에 대한 욕구는 끝이 없습니다. 그들의 에너지는 온통 모든 것을 보고 모든 것을 눈에 넣는 일에 집중되어 있습니다.

5유형의 사람들은 지식을 추구해서 새로운 아이디어의 발견자, 연구가, 발명가가 되는 수가 많지만, 충분한 지식이 자기의 삶을 보장할 수 있으리라고 생각하여 또 다른 지식이나 학설, 예를 들면, 유전체계를 밝히려고 하는 게놈 프로젝트라든지, 상대성 이론, 우주의 빅뱅설, 진화론 등 우주나 인간 영혼을 설명하는 지적 체계들이나 새로운 학설 등에 지나치게 매혹당합니다.

그러나 그들은 사유의 범주 내에서 은둔할 뿐 좀처럼 행동으로 옮기지는 않습니다. 그들의 대부분은 사회성이 결여되어 있어서 많은 사람들과 가깝게 있으면 쉽게 지치며 피곤해합니다.

알아야 한다는 지나친 집착에 빠져 있는 5유형의 사람들은 자기 세계에 빠지는 것을 경계하면서 다른 사람과 함께 하는 것을 배워야 합니다.

제6유형 : 안전하고 확실해야 한다.

6유형은 따뜻한 마음을 가지고 있어서 사랑하는 사람들을 위해 최선을 다하지만 자기 자신에 대한 확신이 부족하여 쉽사리 자기 회의에 빠지는 사람들입니다. 그래서 그들은 겁이 많고 의심이 많아 보입니다.

그들을 의식적으로 혹은 무의식적으로 지배하는 것은 불안과 공포이며, 따라서 6유형의 사람들에게는 편집증이 많습니다.

6유형의 사람들은 자신에 대해 품고 있는 불신을 다른 사람에게 투사하는 경향이 강하여 확실한 증거가 없는데도 다른 사람을 의심하고 적의와 혐오감을 느끼곤 합니다. 바쯔라빅Watzlawick의 《불행에 대한 입문》이라는 책에 다음과 같은 이야기가 있습니다.

어떤 사람이 그림을 벽에 걸려고 하는데 망치가 없어서 이웃 사람에게 망치를 빌려야겠다고 생각을 합니다. 그런데 그는 이웃집 사람이 망치를 빌려주고 싶어하지 않을지도 모른다고 의심하기 시작합니다. 어제 길에서 그 사람을 만났는데 바쁘게 길을 가던 중이라 인사를 하는 둥 마는 둥 지나쳐서 그 사람이 자기에게 화를 내고 있을지도 모른다는 생각이 들었기 때문입니다.

'그는 어쩌면 나에게 반감을 가지고 있을지도 몰라. 하지만 나는 그에게 잘못한 게 하나도 없어. 그런데 나에게 반감을 가지다니!'

그는 이웃 사람에게 분노하고, 그 분노는 점점 더 커져서 참을 수가 없게 됩니다. 마침내 그는 이웃집으로 달려가서 현관 초인종을 누르고 그 이웃 사람을 총으로 쏘아버립니다.

"그까짓 망치 안 빌려 줘도 돼!"

좀 극단적인 예이긴 합니다만, 6유형은 이런 모습이 강합니다. 그들은 난폭하거나 냉정하면서도 감정 조절이 안 되는 부모 밑에서 자란 사람들일 가능성이 많습니다.

그래서 그들은 기본적인 신뢰관계를 경험하지 못했습니다. 그들은 끊임없이 안전에 대한 욕구를 가지고 있어서 정통적이며 폐쇄적인 체계를 좋아합니다.

공포증에 사로잡힌 어떤 6유형의 사람들은 소심하고 의심이 많으며 위험한 것은 아예 피해버리는 반면에, 공포증에 사로잡힌 또 다른 어떤 유형은 극우파, 신나치, 오토바이 폭주족, 불량배 등의 무모한 행동에 자신을 던져버립니다. 이것은 극단적인 행동으로 자신의 불안을 해소하려는 무의식적 동기 때문입니다.

6유형의 사람들은 자기 자신을 신뢰하고 동시에 다른 사람과의 신뢰관계를 형성해야 자신의 단점에서 구원받을 수 있는데, 그것은 조건 없는 사랑 속에서 그들의 공포와 상처가 회복될 때 가능한 이야기입니다.

7유형 : 고통을 피해야 한다.

7유형의 사람들은 쾌활하고, 유머 감각이 있고, 상상력이 풍부하고, 인생의 밝은 면을 보고, 또 다른 사람들도 그것을 즐기도록 도와주는 사람들입니다. 그래서 그들은 특히 아이들에게 인기가 많습니다.

많은 7유형들은 조직 사회에서 일하는 것보다는 자영업을 하는 것을 좋아하는데, 왜냐하면 그들은 천성적으로 반권위적이어서 상관의 간섭을 받는 것을 고통스러워하기 때문입니다. 그들은 또한 대부분 많은 부하를 거느리는 것도 좋아하지 않습니다. 권력을 행사하기 위해 부하들을 통제하고 억압하다 보면 고통스러운 갈등이 야기될 수도 있기 때문입니다.

3유형의 사람들이 실패를 견딜 수 없어 한다면, 7유형들은 고통을 느끼는 것을 거부합니다. 많은 7유형들은 자라면서 겪은 큰 고통이나 정신적 충격을 억압하거나 지워버림으로써 다시는 그런 고통을 경험하고 싶어하지 않습니다. 그들은 어둠을 좋아하지 않으며 원색과 밝은 빛을 좋아합니다.

그들은 고통을 회피합니다. 그래서 모든 것이 즐겁고 아름답기를 원하기 때문에 엄연히 현실 속에 존재하는 고통을 직면하려고 하지 않는 경향이 있습니다.

　7유형들은 명랑하고 긍정적인 것은 좋지만, 동시에 고통을 받아들이고 표현하는 법을 배워야 합니다. 부활의 기쁨은 고통을 피함으로써 얻는 기쁨이 아니라 고통의 이면에 있는 기쁨이기 때문입니다.

　7유형의 사람들은 우리가 사는 세상에 기쁨과 고통이 동시에 존재한다는 사실과, 성장은 고통을 통해서 이루어진다는 사실을 깨달아야 합니다.

제8유형 : 맞서고 싶다.

　8유형의 사람들은 강한 자가 세상을 지배한다고 믿기 때문에 강하고 힘이 세다는 인상을 주려고 하는 사람들입니다. 그들은 착하고 순종적인 사람이 되는 것을 거부하고, 반항하고 저항하는 태도를 가지고 있습니다.

　역사적으로 보면, 유대인 대학살 때의 어린이들과 슬럼가의 어린이들이 8유형이 되었습니다. 그들은 힘과 자신 이외에는 아무도 아무것도 믿을 수가 없었습니다. 대체로 이런 환경에서 자란 사람들, 즉 혹사당하고 억압받아 온 사람들이 8유형이 되는 경우가 많습니다.

　8유형의 사람들은 갈등을 일으키기를 좋아하고 맞서기를 좋아합니다. 그래서 악명 높은 싸움꾼을 연상시키지만, 오히려 많은 8유형들은 약자 편이 되는 경향이 있습니다. 외부로 발산하는 강함과 힘의 이면에 부드럽고 상처받기 쉬운 감정들이 숨어 있기 때문입니다.

　8유형 중에는 마틴 루터 킹, 피델 카스트로, 체 게바라, 제시 잭슨 등 위대한 지도자들과 혁명가들이 많습니다. 대부분의 8유형들은 정신과 치료를 받는 것, 명상하는 것, 내면을 관찰하는 것 등을 특히 싫어합니다. 이런 것들은 힘이 약한 사람들이 하는 짓이라고 생각하기 때문입니다.

　8유형의 사람들은 관용을 배우는 것이 필요합니다. 자기가 틀릴 때도 있고, 용서를 구해야 할 때도 있다는 것을 인정해야 합니다. 그리고 이것은 약함이 아니라 진정한 용기라는 사실을 깨달아야 합니다.

제9유형 : 회피해야 한다.

9유형의 사람들은 분쟁을 싫어하고 평화를 선호하는 사람들입니다. 그들은 자신의 욕구보다 다른 사람들의 욕구에 더 민감합니다. 많은 9유형들은 화가 나도 화를 내보이면 안 된다고 배워서 자신의 분노를 억압하기로 결정한 사람들이며, 서로 갈등관계에 있는 양측 사이에서 어느 편도 들지 못하고 양측을 조정하려고 애쓰는 사람들입니다.

9유형은 종종 명확한 관점을 갖고 있지 않기 때문에 상대방의 관점을 쉽게 받아들이기도 하고 또 자신의 입장을 쉽게 바꾸기도 합니다. 그들은 "아니오"라는 말을 잘 못합니다. 그들은 자신을 과소평가하는 듯이 보이며 겸손해 보이기도 합니다. 그래서 9유형 중에는 탁월한 지도자가 많지 않습니다.

그들은 다른 사람과 충돌하는 괴로움을 피하기 위해 받아들일 수 없는 행동까지도 받아들이는 경우가 많습니다. 9유형의 사람들이 배워야 할 것은 "아니오" 할 것은 당당히 "아니오" 할 수 있는 용기이며, 문제를 회피하지 말고 문제에 직면해서 극복하는 용기입니다.

에니어그램은 이처럼 자기를 발견하고 이해하는 데 도움이 됩니다. 이것은 내가 다른 사람을 분석하거나 또는 다른 사람이 나를 분석하는, 즉 분석 자체에 목적이 있는 것이 아닙니다. 내가 누구인지, 나는 어떤 유형의 성격이 발달되어 있는지, 그리고 그 유형의 성격에 얼마나 집착하고 있는지를 살펴보고 성장지향적으로 자신을 변화시키는 데에 그 의미가 있다 하겠습니다.

치유명상 4 | 에니어그램 명상

눈을 감고 심호흡을 하면서 마음의 고요를 이룬 후, 에니어그램의 아홉 가지 성격 유형을 살펴보십시오.

먼저 1유형의 성격과 특성, 그리고 1유형 성격의 장점과 단점을 침묵 가운데서 살펴봅니다. 1유형 성격의 장점은 무엇이며 또 단점은 무엇입니까? 그리고 나의 성격 중에서 '완전해야 한다'는 1유형의 요소가 얼마나 강한지, 또 거기에 얼마나 집착하고 있는지를 살펴보십시오.

이제 '완전해야 한다'는 나의 성격이 왜 그렇게 강하게 형성되었는지, 거기에 왜 그렇게 집착하고 있는지, 또 나의 그런 성격으로 나 자신과 다른 사람이 얼마나 고통을 받고 있는지를 살펴보십시오.

어린 시절에 부모와 형제에게 받은 영향을 생각해보십시오. 그리고 당신에게 중요한 영향을 끼친 다른 사람들, 예를 들어, 학교 선생님, 당신이 다니는 종교의 성직자, 당신이 즐겨 읽은 책의 저자들을 살펴보십시오. 그들의 성격과 행동, 태도, 그리고 가치관, 인생관 등이 어떻게 당신의 정신세계에 스며들고 있는지 생생하게 느껴보십시오.

만일 자신의 성격의 문제점과 집착이 통찰되면, "이것은 나의 참 모습이 아니다. 이것은 나의 왜곡된 모습일 뿐이다. 집착에서 벗어나서 본래 나의 모습을 회복해야겠다" 하고 자신에게 거듭거듭 만트라처럼 되뇝니다.

다른 유형에 대해서도 같은 방법으로 해보십시오.
그러는 가운데 자신의 성격과 그 성격의 장점, 단점이 확실하게 파악되고, 명상을 통해 성장을 경험한다면 당신의 입가에는 저절로 미소가 감돌게 될 것입니다.

왜곡된 자아, 페르소나와 그림자

성경에 나오는 인물 중에 사도 바울이라는 사람이 있습니다. 그는 "내가 원하는바 선은 행하지 아니하고 도리어 원치 아니하는바 악은 행하는도다" (롬 7:19)라고 한탄한 적이 있습니다.

왜 바울은 자신이 원하는 선을 행하지 못하고 원하지 않는 악을 행한다고 한탄했을까요? 이것은 바울이 겸손하여 그렇게 표현했을 가능성이 있지만, 실지로 바울은 자신이 선을 행하지 못하고 대신 악을 행하고 있다고 생각하여 안타까운 나머지 이렇게 한탄했을 가능성이 더 큽니다.

이것은 비단 바울만의 문제가 아니라 모든 사람, 심지어는 명상을 수행한다고 하는 구도자들에게도 거의 예외 없이 적용되는 문제입니다. 이 현상은 카를 융의 페르소나persona와 그림자(shadow) 이론을 참고로 살펴보면 이해하기가 용이해집니다.

페르소나는 그리스인들이 연극을 할 때 자기가 맡은 역할에 따라 썼던 가면을 뜻합니다. 사람들은 사회생활을 하면서 그리스인들이 연극을 할 때 썼던 가면처럼 자신들의 사회적 지위와 직함에 맞는 가면을 씁니다. 융은 이처럼 인간이 쓰는 가식의 가면을 페르소나라고 불렀습니다.

아이들은 자라면서 점차 나와 나 아닌 것의 존재에 대한 인식을 키워갑니다. 그리고 내가 원하는 것을 얻기 위해서는 그와 다른 것에 먼저 접근해야만 한다는 사실을 깨달아 가는데, 그런 과정을 수월하게 해내기 위해 필요한 인격 혹은 성격이 곧 페르소나입니다.

아이들은 특정한 행동양식, 예를 들면 웃거나 귀여운 짓 등이 오줌을 싸거나 떼를 쓰는 등의 행동양식보다 더 보상을 받는다는 사실을 배우게 됩니다. 이런 행동이 반복되면서 형성된 것이 성격입니다.

따라서 어른도 그렇지만, 특히 발달과정에 있는 아이들은 다른 사람이 용납하고 적절한 보상이 주어지는 행동을 하려고 합니다. 비록 자신이 원하는 행동이 아니라 할지라도, 다른 사람의 인정과 보상을 받기 위해서는 그런 행동을 해야 하기 때문입니다.

이렇게 해서 형성된 성격, 즉 자신의 욕구와 필요를 위해 '나'가 '타인'에 대해 갖는 성격화된 '나'가 곧 페르소나인 것입니다.

우리는 외부 세계의 기대에 맞춘 페르소나를 제시해야 합니다. 외부의 대상이 바뀌면 나의 페르소나 또한 바뀌는 것이며, 이런 일은 하루에도 여러 번 일어날 수 있습니다.

화를 내는 것은 나쁘고 잘못된 아이나 하는 짓이라고 배웠다면, 그는 자신의 자연적 감정인 분노를 완전히 가면 밑에 숨기는 내면화 성격을 발달시킬 수 있습니다. 분노를 느낄 때 그는 이마를 찌푸리는 대신 미소를 지을 것입니다. 영성이 성숙하여 분노를 즉시 자각하고 그 감정을 해소하여 미소를 짓는다면 이는 매우 건강한 것이지만, 타당한 욕망을 줄곧 가면 밑으로 감추는 미소는 매우 위험하고 건강하지 못한 것입니다.

어느 정도의 페르소나는 사회생활에서 피할 수 없습니다. 문제는 페르소나가 심각한 위선과 병리현상을 동반하여 자신과 타인에게 독이 되는 경우입니다.

그림자(shadow)는 페르소나의 정반대 현상입니다. 그림자는 원시적이고 본능적이며 동물적인 존재와 같습니다. 그림자는 인간이 그렇게 되고 싶지 않은 그 모든 것이라고 할 수 있는데, 어쩌면 인간이 원하면서도 감히 그렇게 되고 싶지 않은 그 무엇일 수도 있습니다.

그림자는 다른 사람에게 알려지기를 원치 않는 우리 내부의 모습이며, 심지어는 우리 자신 역시 그것들이 내 안에 있다는 사실을 받아들이려 하지 않습니다. 그래서 우리는 억압과 거부를 통해 그것을 편리하게 잊어버리는 것입니다.

우리는 소위 성자라고 부르는 사람들에게는 이 그림자가 없을 것이라고 믿는 경향이 있는데, 이것은 커다란 오해입니다. 성자나 현자에게조차도, 그림자라고 부르는 야만성은 무의식 속에 억압된 채 여전히 거주하고 있습니다. 이것은 기독교에서 말하는 소위 원죄의 존재인 인간에게는 피할 수 없는 한계인 것입니다. 그러나 물론 그림자의 크기나 강도는 사람마다 다릅니다.

그림자의 크기나 강도는 대체로 그 사람의 성장 체험과 밀접한 관련성이 있습니다. 환경이 넓고 개방적일수록 그림자는 작고, 환경이 좁고 폐쇄적일수록 그림자는 큽니다. 성직자나 명상을 오래 수련한 사람일지라도 어릴 적 환경이 좁고 폐쇄적이었다면, 그의 그림자는 대체로 큽니다. 낭신이 만일 자신의 그림자를 줄이고 대자유인이 되고 싶다면, 명상을 수련하여 깨달음을 얻으십시오. 그러나 그 명상은 반드시 바른 명상이어야 합니다.

넓고 개방적인 환경이란 수용적이고, 개방적이며, 사랑과 동정심이 있으며, 비율법적이고, 자존감이 높으면서 여유가 있습니다. 좁고 폐쇄적인 환경은 생각과 말과 행동을 거부하고 억압합니다. 그러므로 이런 환경에서는 다른 사람들의 인정, 사회적 승인 등이 매우 중요하므로 우리는 페르소나를 발달시킵니다. 이런 환경에서는 호기심이나 모험 같은 것이 용납되지 않아 그림자 속으로 억압됩니다.

우리는 이런 현상을 근본주의적 내지 교조주의적 종교 집단에서, 공산주의 집단에서, 그리고 군사 독재정권 하에서 수없이 많이 보아왔습니다. 이런 환경에서는 역동성 또한 부족하므로, 그 구성원들에게는 영적인 체험이 종종 율법적 경건(위선적이고 거짓된 경건함)의 모습으로 나타나기도 합니다.

그래서 우리는 우리의 내면 깊숙한 곳에 있는 그림자를 회피하지 말고 만나야 하며, 그림자가 외치는 소리를 들을 수 있어야 합니다.

참된 깨달음을 얻은 현자들의 가르침은 전인성全人性(wholeness)을 지향하고 있습니다. 전인성은 나 자신의 밝은 면과 마찬가지로, 나의 어두운 면인 그림자까지도 의식 속에서 자아의 일부로 통합하는 것입니다. 자신의 그림자를 계속해서 거부하고 억압해온 사람들은, 오히려 자신의 그림자를 직면하고 통합하려고 한 사람들보다도 그림자의 힘에 취약할 뿐만 아니라 쉽게 정복당하기도 합니다.

만일 진지하게 자신의 페르소나와 그림자를 바라보고 그들의 소리를 들으며 묵상중에 기도할 수 있다면, 우리는 진정한 자기를 발견할 수 있으며 또한 영적으로 성장할 수 있습니다.

치유명상 5 | 마음 닦기 명상

명상의 목적 중에서 가장 중요한 것은 자신을 변화시키는 것입니다. 자신을 변화시키기 위해서 가장 효과적이고 필수적인 수행 방법은 마음 닦기입니다.

마음은 자신과 다른 사람에게 상처를 입힐 수도 있지만, 치유라는 놀라운 힘도 가지고 있습니다. 마음을 훈련하면 자신 속에 숨어 있는 잠재능력을 크게 계발할 수도 있습니다.

그러나 마음 닦기 명상을 통해 얻을 수 있는 가장 귀한 선물은 당신의 영성이 성장한다는 것입니다. 영성이 성장하면 외부의 환경이 빼앗아갈 수 없는 궁극적 행복을 얻을 수 있습니다.

이제 당신 자신에게 다음과 같은 질문을 하면서 내면을 고요히 하여 자신을 살펴보십시오.

나는 얼마나 밝은가?   나는 얼마나 개방적인가?
나는 얼마나 맑은가?   나는 얼마나 따뜻한가?
나는 얼마나 넓은가?   나는 얼마나 평화로운가?
나는 얼마나 깊은가?   나는 얼마나 조화로운가?
나는 얼마나 기쁜가?   나는 얼마나 지혜로운가?
나는 얼마나 강한가?   나는 얼마나 능력이 있는가?
나는 얼마나 공정한가?

제2부

지혜를 따르는 길

지혜로운 깨달음의 기쁨은
신의 정원에 내리는 꽃비처럼 황홀하다

제4장

명상의 기초

　　명상瞑想은 기적이나 초자연적인 현상을 만들어내는 신비한 어떤 것이 아닙니다. 명상은 마음을 집중하여 고요히 생각하는 것이며, 깊이 생각하는 것이며, 마음을 비우고 사물을 바라보는 것입니다. 그러면서 자기 자신을 온전히 알아가는 것이며, 치유를 경험하고, 마침내는 신의 마음과 눈으로 세상을 보는 것입니다.

　　'meditation(명상)'이란 단어는 라틴어 '메데리mederi'에서 나왔다고 합니다. 'mederi'에서 파생된 또 다른 하나의 단어는 '의약(medicine)'이란 단어입니다. '메데리'라는 단어의 뜻이 '치유하다'라는 뜻이므로, 명상의 치유 효과를 옛 명상 수련가들은 경험으로 알고 있었던 것 같습니다.

　　실제로 매사추세츠 의과대학의 정신과 교수인 존 카바트 진Jon Kabat Zinn 박사는 명상을 통해 스트레스와 우울증 등 정서장애를 치료하고 있으며, 많은 심리치료사들도 명상은 가장 강력한 치유 도구라고 말하고 있습니다.

　　명상의 중요한 하나의 목적은 삶 속에서 우리가 느끼는 고통, 아픔, 분노, 스트레스, 긴장, 불안, 고독, 그리고 죽음의 공포 등의 뒤에 숨어 있는 원인을 깨달음으로써 그 근원을 해결하자는 것입니다. 그러나 이것은 짧은 순간에 쉽게 이루어지는 것은 아닙니다.

불교의 명상 용어에 돈오頓悟라는 말이 있습니다. 한순간에 깨달음을 얻는다는 뜻입니다. 그러나 사실은 오랜 기간의 명상 수련으로부터 축적된 힘이 깨달음이나 변화를 가능하게 하는 것이지, 저절로 깨달음이 오는 것은 아닙니다.

그러므로 명상에서 중요한 것은 직접 명상을 실행하는 일입니다. 사과에 대해 백날 설명해봤자, 사과를 직접 먹어보기 전에는 맛을 알 수 없다는 비유가 이것을 설명합니다.

명상 수련에 어떤 신비한 비결 같은 것은 없습니다. 그러나 명상을 수련하다 보면 가끔 천리안, 텔레파시, 유체이탈, 공중부양, 병을 고치는 힘 등의 초능력 현상이 나타난다고 주장하는 사람들도 있는데, 이것은 명상 수련의 부수적인 현상이지 본질은 아닙니다. 그러나 이런 일에 현혹되거나 마음을 바르게 사용하지 못하는 사람들이 적지 않습니다. 그러므로 명상을 처음 시작하는 사람은 자격 있는 사람에게 정확히 지도를 받는 것이 매우 중요합니다.

명상의 장소

명상을 할 때는 장소와 주위 환경이 중요합니다. 먼저 자기만의 조용한 장소를 찾는 게 좋습니다. 흐르는 물소리가 들리는 강변이나 시냇가, 고요하고 아름다운 호숫가, 평화로운 산꼭대기, 철썩이는 파도소리가 들리는 바닷가, 나무 사이로 밝게 비치는 달빛이 보이는 곳, 한적하고 인적이 드문 산속, 종교가 있는 사람이라면 촛불이 켜져 있는 제단 등 마음의 고요함을 이

룰 수 있는 곳이면 어떤 장소라도 좋습니다.

그러나 일상생활중에 이런 장소를 일부러 찾아가 명상을 하는 것은 쉽지 않기 때문에, 하던 일을 멈추고 바쁜 마음을 잠시 내려놓고 앉을 수 있다면 어느 곳이나 괜찮습니다. 대신 눈을 감고 위의 장소를 마음속으로 눈앞에 그려보며 명상을 하면 좋겠지요. 그래서 저는 아름다운 곳을 방문할 기회가 생기면 열심히 그 풍경을 눈 안에 집어넣었다가 명상할 때 마음의 눈앞에 펼쳐내곤 합니다.

저는 사제관의 제 방에서 가끔 촛불 명상을 합니다. 촛불을 하나나 둘, 때로는 제단에 쓰다가 남은 것들까지 수십 개나 켜놓고 명상을 합니다. 가끔은 명상음악을 틀어놓기도 하고, 향을 피우기도 합니다.

그렇게 한두 시간 촛불을 바라보고 있노라면 분노와 슬픔이 사라지고 입가에는 잔잔한 미소가 감돌고 마음은 평화로워집니다. 제가 머무는 사제관은 비록 도심 한복판에 있지만 그런대로 명상의 장소로 손색이 없습니다.

호흡을 바라보기

호흡에 주의를 집중하여 바라보는 것은 모든 명상 수련의 핵심입니다. 명상 시의 호흡은 깊은 호흡을 말하는데, 복식호흡이나 단전호흡 등도 같은 원리입니다.

갓 태어난 아이들은 복식호흡을 합니다. 그런데 자라면서 좌뇌를 많이 쓰게 되고 성격이 조급해지면서 호흡은 점점 위로 올라옵니다. 그래서 보통 성인은 폐와 코를 연결하는 숨을 쉬는데, 대략 한 번 호흡하는 시간은 3초간이며 산소량은 50cc라고 합니다.

심호흡은 숨 쉬는 통로를 아랫배까지 연장하는 효과가 있습니다. 그러므로 심호흡을 계속하면 산소의 흡입량을 늘리고 장의 운동을 활성화시켜서 건강의 증진에 매우 좋습니다. 뿐만 아니라 심호흡을 하면 내면의 깊은 의식으로 내려가기 때문에 심리적 안정과 정서적 안정에도 좋습니다.

의학계에는 사람의 성격을 'A유형'과 'B유형'으로 나누는 분류법이 있습니다. A유형의 성격은 참을성이 부족하고, 조급하며, 욕구가 많고, 경쟁심으로 늘 긴장되어 있습니다. 반면에 B유형의 성격은 한마디로 말하면 느긋하고 여유가 있는 성격입니다.

A형의 성격은 스트레스를 많이 받습니다. 현대인이 겪고 있는 질환의 80퍼센트는 심인성 질환인데, 그 주된 원인이 스트레스입니다.

장기간에 걸쳐 심한 스트레스를 받으면 우리 몸의 면역력이 떨어져 암이나 심장병에 걸리기 쉽다는 것은 이미 잘 알려진 사실입니다. A-B 성격 유형을 처음 제시한 심장 전문의 마이어 프리드먼Meyer Friedman 박사는 60세 이하의 심장병 환자들이 거의 A형 성격에 해당한다고 말합니다.

자신의 건강을 지키고 주위 사람들을 유쾌하고 편안하게 해주기 위해서는 A형의 성격을 B형의 성격으로 바꿔야 합니다. 그러나 이미 굳어진 성격을 고치기는 말처럼 쉽지 않습니다. A형의 성격을 B형의 성격으로 바꾸는 가장 좋은 방법은 명상 속에서 심호흡을 하면서 그 호흡을 바라보는 연습을 하는 것입니다.

호흡은 단순히 숨을 들이쉬고 내쉬는 것만이 아니라 그 이상의 어떤 의미가 있습니다. 깊은 호흡은 잠들어 있는 내면세계의 평온감과 주의집중력을 비상하게 발달시키는데, 이에 수반되어 일어나는 감각을 느끼면 영성이 깊어지고, 이것은 다시 치유로 이어집니다.

호흡명상을 할 때 중요한 것은 호흡을 바라보는 것입니다. 숨을 길게 내쉴 때는 '나는 숨을 길게 내쉬고 있다'고 인식하며 바라보고, 숨을 길게 들이쉴 때는 '나는 숨을 길게 들이쉬고 있다'고 인식하며 바라봅니다. 숨을 짧게 들이쉬고 내쉴 때도 같은 방식으로 바라봅니다.

명상을 하면서 호흡을 지켜보는 훈련이 어느 정도 익숙해지면 호흡은 가늘고 부드러워집니다. 가늘고 길게 숨을 들이쉬고, 가늘고 길게 숨을 내쉽니다. 숨이 들어오고 나가는 콧구멍 끝을 바라보면서 가늘고 길게 들고 나는 숨을 지켜보기도 합니다. 이런 명상은 집중력을 향상시킵니다.

기독교 명상에서는 '예수기도'를 하는데, 숨을 들이쉬면서 마음속으로 "예수"라고 말하고 숨을 내쉬면서는 "그리스도여"라고 말하는 것입니다. 이것을 기도중에 계속 반복합니다. 이 또한 집중력을 향상시키는데, 집중력은 바른 생각으로 깨달음을 얻는 데 중요한 요소가 됩니다.

호흡은 우리의 육체와 무한한 우주 공간을 연결시켜주는 유일한 끈이기도 합니다. 숨을 들이쉬면서 우주 공간의 한 부분을 몸 안으로 받아들이고, 숨을 내쉬면서 몸 안의 한 부분을 우주 공간의 한쪽으로 배출하는 것입니다. 숨을 들이쉬면서는 우주의 생명력을 들이마신다고 생각하고, 숨을 내쉬면서는 몸 안의 나쁜 기운을 내보낸다고 생각하는 호흡 방식도 있는데, 이 방식은 신체와 정신의 건강을 강화시켜줍니다.

우주의 생명력을 들이마셔서 몸 안의 구석구석까지, 특히 병들고 아픈 부위로 보낸다는 느낌을 가져봅니다. 그리고 날숨을 통하여 몸 안의 나쁜 기운과 병든 마음의 찌꺼기도 함께 내보낸다고 느껴봅니다.

호흡을 바라보다가 마음의 평화를 느끼면 '아, 편안하다, 편안하다…' 혹은 '옴 샨티 Om Shanti'라고 마음속으로 되뇌어봅니다.

'옴 샨티'는 '나는 평화로운 영혼'이라는 뜻입니다. 이런 간단한 호흡과 만트라*만으로도 저는 무한한 위로와 즐거움을 느끼곤 합니다. 물론 상한 감정의 아픔이 마음의 평화 속에서 함께 녹아 사라지는 것은 말할 필요도 없습니다.

2009년 7월에 로스엔젤리스에서 열린 미국 성공회 총회의 주제는 '우분투Ubuntu'였습니다. 그 말은 '나는 네 안에, 너는 내 안에' 혹은 '나는 네가 있어 존재한다(I am because of you)'라는 뜻입니다. 저는 총회 기간에 심호흡 가운데 '우분투'라는 말을 되뇌어보면서 나와 다른 사람, 나와 우주의 수많은 대상을 상상 속에 그려보았습니다. 그러면서 우주와 하나되고 제 영혼이 성장하는 것을 느낄 수 있었습니다. 이것은 명상이 주는 하나의 기쁨입니다.

바라보기, 관觀 명상

명상은 마음을 비우되 집중하여 바라보는 것입니다. 무엇을 바라보아야 할까요? 명상의 대상은 우리가 관심을 가지고 바라보는 것이면 어떤 것이든 좋습니다. 그러나 평소에 별 의식 없이 바라보던 것과는 다르게 바라보아야 합니다. 마음을 집중하여 바라보고 바르게 깨달아야 합니다.

저는 어느 날 수많은 서류와 책 사이에서 씨름을 하다가 버려진 종이 한 장을 바라보게 되었습니다. 종이를 바라보다가 손가락 사이에 넣고 비벼보았습니다. 늘 만지던 종이였지만 전혀 다른 질감이 느껴졌습니다. 문득 종

• 만트라는 반복해서 마음속으로, 혹은 소리 내어 하는 말이나 음音. '만'은 마음이란 뜻이며, '트라'는 자유롭게 한다는 뜻이다. 만트라는 마음을 자유롭게 하여 마음의 평화를 얻게 하는 신비한 힘이 있다.

이는 무엇으로 만들까 하는 호기심이 생겼습니다. 종이는 펄프로 만들고, 펄프는 나무로 만듭니다. 나무는 주로 물과 공기와 빛을 양분으로 자라지만, 온갖 동식물이 죽어서 썩은 비료의 성분도 양분으로 섭취한다는 생각이 들었습니다.

사람도 죽은 동식물의 한 부분입니다. 그렇다면 지금 눈앞에 놓여 있는 이 종이 한 장에도 이름 모를 어떤 사람의 흔적이 배어 있을 것입니다. 저도 언젠가는 죽어 자연으로 돌아가고 다른 동식물의 한 부분으로 흔적을 남겨, 먼 훗날의 이름 모를 어떤 사람 앞에 어떤 형태로든 모습을 드러내겠지요. 이런 생각을 하면서 종이를 한참 바라보고 있노라니 종이와 어떤 교감이 생기고 친근감이 느껴졌습니다.

명상에서 가장 핵심적 요소인 호흡을 바라볼 때도, 호흡 자체뿐만 아니라 그로 인해 변화하는 공기의 흐름을 바라보면 마음이 집중되고 어떤 깨달음이 옵니다.

호흡을 하면 공기가 몸 안에 들어오고 몸 안에 들어온 공기의 빈자리를 채우기 위해 방 안의 공기가 이동할 것입니다. 보이지 않는 공기 이동의 흐름을 바라보십시오.

숨을 내쉴 때도 마찬가지입니다. 숨을 내쉴 때 내쉬는 공기의 파장이 온 방 안에 가득 퍼져나갈 것입니다. 그것을 바라보십시오. 공기 흐름의 변화를 그려보는 데는 시간이 걸립니다. 그래서 호흡은 점점 더 길어지고 가늘어집니다.

호흡을 이런 식으로 바라보면 고도의 정신집중이 일어나고 영성이 각성되어 어떤 새로운 느낌과 깨달음을 얻게 됩니다.

바라본다는 것은 이런 것입니다. 동양의 관 명상과 기독교의 관상 기도의 근본 원리는 같습니다.

종교인이나 수행자는 형이상학적인 인생의 근본문제에 관심이 많습니다. 나는 어디서 와서 어디로 가는가, 삶은 무엇이며 죽음은 또 무엇인가, 우주적 절대자(神)는 과연 존재하는가, 만약 존재한다면 나와의 관계는 어떤 것인가⋯⋯. 그들은 이런 문제들을 바라봅니다. 그렇게 바라보면 이전에는 느끼지 못했던 어떤 새로운 느낌과 깨달음을 얻게 되는 것입니다.

오늘날은 인간의 심리와 행동에 대한 과학적 지식이 많이 발달되었습니다. 그래서 인간의 문제에 대해 꼭 형이상학적인 관점으로만 바라볼 필요는 없다는 생각이 듭니다. 나는 왜 조그만 일에도 화를 잘 내는가, 왜 그렇게 불안한가, 왜 인간관계에 번번이 실패하는가, 나의 성격은 왜 이런가 등등의 문제를 심리와 행동과학적 관점에서 바라볼 수도 있습니다. 상담가나 심리치료사는 특히 이렇게 바라보는 훈련을 쌓아야 합니다.

차를 마시면서 차를 바라보고, 꽃을 꽂으면서 꽃을 바라보는 사람이 있습니다. 이런 사람들은 단지 차를 마시고 꽃을 꽂는 것이 아니라, 자기가 행하는 대상인 차나 꽃과 하나가 되는 경지를 추구하는 것입니다.

이 경지에 다다르면 자아의식이 사라지는데, 이러한 상태를 분별심이 사라진 상태라고 합니다. 이러한 상태에서는 주체와 대상을 구별하는 마음이 작용하지 않을 뿐만 아니라, 사물을 판단하고 분석하고 개념화하는 이성의 작용 또한 멈추게 됩니다.

그러니까 관 명상에서는, 어떤 대상을 바라볼 때 소위 우리가 말하는 일반적인 지성으로 분석하고 판단하는 것이 아니라, 초월적인 지성으로 바라보고 직관으로써 그 존재를 깨닫는 것입니다.

신神이라고 불리는 지고至高한 존재를 느낄 때도 마찬가지입니다. 신에 대한 이론이나 교리는 우리의 지성으로 판단하고 분석할 수 있지만, 신의 존재 자체는 우리의 지성으로 분석하여 느낄 수 없습니다.

다만 바라봄으로써 직관으로 지고한 존재를 깨닫고 내 안에서 그의 현존을 가득히 느끼는 것입니다.

이제 들숨과 날숨을 바라보면서 침묵을 지키십시오. 그리고 우주의 근본적 의식이라고 할 수 있는 지고한 존재를 바라보십시오.
무엇이 보입니까?
아무것도 보이지 않으면 보일 때까지 몇 시간이고 몇 날이고 침묵 가운데서 바라보십시오.
어떤 느낌이 듭니까?

우리는 우주의 근본적 의식이라고 하는 지고한 존재를 신이라고 부르는데, 신은 형태가 없으니 신을 바라본다는 것은 사실 텅 빈 어떤 공백空白을 바라보는 것입니다.

그러니 지루하고 분심分心이 들어 침묵 가운데서 계속 신을 바라보기란 사실 여간 어려운 일이 아닙니다. 특히 혈기왕성한 젊은이들이나 빠른 성과를 중시하는 이들에게는 더욱 그럴 것입니다.

그러나 자신을 신뢰하면서 인내심을 가지고 계속 지고한 존재를 바라보면 칠흑 같은 어둠 속에서 강렬하게 비치는 빛을 발견하게 됩니다. 그 빛은 생명의 뿌리입니다. 모든 생명이 그 빛에서 나오고 또 모든 생명은 그 빛으로 돌아갑니다.

이제 그 빛을 계속 바라보십시오.
어떤 느낌이 듭니까?

그 빛은 생명과 동시에 자비와 사랑이라는 사실을 깨닫게 됩니다. 이렇게 계속 그 빛을 바라보면 우리가 그 빛의 신비 속에 존재하며 그 빛 또한 우리 속에 존재하고 있음을 느끼게 됩니다.

관상은 또한 우리를 깨달음으로 인도해가기도 합니다. 한참을 바라보면, 우리의 지성이 초월적인 지성과 함께 기능하여 어떤 지혜의 깨달음을 가져다줍니다.

바라보면 이전에 의식하지 못했던 새로운 느낌과 깨달음을 얻을 뿐만 아니라 바라보는 대상과 자아가 하나되는 초월 경험도 할 수가 있습니다. 중요한 것은 바라보는 일입니다.

기초 명상 열두 가지

1. 앉아서 호흡하기

매일 잠깐 동안이라도 앉아서 눈을 감고 호흡에 정신을 집중하는 훈련을 하십시오. 숨을 들이쉬고 내쉴 때에 정신을 온통 코끝에 집중하십시오.

숨을 들이쉴 때는 우주의 생명 에너지를 들이마신다고 상상하고, 숨을 내쉴 때는 몸과 마음의 나쁜 기운을 뿜어낸다고 상상하십시오.

숨을 들이쉬고 내쉴 때 정신을 코끝에서 배꼽 아래 단전으로 옮겨 정신을 집중해도 좋습니다.

호흡을 하다가 마음이 호흡으로부터 벗어나 방황하고 있으면 그것을 느끼는 순간 곧 호흡으로 돌아오십시오.

호흡하는 시간을 처음에는 5분, 10분씩 하다가 호흡하는 시간을 점차 늘려가십시오. 환경이 허락되면 때로는 하루에 열 시간 이상 호흡하며 앉아 있어도 좋습니다.

2. 신체를 바라보기

마음이 내킬 때 보디 스캔Body Scan을 하십시오. 짧으면 15분, 길면 한 시간의 보디 스캔이 좋습니다. 보디 스캔의 마지막 단계에서 정수리와 발끝으로 숨을 쉴 때 몸과 마음이 사라지는 초월의 경험을 하게 됩니다. 그 편안하고 평화로운 느낌을 간직하도록 하십시오.

보디 스캔의 방법은 뒤의 설명을 참고하십시오.

3. 소리와 함께 앉아 있기

명상하는 동안 귀에 들려오는 소리와 함께 앉아 있어보십시오. 소리를 들으면서 좋다 나쁘다 판단하지 말고 그냥 소리만 들어보도록 합니다.

음악을 들으며 앉아 있어 보십시오. 음악을 좋다 나쁘다 판단하지 말고 음악의 소리에 마음을 열고 들으십시오. 음악의 흐름에 당신 자신을 실어서 하나로 일치시켜 들어보십시오.

4. 생각이나 느낌과 함께 앉아 있기

명상중에 어떤 생각이 떠오르면 그 생각을 바라보십시오. 그 생각이 사라지고 다른 생각이 떠오르면 새로 떠오르는 생각을 바라보십시오.

하나의 생각은 오래 지속되지 않는다는 사실에 주목하십시오. 생각은 끝없이 밀려오는 파도의 물거품과 같다는 점을 깨닫게 됩니다.

마음속에 일어나는 감정의 덩어리를 느껴보십시오. 성내거나, 미워하거나, 싫어하거나, 갈망하거나, 집착하는 감정의 덩어리를 판단하지 말고 그저 바라만 보십시오.

5. 고통과 함께 앉아 있기

마음의 고통이나 상처가 있으면 판단하지 말고 그저 앉아서 호흡하며 바라보십시오.

두통이나 치통, 위통 같은 신체의 고통이 있을 때도 견디기 어려운 심한 고통이 아니면 판단하지 말고 앉아서 그저 바라만 보십시오.

6. 보다 높은 자아로 바라보기

당신의 참된 모습은 현재의 당신의 모습이 아니라고 생각하십시오. 예를 들어 다음과 같이 생각해보십시오.

"나는 분노하고 있다. 그러나 나는 분노하고 있는 나 이상의 어떤 존재이다. 나는 두려워하고 있다. 그러나 나의 참자아는 두려움을 모른다. 나는 머리가 아프다. 분명히 두통은 나의 일부분이긴 하지만 나는 두통 그 자체는 아니다. 마음의 모든 고통은 왜곡된 나의 자아일 뿐, 보다 높은 나의 자아는 마음의 고통과 장애가 없다.

왜곡되지 않은 나의 참자아는 신체의 고통도 두려움 없이 바라보고 죽음조차도 두려움 없이 바라본다. 나에게는 그런 높은 자아가 있다."

7. 바로 깨닫기

명상중에 무엇이 참으로 진리인가를 깨닫기 위해 노력하십시오. 고정관념은 그것이 비록 종교적인 내용일지라도 버리십시오. 마음을 열고 진실한 마음으로 우주의 지고한 정신 앞에 서 보십시오.

나는 누구인가, 삶은 무엇이며 죽음은 또 무엇인가, 우주의 근원적 의식(神)은 어떤 존재인가, 자비심과 사랑의 의미는 무엇인가, 참다운 용기는 어떤 것인가, 평화와 행복의 속성은 무엇인가 등등의 문제를 바라보고 또 바라보면서 스스로 깨달음을 얻어가십시오.

깨달음을 얻을 때마다 마음이 시원해지고 영성이 성장합니다. 영성이 성장하면 치유가 일어납니다.

깨달음은 하루아침에 일어나지 않습니다. 진지하게 노력하고 또 노력하십시오. 때로는 참으로 올바르게 깨달은 스승의 가르침에 귀를 기울여보십시오.

8. 깨달음의 말씀 듣기

당신 자신의 깨달음이나 혹은 다른 위대한 스승의 깨달음을 녹음하여 조용한 환경에서 들어보십시오. 깨달음의 말씀을 단순히 듣는 것에 그치지 말고 마음 깊숙한 곳으로 받아들여 그것이 당신의 영혼을 형성하도록 만들어가십시오.

9. 몸을 격렬하게 움직여보기

눈을 감고 고요히 앉아 있는 것이 명상의 기본이지만 지나친 고요는 몸과 마음의 저항을 일으킵니다. 그러므로 가끔은 몸을 격렬하게 움직여 몸과 마음의 균형을 잡아주는 것이 좋습니다.

넓은 장소에서는 빠르게 달려봅니다. 처음에는 천천히 달리기 시작해서 나중에는 온 힘을 다해서 달려봅니다. 몇 분을 그렇게 달린 뒤 멈춰 서서 심호흡을 하며 우주의 생명 에너지를 온몸으로 느껴보십시오. 좁은 장소에서는 활발하게 걷다가 방향을 바꿀 때는 직각으로 바꾸면서 걸어보십시오.

문을 닫고 방 안에서 춤을 추어도 좋습니다. 다른 사람이 어떻게 볼까 하는 생각은 던져버리고 당신의 몸과 마음이 원하는 대로 격렬하게 춤을 추어보십시오.

난타도 좋습니다. 깨질 염려가 없는 어떤 물건을 몸과 마음이 이끄는 대로 두드려보십시오.

10. 느긋해지기

현대의 경쟁 사회에서는 바쁘게 생활할 수밖에 없지만 때로는 필요 이상으로 마음이 바쁜 경우가 많습니다. 마치 트럭의 엔진을 달아놓은 것처럼 바쁜 마음이 당신을 이리저리로 몰고 다닙니다.

당신의 마음이 너무 빨리 움직이거나 조급해지면 잠시 멈춰 서서 '나는 평화로운 영혼'이라는 기본적인 생각에 집중합니다. 눈을 감고 마음속으로 이 만트라를 계속 반복하십시오. 마음이 곧 잔잔한 호수처럼 평온해질 것입니다.

11. 텅 빈 충만 만들기

때로는 머리에서 모든 것을 말끔히 지워 비워버리고 존재 자체 속에만 머물러보십시오. 절대자와 하나되었던 절정의 경험도, 가슴을 시원하게 만들었던 깨달음도 모두 내려놓고 온전히 존재 자체에만 머물러보십시오.

그러나 이때는 더 이상 공허한 텅 빔이 아닙니다. 새로운 깨달음과 느낌의 총화가 당신의 존재 속에 녹아 있는 상태의 텅 빔입니다. 그러므로 충만한 텅 빔입니다.

12. 아침명상

아침은 명상하기에 가장 좋은 시간입니다. 아침은 하루 중 가장 평화로운 시간으로서 깊은 평화의 느낌이 쉽게 체험됩니다. 이완, 느끼기, 깨닫기, 마음 비우기 등 어떤 종류의 명상을 해도 좋습니다.

아침명상의 끝 부분은 다음과 같은 말로 끝내보십시오.

"나는 생활 속의 명상인으로서 오늘도 내가 해야 할 일은 최선을 다해서 할 것이다. 그러나 최선을 다하되 집착하지는 않을 것이다. 그리고 신神이 부르면 나는 언제나 떠날 준비가 되어 있다. 미처 준비를 하지 못해 당황하거나 두려워하지 않을 것이다. 오늘은 내가 떠나기에 좋은 날이다."

신이 부르면 언제나 떠날 준비가 되어 있다는 마지막 말은, 특히 중년 이후의 사람들과 중병으로 시한부 삶을 살고 있는 사람들에게 매우 중요합니다. 이 말을 진정으로 마음속 깊이 받아들인 사람은 초연하며 당당하게 지금 이 순간을 살아갈 수 있기 때문입니다.

중간에 포기함이 없이 인내심을 가지고 치유명상을 꾸준히 수련한다면, 당신은 틀림없이 그물에 걸리지 않는 바람 같은 사람이 될 것입니다.

제5장

치유와 행복을 위한 명상의 근본 태도 열두 가지

　　　명상을 통해 깨달음과 마음의 평화를 얻고 치유를 경험하기 위해서는 먼저 갖추어야 할 기본 태도가 있습니다. 이런 태도는 혼자의 힘으로 스스로 깨우치는 것이 바람직합니다만, 사람에 따라서는 일생이 걸려도 단 하나의 깨달음을 얻지 못하는 수도 있습니다.

　그래서 명상의 대가들이 전해주는 가르침을 침묵 속에서 바라봄으로써 명상 수련의 기본 태도를 익히는 과정이 필요합니다.

　바라보고 명상해야 할 주제와 대상은 수없이 많습니다. 그러나 어떤 주제를 명상하고 어떤 대상을 바라보더라도 명상에 대한 기본 태도가 형성된 사람은 올바르게 깨닫고 치유를 경험하지만, 그렇지 못한 사람은 오랜 명상 수련을 통해서도 바르게 깨닫지 못하고 마음의 평화와 치유를 얻지 못하는 수가 많습니다.

　제가 아는 어떤 사람은 세속적인 욕심이 별로 없는 듯 시골에서 조용히 삽니다. 그는 기독교와 불교 등 종교에도 기웃거려 보고, 요가 명상과 초월 명상에도 관심이 있어 많은 명상 수련을 쌓은 사람입니다.

　어느 날 그와 함께 이런저런 이야기를 나눈 적이 있었는데, 도인 같은 풍모와 세속에 초연한 태도에 저는 내심 존경하는 마음이 생겼습니다. 그런데 그는 여자에 관한 편견을 가지고 있었습니다. 그는 여성을 계속 요물妖物로 표현하면서 명상 수련에 가장 장애 요소가 된다고 비난했습니다. 여성 때문에 명상 수련에 어려움이 있다는 고백의 차원이 아니라, 여성이라는 존재 자체를 부정하는 비난의 차원이었습니다.

여자가 명상 수련에 장애 요소가 된다는 것은 성욕으로 인해 흔들리는 내 마음의 문제이지 여성이라는 존재 자체가 문제가 되는 것은 아니라고 저는 말했습니다.

만약 금을 보고 유혹이 생긴다면 그것은 금 때문에 마음이 흔들리는 나의 탓이지, 금 자체가 비난받을 이유는 없는 것과 같은 이치입니다.

그러나 그는 끝내 마음을 열지 않고 성차별적 편견을 버리지 않았습니다. 저는 약간 혼돈스러워졌습니다. 왜 이런 도인이 편견을 가지고 있으며, 또 그 편견을 살펴보려고 하지 않을까?

편견은 밝음이 아닙니다. 명상 수련자의 생각이 밝지 않다면, 그는 아직 올바른 깨달음을 얻은 것이 아닙니다.

영성이 깊다는 성직자도, 속세를 등지고 구도에만 열중하는 수도자도, 다른 사람을 치유하겠다는 심리치료사도 모두 예외가 아닙니다.

테니스를 배울 때 기본기를 잘 배워야 훌륭한 선수가 되는 것과 마찬가지로, 명상을 수련할 때도 기본적인 태도를 밝게 깨달아야 올바른 깨달음과 마음의 평화와 치유를 경험할 수 있습니다.

아래에 치유명상에 꼭 필요한 열두 가지 기본 태도를 제시합니다. 그러나 이것들은 완전히 독립적인 것이 아니고 상호보완적이어서, 한 태도와 다른 태도 사이에 서로 공통되는 내용이 있을 뿐만 아니라 하나가 성숙하면 다른 것도 저절로 성숙하는 경향이 있습니다.

보는 관점을 바꾸라

사람들은 모두 자신만의 독특한 태도와 신념을 가지고 있습니다. 이런 태도와 신념이 그 사람의 존재 양태와 행동 양태를 결정짓습니다.

자신만의 독특한 태도와 신념이 개성이라는 측면에서는 인정할 만한 부분도 있으나, 문제는 건강하지 못한 태도와 신념입니다. 자기패배적인 태도, 다른 사람에게 상처를 주는 행동과 생각 등은 건강하지 못한 것이라 할 수 있습니다.

치유는 건강하지 못한 생각과 행동을 바꿀 때 일어납니다. 그런데 사람들은 자신의 생각과 행동을 좀처럼 바꾸려고 하지 않습니다. 자기에게 익숙한 생각과 행동이 편하기 때문에, 또 익숙한 생각과 행동을 바꾸는 것은 불안을 야기하기 때문에 그러려고 하지 않습니다. 특히 종교적 신앙과 정치적 신념에 대해서는 자신의 존재 근거 자체를 무너뜨린다는 두려움으로 인해 더더욱 바꾸려 들지 않습니다.

다른 사람의 충고를 듣고 자신의 생각과 행동이 잘못되었다는 생각이 들 때조차, 사람들은 자신의 생각이나 행동을 고치려고 하지 않습니다. 다른 사람의 지적을 받고 자신의 행동과 생각을 바꾸는 것은 무의식 속에서 자신의 열등감을 자극하기 때문입니다.

심리치료에서 '합리적 정서 요법(Rational-Emotive Therapy, 줄여서 RET라고 함)'이라는 기법이 있습니다. 우리가 정서적 장애를 가지게 되는 것은 외부의 사건 때문이 아니라, 그 사건을 보는 우리 내면의 마음 때문이라는 것입니다. 그래서 외부의 사건을 보는 우리의 관점을 바꾸면 치유가 일어난다는 이론입니다.

예를 들어 이혼을 치욕스런 것으로, 인생의 끝장으로 보는 여성은 이혼

했을 때 우울증에 걸리기 쉽습니다. 그러나 이혼이 슬프고 안타까운 일이지만 있을 수 있는 일이고, 또 세상이 끝나는 것도 아니라고 생각하는 여성은 이혼의 아픔에서 빨리 회복할 수 있습니다.

이것은 세상의 모든 일에 다 적용될 수 있습니다. 문제는 세상을 보는 관점입니다. 긍정적인 마음의 눈을 가지고 있는 사람은 아무리 어려운 일에 직면하더라도 비관하지 않습니다. 그러나 부정적인 태도를 가지고 있는 사람은 객관적으로 보아서는 아무런 문제가 되지 않는 일에도 짜증을 내고 불만을 터트리곤 합니다.

어느 날 공자가 하급 관리로 있는 조카 공멸에게 물었습니다.

"네가 이 자리에서 얻은 것은 무엇이며, 잃은 것은 무엇이냐?"

공멸이 대답했습니다.

"얻은 것은 하나도 없고, 세 가지를 잃었습니다. 일이 많아 공부를 못했고, 보수가 적어 친척 대접을 못했으며, 공무가 다급해서 친구와 사이가 멀어졌습니다."

그 후 어느 날 공자가 공멸과 같은 벼슬을 하고 있는 제자 자천에게 같은 질문을 했습니다. 자천은 다음과 같이 말했습니다.

"잃은 것은 하나도 없고, 세 가지를 얻었습니다. 배운 것을 실행해보게 되어 배운 내용이 더욱 확실해졌고, 보수를 아껴 친척을 접대하니 더욱 친숙해졌으며, 공무의 여가에 친구들과 교제하니 우정이 더욱 두터워졌습니다."

똑같은 벼슬을 하고 있음에도 불구하고, 부정적인 태도를 가지고 있는 공멸은 일에서 하나도 얻은 것이 없었지만, 긍정적인 태도를 가지고 있는 자천은 잃은 것은 하나도 없고 오히려 세 가지를 얻었던 것입니다. 그러므로 명상을 수련하는 사람이 제일 먼저 해야 할 일은 부정적인 색깔의 안경을 버리고 긍정적인 색깔의 안경을 쓰는 일입니다.

보는 관점을 바꾸는 일에 있어서는 사물을 보는 방법론도 포함됩니다. 사물의 한 면만 보거나, 늘 보는 각도에서만 사물을 보면 편견을 갖게 됩니다.

공간에 한 물체가 있는데 위에서 빛을 비추니 바닥에 원형의 그림자가 나타났습니다. 그렇다고 하여 공간의 물체를 원이라고 말한다면 너무 성급한 결론입니다.

이번에는 옆에서 빛을 비추니 반대편 옆면에 사각형이 나타났습니다. 그렇다면 공간의 물체는 어떤 모양일까요?

기본적인 기하학의 상식만 가지고 있는 사람이라면 공간의 물체는 원이 아니라 원통이라는 사실을 금방 알 수 있을 것입니다.

기하학의 세계에서는 이런 원리를 쉽게 깨닫는 사람도, 추상적인 관념의 세계에서는 간단한 사실조차 좀처럼 깨닫지 못하는 경우가 너무나 많습니다. 사물을 입체적으로 보는 훈련이 부족해서 그렇습니다.

아직 미숙한 어린아이는, 똑같은 형태의 컵에 있는 똑같은 양의 물을 긴 컵과 넓은 컵에 옮겨 부은 다음 어느 컵에 있는 물의 양이 많은가 물으면 긴 컵에 있는 물의 양이 많다고 대답합니다.

사물을 입체적으로 보는 훈련이 안 되어 있는 사람은 이 미숙한 어린아이와 같습니다. 늘 한쪽 각도에서 한쪽 면만 보고는 자기가 본 것이 진실이라고 우깁니다. 이것이 편견입니다. 편견이 강한 사람은 결코 바른 깨달음을 얻을 수 없습니다.

명상을 수련하고자 하는 사람은 최우선적으로 자기패배적인 태도, 부정적인 시각, 편견의 관점을 건강하고 입체적인 관점으로 바꾸어야 합니다. 건강하고 입체적으로 사물을 보는 관점을 우리는 밝다고, 지혜롭다고 합니다. 참된 지혜가 없는 곳에서는 언제나 썩은 악취가 풍기는 법입니다.

판단하지 말라

사람들은 대체로 너무 쉽게 어떤 사물에 대하여 좋다 나쁘다, 혹은 선하다 악하다 구분하여 판단하는 경향이 있습니다.

이것은 주로 부모나 주위 사람들의 태도와 가치관을 받아들여 내면화한 결과입니다. 그래서 사람들은 스스로 정해놓은 가치 기준에 따라 어떤 일, 어떤 행동, 심지어는 마음속에서 자연스럽게 일어나는 감정까지도 판단하고 평가합니다.

외부의 사물에 대한 우리의 반응은 마치 자동항법 장치처럼 자동판단 체제를 갖추고 있습니다. 그래서 외부의 사건들에 대해 우리는 즉각적으로 반응합니다.

상담을 공부하는 사람은 이론 공부가 끝나면 임상 훈련을 합니다. 문제가 있는 사람과 직접 상담하고, 그 결과물을 전문가에게 가져와서 단독으로 혹은 집단으로 검토를 하는 것입니다.

이때 누군가가 자신의 상담 내용에 대해 비평을 하면 대부분의 사람들은, "그게 아니고……" 혹은 "그건 당신이 잘 모르고 하는 말입니다" 하면서 즉각 반응을 하곤 합니다. 상대방이 왜 그런 말을 하는지 객관적으로 곰곰이 생각해보는 것이 아니라 자동항법 장치에 따라 반응하는 것입니다.

다른 사람의 건전한 비평조차도 나에 대한 공격이라고 의식적 혹은 무의식적인 판단을 내리고, 그에 따라 자기변명 내지 자기 보호의 반응을 하는 것은 심리치료자로서 좋은 태도가 아닙니다. 심리치료자는 쉽게 판단하여 반응하는 대신에 진지하게 객관적으로 사고하여 대응하는 것이 바람직하기 때문입니다. 따라서 전공자들은 수퍼비전*이라는 과정을 거쳐 즉각적으로 판단하는 자동항법 장치를 고치게 되는데, 이것은 명상 수련자들에게도 똑같이 적용되어야 합니다.

좋고 나쁨에 대한 기계적 판단이 도를 지나치면 신경증을 일으키기도 합니다.

저는 기독교인인 어떤 중년 부인을 상담한 적이 있었습니다. 그분은 잘생긴 남자를 보면 묘한 흥분과 함께 가슴이 두근거린다고 고백했습니다. 그런데 이것을 악한 마음이라고 판단하여 심한 죄책감에 사로잡히는 신경증이 생겼습니다. 마음속에 음욕을 품고 이성을 바라보는 것도 이미 간음한 것이라는 성경 말씀 때문이었습니다.

저는 그녀에게, 마음속에서 일어나는 느낌이나 감정은 선도 아니고 악도 아니니 감정을 판단하지 말고 그저 지켜보라고 권고해주었습니다. 그것이 행동으로 옮겨질 때에만 비로소 선도 되고 악도 될 수 있다고 말입니다.

객관성을 결여한 기계적인 판단이 마음을 지배하게 되면, 우리는 마음속에서 어떤 평화도 찾아볼 수 없게 됩니다. 수없이 만나는 사람과 사건들, 끊임없이 머리에 떠오르는 생각들을 평가하고 판단하다 보면 스트레스를 받아 지치고 하루하루가 피곤해집니다.

치유명상을 수련하는 사람은 자동항법 장치에 따라 판단하는 습관을 지양하고, 일어나고 있는 일을 그냥 고요히 지켜보는 훈련을 해야 합니다. 어떤 사물에 대해 판단하고 있는 자기 모습이 의식되더라도, 그것을 억제하지 말고 그 판단조차도 고요히 바라보도록 훈련해야 합니다.

화가 나면 '분노하고 있구나', 슬프면 '슬퍼하고 있구나', 무서움을 느끼면 '두려워하고 있구나', 머리가 아프면 '두통이 있구나' 하는 식으로 마

• supervision : 상담가(또는 심리치료사)들이 상담한 내용을 놓고 감독(supervisor) 자격이 있는 사람이 그 상담이 옳게 되었는가, 부족한 점은 무엇인가 등을 따져서 상담가의 전문성을 높이도록 돕는 훈련 과정.

음속에서 무엇이 일어난다 하더라도 그냥 고요히 바라보는 연습이 필요합니다.

인내심을 가지라

어떤 일이 성취되는 데는 반드시 그 나름의 시간이 필요합니다. 벼가 빨리 자라길 바라는 욕심에 농부가 어린 벼를 조금씩 뽑아 올린다면, 벼는 빨리 자라기는커녕 오히려 말라서 죽어버릴 것입니다. 나비가 빨리 나오라고 번데기를 깨뜨려 본들, 나비는 빨리 나오지 않습니다.

수술을 하고서 빨리 회복되라고 아무리 많은 약을 먹어도 상처는 필요한 만큼의 시간이 지나야 아뭅니다. 우리는 사물이 변화하거나 어떤 일이 성취되는 데에는 그 나름의 시간이 필요하다는 사실을 이해하고 인정해야 합니다.

이 사실을 깨달으면 인내하는 지혜가 생깁니다. 명상 수련에서는 특히 인내하는 지혜가 필요합니다.

명상 수련을 해도 어떤 깨달음이나 마음의 평화는 오지 않고 마냥 지루해지기만 할 때가 있습니다. 그럴 때 사람들은 쉽게 명상 수련을 포기하는 경향이 있습니다.

'다른 사람은 명상에서 어떤 성취를 이루는데 나는 왜 안 될까?' 하며 안달하는 사람도 있습니다. 같은 시간에 빠른 성취를 보이는 사람은 그만큼 준비가 되어 있었기 때문입니다. 삶을 진지하게 대하고, 사물의 의미를 추구하고, 진리에 목마른 사람은 자연히 성취가 빠를 수밖에 없습니다. 이런 사람이 이루는 성취와 그렇지 않은 사람이 이루는 성취가 같을 수는 없는 것입니다.

명상을 하면서도 계속 마음을 집중하지 못하고, 수시로 판단하고, 두려워하고, 불안해하면 명상에서 기대하는 효과를 빨리 보지 못합니다.

기대하는 어떤 성취를 빨리 이루려고 안달하지 마십시오. 오히려 지금 이 순간 여기에서(here and now) 일어나고 있는 마음의 분산, 불안, 초조, 두려움 등을 바라보도록 하십시오. 바라보다 보면 치유되고, 필요한 시간이 흐르면 기대하는 성취를 이루게 될 것입니다.

자신을 신뢰하라

자존감이 높은 사람은 모든 일에서 성취도가 높습니다. 자존감이 높다는 것은 우월감이 높다는 것과는 다릅니다.

우월감이라는 것은 다른 사람과 비교해보아서 더 낫다는 감정이지만, 자존감이 높다는 것은 다른 사람과 비교할 필요 없이 그냥 자신을 신뢰하는 것입니다.

명상 수련에서 자신을 신뢰하는 것은 매우 중요합니다. 자신을 신뢰하는 사람은 자신의 느낌이나 감정, 생각 등을 소중히 여깁니다. 나의 느낌, 생각, 감정 등이 다른 사람과 다르다 하여 무시할 필요가 없습니다. 자신의 감정을 존중할 때 잠재력은 크게 향상됩니다.

인간은 자신이 가지고 있는 전체 능력 중에서 단지 10퍼센트 정도만 사용하고 있다고 합니다. 그러므로 나머지 90퍼센트를 개발하기에 따라 능력은 얼마든지 향상될 수 있는 것입니다. 그런데 잠재되어 있는 능력을 개발시킬 수 있는 가장 중요한 요소가 바로 높은 자존감입니다.

자신을 신뢰하고 잠재력을 개발하면 학업이나 사업, 발명 같은 분야뿐만 아니라 모든 일에서 성취도가 높아집니다. 높은 자존감을 가진 사람은 명상에서도 성취도가 높습니다. 깊은 내면 속에서 자신의 마음을 잘 살피고, 마음의 평화를 얻으며, 상상력과 직관의 능력이 향상됩니다.

자신을 신뢰하여 자존감이 높은 사람은 다른 사람을 모방하여 의미도 모르는 말이나 행동을 하지 않습니다. 자신의 내면 깊은 곳에서 울려나오는 자신의 소리에 귀를 기울이고 자신의 존재를 형성해갑니다.

자신을 신뢰하는 사람은 다른 사람도 존중하고 신뢰하게 됩니다. 그래서 "I'm OK-You're OK"의 태도를 가지게 됩니다.

정신과 의사 토머스 해리스Thomas A. Harris는 자신과 타인에 대한 기본적인 태도를 다음의 네 가지로 분류했습니다.

1. 자기 부정-타인 긍정(I'm Not OK-You're OK)
2. 자기 부정-타인 부정(I'm Not OK-You're Not OK)
3. 자기 긍정-타인 부정(I'm OK-You're Not OK)
4. 자기 긍정-타인 긍정(I'm OK-You're OK)

이 중에서 건전한 태도는 자기 긍정-타인 긍정(I'm OK-You're OK)의 태도입니다. 깨달은 사람은 이런 태도를 가지게 됩니다.

자신을 신뢰하는 사람은 높은 자존감을 형성할 수 있는 사람이며, 항상 자신을 더 나은 존재로 발전시켜갈 수 있는 사람이고, 자신을 가장 자신답게, 즉 개성 있는 자아로 만들어갈 수 있는 사람입니다.

물 흐르듯이 자연스럽게 하라

노자는 모든 일에서 작위作爲를 피하고 무위자연無爲自然을 깨닫는 것이 도의 근본이라고 가르칩니다. 이것은 명상 수련에서 매우 중요한 태도입니다. 우리는 명상할 때 무언가 기대하는 것이 있습니다. 마음의 평화를 얻고 싶다든지, 깨달음을 얻고 싶다든지, 두통을 없애고 싶다든지, 어떤 초자연적인 능력을 얻고 싶다든지 하는 기대가 있을 수 있습니다.

명상을 할 때 이런 기대를 갖는 것은 당연한 일입니다만, 문제는 '왜 마음의 평화는 오지 않고 마음은 계속 불안한 거야?', '두통을 없애고 싶은데 계속 머리가 아프네', '이번에는 깨달음을 꼭 얻어야 해!' 등등의 생각을 하면서 안간힘을 쓰는 것입니다.

명상을 하면서 무언가 꼭 이루어야겠다는 생각을 하면 강박증에 빠지기 쉽습니다. 강박증에 빠지면 마음의 평화는 오지 않습니다.

명상에서는 어떤 것도 무리하게 애쓰지 말고 그냥 물 흐르듯이 자연스럽게 바라보십시오. 마음의 평화를 얻고 싶은 마음이 있으면 마음의 평화를 얻으려고 너무 애쓰지 말고 그 마음만 그냥 바라보십시오. 깨달음을 얻고 싶은 욕망도, 신체의 통증을 없애고 싶은 바람도 너무 애쓰지 말고 그저 바라만 보십시오.

명상에서는 주의를 집중하여 바라보는 것이 필요합니다. 인내심을 가지고 주의를 집중하여 바라볼 때 비로소 마음의 평화도 얻고, 깨달음도 얻고, 절정경험도 하게 되고, 치유도 경험하게 되는 것입니다.

고요히 바라보는 것을 수련하는 대신, 무언가를 성취해야만 한다는 강박증을 가지고 명상을 하면 자신은 물론이고 다른 사람에게도 평화를 줄 수 없습니다.

영성치유 수련회라든지 기독교에서 하는 피정 혹은 명상 수련회에 다녀온 사람들이 여전히 판단하고, 편견에서 벗어나지 못하고, 다른 사람을 다그치고, 심지어 이전보다 더욱 작위적으로 다른 사람을 변화시키려는 모습을 보고 저는 의아했던 적이 있었습니다.

왜 그럴까요? 그것은 영성수련회나 피정의 명상에서 작위를 피하면서 물 흐르듯이 바라보는 훈련을 하지 아니하고, 강박증으로 어떤 성취를 얻으려고 애썼기 때문일 것입니다.

명상은 성취를 위해 지나치게 애쓰지 말고 물 흐르듯이 자연스럽게 하는 것이 좋습니다. 무엇이 일어나든 그것에 주의를 집중하여 바라보는 것입니다.

우울증이 있으면 우울한 기분을, 불안이 있으면 불안을, 통증이 있으면 통증을 그냥 바라보십시오. 그것들을 억지로 없애려고 하지 말고(作爲), 입가에는 살짝 미소를 띠고 현재에 그대로 머물면서 바라만 보십시오.

수용하라

어떤 일을 받아들인다는 것은, 비록 그것이 슬프고 고통스러운 것일지라도 치유에 이르는 지름길입니다.

치료가 불가능한 암 선고를 받았을 때 사람들은 보통 암에 걸린 사실 자체를 부정하거나 분노를 터뜨리거나 합니다. 그러나 명상 수련에서 수용하는 훈련을 한 사람은 담담하게 그 사실을 받아들입니다. 어떤 일도 받아들일 수 있을 정도로 영성이 깊어진 사람은 죽음까지도 자연스럽게 받아들이는 것입니다.

몇 년 전에 신문에서 이런 기사를 읽고 마음이 아팠던 적이 있었습니다.

초등학교 5학년인 어떤 여학생이 어버이날 전날에 부모님께 드릴 선물을 사왔습니다. 그리고 어버이날 당일, 문방구에서 꽃을 사 가지고 도로를 건너오다가 급히 달리는 구급차에 치여 숨졌습니다.

한 일주일 후에 그 사건의 뒷얘기가 신문에 또 실렸습니다. 숨진 아이는 화장으로 장례를 치렀는데, 장례 후에 사람들이 아이 아버지에게 딸이 사온 선물을 끌러보자고 했습니다. 그러나 아버지는 딸이 선물을 아빠 혼자 끌러보지 말고 같이 끌러보자고 했다면서, 딸이 와서 같이 봐주기 전에는 절대 선물에 손을 댈 수 없다고 고집을 부린다는 내용이었습니다.

저는 그 아버지의 고통이 느껴져 마음이 아팠습니다. 그 마음의 상처가 치유될 수 있는 방법은 없을까요? 그가 마음의 상처를 치유할 수 있는 유일한 길은 딸의 죽음을 받아들이는 것뿐입니다.

'아가, 너는 인생의 꽃을 피워보지도 못하고 아빠 곁을 떠나갔구나. 그러나 너는 착한 아이였으니 좋은 곳으로 갔으리라고 아빠는 믿는단다. 아빠는 네가 보고 싶어 죽을 지경이지만 이를 악물고 참으면서 네 몫까지 열심히 살 거야. 아빠도 언젠가는 죽어서 네 곁으로 가겠지. 그때 다시 만나자꾸나.'

일상생활에서 이미 일어난 일을 부정하거나 저항하는 데 너무 많은 에너지를 쓰다 보면, 사실을 사실대로 받아들이는 힘이 고갈되기 쉽습니다. 긍정적으로 변하려는 힘이 고갈되면 치유와 성장은 일어나기 어렵습니다.

수용하는 태도의 신비한 치유의 힘은 심리치료 상담에서도 강조되고 있습니다. 치유는 치료 기법보다는 인간관계에서 오는데, 심리학자 칼 로저스 Carl Rogers는 상담자가 내담자를 공감하면서 수용할 때 치유가 일어난다고 말했습니다.

수용한다는 것은 모든 사물을 있는 그대로 본다는 뜻입니다. 사물을 있는 그대로 본다는 것은 '나'라는 집착에서 벗어나서 자연의 섭리 가운데서 사물을 본다는 뜻입니다. 물론 이것은 변화와 성장에 대한 욕망을 포기하거나 부정까지도 인정하라는 말은 아닙니다.

앤소니 드 멜로Anthony de Mello의 우화집에 이런 이야기가 있습니다.

어떤 처녀가 결혼도 하지 않고 아이를 낳았습니다. 처녀의 아버지는 아이의 아비가 누구냐고 무섭게 윽박질렀습니다. 당황하고 겁에 질린 처녀는 얼떨결에 동구 밖 사원에서 도를 닦는 선사가 아이의 아비라고 말했습니다.

처녀의 아버지와 마을 사람들은 절로 달려가서 선사에게 위선자라고 욕을 퍼부으며 아이를 맡아 기르라고 했습니다. 선사는 "아, 좋지요, 좋아요"라고 말할 뿐이었습니다.

선사는 아이를 먹이고 입히며 지극정성으로 길렀습니다. 선사의 명성은 땅에 떨어졌고 아무도 가르침을 받으러 오는 사람이 없었습니다.

얼마의 세월이 흐른 후, 양심의 가책을 받으며 괴로워하고 있던 처녀는 마침내 양심 고백을 했습니다. 아이의 아비는 선사가 아니고 사실은 이웃집 총각이라고 말입니다. 처녀의 부모와 동네 사람들은 선사에게 찾아가서 사과하고 아이를 돌려달라고 부탁했습니다. 이번에도 선사는 "아, 좋지요, 좋아요"라고 말할 뿐이었습니다.

실지로 이런 경지에 도달한 사람이 과연 얼마나 있겠습니까만, 명상을 수련하는 사람은 모름지기 이런 태도를 지향하면서 수련을 해야 할 것입니다.

받아들이는 태도를 몸에 익히는 것은 치유의 길이며 지혜를 키우는 일입니다.

집착하지 말고 내려놓으라

우리는 살면서 너무 많은 짐을 지고 삽니다. 돈, 명예, 애정, 권력 등등…….

저는 이사를 할 때마다 짐이 너무 많다는 생각을 하곤 합니다. 살아가는 데 필요한 것은 정작 그리 많지 않은데, 왜 그리 짐이 많은지 모르겠습니다. 그러면서도 아내가 필요로 하는 물건이니까, 딸이 좋아하는 물건이니까, 선물로 받은 물건이니까 등의 이유를 달면서 물건을 버리지 못합니다.

어떤 사람은 일을 버리지 못합니다. 필요 없는 일까지도 하지 않으면 못 견디는 일중독에 빠져서 자신을 지치게 만들고 가족을 불행하게 합니다.

어떤 사람은 원한을 버리지 못합니다. 원망이 자신의 심장을 갉아먹게 만들어서 마음이 황폐해진 사람도 있습니다. 이런 사람은 창조적이고 생산적인 일에 쏟아 부을 에너지가 고갈되어 인생의 패배자가 되기 쉽습니다.

과거의 실수에 대한 죄책감을 떨쳐버리지 못하고 알코올에 중독되어 폐인이 된 사람도 있습니다. 성폭력을 당한 악몽에서 벗어나지 못하여 우울증 환자가 된 사람도 있습니다.

이런 사람들이 치유를 얻을 수 있는 길은 자신을 짓누르고 있는 무거운 짐을 내려놓는 것입니다. 이런 이유로, 잡고 있는 것을 내려놓거나 집착에서 벗어나는 태도를 기르는 것은 치유명상에서 매우 중요합니다.

명상을 수련하는 사람이 내려놓아야 할 가장 중요한 것은 '나'라는 집착입니다. 사람들이 겪는 고통과 번뇌는 모두 '나'라는 집착에서 비롯되기 때문입니다.

내려놓으십시오. 그러면 자유로워질 것입니다.

의미를 추구하라

하던 일을 멈추고 바쁜 마음을 잠시 내려놓고 앉아서 눈을 감고 내면의 자아를 바라보노라면, 깨달음과 감동과 황홀함의 신비스러운 느낌을 경험하게 됩니다. 명상이란 그런 것입니다. 그런데 깨달음을 얻는 데는 의미를 추구하는 것이 효과적인 방법입니다.

왜 사는지, 왜 이 일을 하는지, 태어나고 늙고 병들고 죽어가는 것이 자연의 섭리이긴 하지만 그 의미가 무언지, 지금 마음의 고요 속에서 한 번 살펴보십시오. 어떤 주제든 괜찮습니다. 의미를 살펴보는 습관을 기르십시오.

명상의 대가들은, 의미를 살펴보다 깨달음을 얻으면 시원하다 합니다. 공자는 "아침에 도를 깨달으면 저녁에 죽어도 가하다"고 했고, 예수는 "진리가 너희를 자유롭게 하리라"고 했습니다.

어떤 사람이 붓다에게 물어보았습니다.

"당신은 천사나 혹은 신령입니까?" 붓다는 아니라고 했습니다. 그는 다시, "당신은 그럼 신神입니까?" 하고 물었습니다. 붓다는 다시 아니라고 했습니다. 그는 다시, "그럼 당신은 사람입니까?" 하고 물었습니다. 붓다는 다시 아니라고 했습니다.

그가 다시 물었습니다. "그럼 당신은 누구입니까?"

붓다는 "나는 깨어 있는 사람입니다" 하고 대답했습니다.

깨어 있는 사람이란 곧 깨달은 사람을 말합니다. 의미를 추구하는 사람만이 깨달음을 얻고 깨어 있는 사람이 될 수 있습니다.

초월을 경험하라

깊은 차원의 명상 수련을 한 사람은 초월의 신비한 체험을 하는 수가 있습니다. 나는 초월(transcendence)의 신비 체험이 명상에서 절정의 경험이라고 생각합니다. 이 단계는 느낌도 깨달음도 초월하여 비움을 극치에 달하게 하고, 단지 절대자와 하나가 되어 그 안에 머무는 것입니다. 여기서 말하는 절대자란 기독교의 하느님이어도 좋고, 우주의 정신이어도 좋습니다.

명상에서 초월의 신비 체험은 내면의 깊은 곳으로 들어가는 과정에서 일어납니다. 그러기 위해서는 아무래도 도시를 떠나 절대 고독과 침묵이 있는 곳이 좋습니다.

팔레스타인 지방의 명상가들은 사막을 즐겨 찾았습니다. 사막을 나타내는 히브리어는 '미드바르'라고 하는데, 이 말의 문자적인 뜻은 '말씀을 듣는다'라는 뜻입니다. 누구의 말을 어떻게 듣는다는 뜻일까요? 그것은 내면의 깊은 곳에서 하느님의 말씀을 듣는다는 뜻입니다.

절대 고독과 절대 침묵이 있는 곳일수록 인간은 자신의 내면 깊은 곳으로 내려갈 수 있습니다. 히브리의 지혜로운 명상가들은 인간의 내면 깊은 곳에 하느님의 맑은 영성이 있어서 인간이 그곳을 접촉하기만 하면 하느님의 말씀을 들을 수 있다고 생각한 것 같습니다.

인간의 내면 깊은 곳은 무한한 어둠의 세계이지만, 그 안에는 또한 강렬한 빛이 있습니다. 윌리엄 존스턴은 다음과 같이 말합니다.

"빛은 박쥐의 눈을 멀게 한다. 강렬한 태양빛은 인간의 눈을 멀게 한다. 그와 마찬가지로 하느님의 광채는 우리의 영혼을 깊은 어둠 속으로 몰아넣는다. 그러나 그 어둠을 두려워하지 않는 자는 그 어둠이 마치 어머니의 자궁처럼 우리를 감싸고 있는 하느님이시라는 사실을 알게 된다."

절대자와 하나되는 경험은 일상적인 인간성 너머에서 들려오는 초청의 목소리를 따라 깊은 곳으로 들어가고, 그 깊은 어둠 속에서 발견하는 강렬한 빛인 것입니다.

깊은 어둠 속에서 절대자를 그저 바라만 봄으로써 절대자는 어느새 밝은 빛으로 우리를 감쌉니다. 저의 경험으로 보면, 그 빛은 생명과 사랑의 빛입니다. 우리는 더 이상 억지로 생명을 추구하고 억지로 사랑을 실천하려고 하지 않습니다. 우리의 존재 자체가 생명과 사랑의 존재로 바뀌는 것입니다.

초월의 신비 체험은 이론으로는 도저히 설명이 불가능합니다. 다만 실제로 느껴야 알 수 있는 경험의 세계입니다. 이 경지에 도달하는 것은 정말 쉽지 않습니다. 그러나 명상을 수련하는 사람이라면 꼭 종교인이 아니라 할지라도 누구나 소망을 거기에 두고 추구해야 하는 경지입니다.

영성을 성장시켜라

명상을 수련하는 사람들 중에도 많은 사람들이 건강한 생각, 건강한 가치관, 건강한 행동을 하지 않는 것을 자주 봅니다. 이것은 바르게 명상 수련을 하지 못한 결과입니다.

명상 수련을 바르게만 하면 반드시 영성이 깊어지게 되어 있습니다. 영성이 깊은 사람은 반드시 건강한 생각과 행동을 하게 되어 있습니다.

명상을 수련하다 보면 투시, 유체이탈, 공중부양 같은 초자연적인 능력

● 《내면의 불꽃》 13쪽(윌리엄 존스턴 저, 정창영 역)

이 생길 수가 있다고 합니다. 이런 능력은 귀한 것이긴 하지만 명상의 본질은 아닙니다. 명상의 본질은 영성이 맑고 깊어지는 것입니다.

성경에서 보면, 예수가 자신을 따라 다니는 사람들이 기적과 이적을 보기를 갈망하는 것을 보고서 안타까워하는 모습이 여러 군데 나옵니다. 예수는 신앙에서 중요한 것은 영성이 깊어지는 것이지 초자연적인 능력이 아니라는 사실을 잘 알고 있었기에, 그것을 이해하지 못하는 사람들을 딱하게 여겼던 것입니다.

명상을 수련하는 데도 마찬가지입니다. 초자연적인 것만 목적으로 하고 영성에 관심이 없으면 깨달음의 향기가 풍기지 않습니다.

하워드 클라인벨Howard Clinebell이라는 미국의 기독교 상담학자는 인간의 전인全人 건강을 강조합니다. 인간은 정신적, 정서적, 신체적, 정신신체적, 인간관계적, 그리고 영성적인 면 등에서 모두 성장해야 전인 건강을 얻을 수 있다고 합니다.

어떤 면에서든지 성장이 장기간 심하게 위축되면, 인간에게 잠재된 창조성과 성장 에너지는 해로운 파괴성으로 왜곡되고 변질되어, 자기 자신은 물론이고 다른 사람과 사회까지 해를 끼치기 쉽습니다. 그런데 이 중에서도 핵심은 영성의 성장입니다.

영성의 성장은 의미를 추구하는 태도와 관련이 있습니다. 영성을 키우는 사람은 인간에 대한 가치와 의미, 삶에 대한 의미, 죽음에 대한 의미 등을 추구하고, 자연과 절대자와의 관계를 향상시키고, 그러는 과정에서 절정경험을 합니다.

무릇 명상을 수련하는 사람은, 명상을 수련한 사람에게서 풍기는 향기는 영성의 깊이에서 나온다는 사실을 잘 깨닫고 또한 늘 기억하고 있어야 합니다.

자연의 신비와 아름다움을 느끼라

　신과 합일을 원하는 사람, 우주적 정신과 만나고 싶은 사람, 치유를 얻고 싶은 사람, 마음의 평화를 얻고 싶은 사람들은 자연의 신비와 아름다움을 느끼고 볼 수 있는 눈을 가져야 합니다. 위대한 명상가들은 모두 그런 눈을 가지고 있었습니다.
　저는 최근에 운문사의 차실(茶室)에서 차를 한 잔 대접받은 일이 있었는데, 그때 창문 밖으로 보이는 풍경에 매료되어 시원한 마음의 상태를 경험했던 일을 기억합니다.
　조그마하지만 아름다운 정원, 그 주변의 꽃들과 나무, 그리고 정원 너머로 멀리 보이는 그림 같은 산들이 만들어내는 자연의 신비와 아름다움에 넋을 잃고 있는데, 순간 어떤 기운이 제 온몸을 쓸고 지나가는 느낌을 받았고 동시에 몸과 마음이 시원해지는 경험을 했습니다. 그런 후에 이상하게도 마음이 한없이 관대해져서 그때 마음속에 가지고 있던 분노와 아픔이 사라지는 것을 느꼈습니다. 자연의 신비와 아름다움이 제 마음의 상처를 치유했던 것입니다.
　저는 이와 비슷한 경험을 가끔 합니다. 단풍이 아름다운 어느 가을날, 해인사의 한 암자에서 바라보는 앞산의 아름다움에 취해 땅바닥에 앉아 몇 시간 더 머물다 가고 싶다고 떼를 쓴 적도 있고, 영암사지에서 바라보는 뒷산의 웅장한 신비에 강렬한 카타르시스를 느낀 적도 있습니다. 이때 저에게 찾아오는 한결같은 결과는 관대한 마음과 마음의 평화입니다.
　저는 명상중에 가끔 나이아가라 폭포 근처의 한 아름다운 호수를 눈앞에 그려보곤 합니다. 태고의 적막을 그대로 간직한 듯한 호수 위를 백조 몇 마리가 유유히 떠다니고, 호숫가에 피어 있는 이름 모를 꽃들과 풀들이 미풍에 살랑살랑 흔들리고 있는 모습을 마음속에 그려보면 그렇게 행복할 수가 없습니다. 이것이 저에게는 삶에 찌든 때를 씻어내는 한 방법입니다.

자연은 어떤 때는 무서운 신비감을 느끼게도 합니다.

저는 불빛 하나 없는 깜깜한 숲 속에 혼자 있었을 때 자연의 무서운 신비를 느낀 적이 있습니다. 깜깜한 그믐밤에 해변에 섰을 때, 보이는 것이라곤 바로 발밑에 와서 부서지는 하얀 파도 서너 줄뿐, 바다와 하늘의 경계선도 보이지 않는 막막한 깊은 어둠만이 눈앞에 펼쳐 있을 때, 저는 자연의 무서운 신비를 느낀 적이 있습니다.

그러나 저는 이런 자연의 무서운 신비 속에서 오히려 한 줄기 빛을 발견하고 마음이 시원해지는 경험을 했습니다. 물론 누구나 이런 경험을 할 수 있는 것은 아닙니다. 자연의 신비와 아름다움을 느낄 수 있는 사람만이 이런 경험을 할 수 있습니다. 그런데 자연의 신비와 아름다움을 느낄 수 있는 능력을 키우는 좋은 방법이 바로 명상입니다.

자연을 사랑하는 사람들의 모임으로 유명한 시에라 클럽Sierra Club의 창시자 존 뮈르John Muir는, 시에라 산맥 지대에 머물면서 경험한 자연에 대한 신비와 아름다움에 대한 느낌을 다음과 같이 표현했습니다.

"여기는 아주 조용하고 아주 깊고 풀들도 움직임을 쉬고 있다……. 거친 자연 속에 있는 모든 것들이 얼마나 완전하게 내 속에 적셔오는지, 마치 내가 그 자연의 한 부분이요, 그 자연이 나의 부모와 같은 놀라운 경험을 한다. 태양은 우리 위에 빛나는 것이 아니라 우리 속에서 빛나고 있다. 강물들은 흘러 우리를 지나가고 있는 것이 아니라 우리를 관통하여 흘러가고 있다. 그 강물들은 우리를 짜릿하게 만들고, 얼얼하게 만들고, 우리의 몸의 모든 세포와 털구멍 하나하나를 흔들면서 미끄러지고 노래를 부르게 만들고 있다."

"자연의 신비와 아름다움을 즐기기 시작하는 사람은 자연과 자신이 하나되는 경험을 할 뿐만 아니라 자연 속에서 신의 숨결을 느끼고, 신의 섭리를 깨닫는 신비 경험도 할 수 있다. 작가 존 버로우즈John Burroughs는 자연의 신비 안에서 우주의 생성과정을 깨닫고, '나는 저 까마득한 근저에 최초의 무無를 보았다. 그리고 나는 나도 거기에 있었음을 안다'고 말했다." •

자연과 교감하는 사람은 자연으로부터 즐거움과 마음의 평화와 관대함도 얻지만, 인간의 근원적인 그리움에 대한 대답도 얻습니다. 그리고 이것은 치유를 가져옵니다.

초심初心을 유지하라

사람이 어떤 일을 처음 시작할 때는 호기심도 많고 진지합니다. 그러나 그 일에 어느 정도 익숙해지면 소위 매너리즘에 빠지게 됩니다. 매너리즘에 빠지게 되면 신선함이 사라지고 진부해집니다. 명상을 수련하는 사람은 이 사실을 특히 유념하고 조심해야 합니다.

오늘 아침의 이슬은 분명 어제 아침의 이슬과 다릅니다. 오늘 아침의 이슬은 어제 아침의 이슬과는 다른 새로운 이슬입니다. 명상을 수련하는 사람은 이 이치를 잘 깨닫고 명상에 적용해야 합니다.

예를 들어 자신의 주검을 바라보는 명상을 하든, 자비심 명상을 하든, 호흡을 바라보는 명상을 하든, 어떤 형태의 명상을 하든지 간에, 우리는 늘 처음 시작하는 기분으로 해야 합니다. 처음 시작하는 마음으로 명상을 하면

• 《생태요법》 93, 94쪽 (하워드 클라인벨 저, 오성춘 역)

매너리즘에 빠지지 않고 열린 마음으로 늘 새로운 경험을 할 수 있습니다.

모든 일에서 다 그렇지만 특히 명상에서 초심을 유지해야 하는 이유가 여기에 있습니다.

지금까지 치유명상을 수련할 때의 근본 태도 열두 가지를 간단히 소개했습니다. 근본 태도라고 했지만, 사실은 죽을 때까지 수련하고 깨달아야 하는 심오한 내용들입니다.

불교의 선禪 명상에서 심우도尋牛圖 혹은 십우도十牛圖라는 명상의 과정에 대한 설명이 있습니다. 여기서 소는 우리의 마음, 지혜 혹은 진리를 의미합니다.

소를 찾아 떠나는 열 가지 과정을 설명하는 것이어서 심우도 혹은 십우도라고 합니다. 심우도에서 소를 찾아 떠난 사람은 소의 발자국을 보고, 소의 엉덩이를 보고, 마침내 소를 보고 소의 등 위에 올라탑니다. 처음에는 소가 요동치는 바람에 떨어질 듯 위태로웠으나, 마침내 소를 길들이고 소의 등 위에 편히 앉아 집으로 돌아옵니다.

심우도가 의미하는 바는, 자기의 잃어버린 참 마음을 찾았거나 혹은 참 진리를 발견했다 해도 그것을 온전히 깨달아 완전히 나의 것으로 만들기까지는 많은 노력이 필요하다는 것입니다.

치유명상의 기본 태도들도 마찬가지입니다. 이런 태도들을 진실로 옳고 건강한 것으로 깨닫고 인정한다 할지라도, 온전히 이런 태도가 체화되어 사물을 보고 행동할 때 그물에 걸리지 않는 바람처럼 자유로워지려면 많은 노력과 수련이 필요합니다.

제6장

건강과 명상

누구나 늙거나 죽지 않고 건강하게 오래 살기를 바랍니다. 집착하지만 않는다면 이런 소망은 지극히 자연스럽다고 할 수 있습니다.

인간의 건강이 나빠지거나 기능이 쇠퇴하는 것은 세포의 활력이 떨어지기 때문인데, 그 원인을 크게 네 가지로 살펴보면 노화와 식습관, 스트레스와 환경오염을 꼽을 수 있습니다.

세포가 늙는 것은 어쩔 수 없습니다. 그러나 식사하는 습관과 스트레스와 환경오염 등은 인간의 노력으로 얼마든지 개선할 수 있습니다.

우선 건강을 지키기 위해서는 즉석 식품과 육류의 섭취를 줄이도록 노력하고 과식을 피합니다. 그리고 고단백, 저칼로리 식품을 고르는 습관을 기릅니다.

스트레스도 받지 않도록 해야 합니다. 작은 에이즈(small aids)라고도 불리는 스트레스는 온몸의 세포를 괴롭히므로 정신적 장애는 말할 것도 없고 육체적 질병, 즉 암과 같은 무서운 병의 원인이 되기도 합니다.

오늘날 환경오염의 문제는 매우 심각합니다. 물과 공기의 오염은 물론이고 오존층의 파괴로 빛마저도 오염되었습니다. 현대 산업사회에서 환경오염을 완전히 없애기는 불가능하지만, 사람들에게 의지와 의식만 있다면 그

피해는 얼마든지 줄일 수 있습니다.

건강을 유지하기 위해서는 운동이 또한 필요합니다. 운동은 폐활량을 높이고 심장의 근육을 강화시킬 뿐만 아니라 모든 성인병의 원인이 되는 지방을 태우기도 합니다. 그러므로 자신의 건강에 적당한 운동을 찾아서 꾸준히 노력하는 것이 매우 중요합니다.

건강을 지키는 또 하나의 요소는 명상입니다. 건강을 위한 명상에서 가장 기본이 되는 요소는 긍정적인 사고입니다. 모든 것을 긍정적으로 생각하는 바탕 위에서 신체를 이완하고, 절정경험을 하여 우뇌를 활성화시키면, 인간의 뇌에서는 엔도르핀endorphine이 분비됩니다.

엔도르핀은 사람의 기분을 즐겁게 만들 뿐만 아니라 세포의 노화를 방지하고 자연치유력도 높여주는 약리 효과를 가지고 있습니다. 명상은 기본적으로 고요하고 평화로운 마음을 형성하고 깨달음의 시원함을 느끼게 하기 때문에 뇌에서는 알파파가 발생하고 엔도르핀이 분비되는 것입니다.

이제 건강과 관련된 몇 가지 명상법을 소개합니다.

즐거운 상상하기

불교의 선禪이나 요가 등에서 수행하는 명상, 위빠싸나 명상, 그리고 기독교의 관상기도 등은 매우 중요한 명상법입니다.

그러나《뇌내혁명》이란 책을 쓴 하루야마 시게오는, 동양의학에서는 기분이 좋아지는 느낌이나 생각도 중요한 명상이라고 말합니다.

사랑하는 연인을 생각하는 것, 귀여운 딸을 생각하는 것, 추억에 젖는 것, 아름다운 경치를 바라보는 것, 아름다운 음악이나 그림을 감상하는 것,

시냇물 소리나 산새의 지저귐, 낙수 소리, 바람이 부는 소리를 듣는 것도 다 명상이라는 것입니다.

이렇게 생각하고 듣고 바라보는 가운데서 기분이 좋아지는 느낌이 들면 그것이 곧 건강을 위한 명상이 됩니다. 기분이 좋아지면 긍정적인 태도가 강화되고, 마음이 넉넉해질 뿐만 아니라 뇌에서는 엔도르핀이 분비되어 세포도 마음도 살아납니다.

사람의 몸과 마음은 각각 다른 별개의 것이 아니라 동전의 앞면과 뒷면의 차이일 뿐, 본래 하나의 존재입니다.

긍정적이고 즐거운 마음은 반드시 신체에 어떤 반응을 불러오는데, 그것은 뇌에서 분비되는 엔도르핀입니다. 엔도르핀은 상처 난 세포를 치유하고 세포에 활력을 불어넣기 때문에 건강한 몸을 만들어줍니다.

이와 반대로 부정적이고 불쾌한 마음은 뇌에서 아드레날린을 분비하게 만들어 세포에 상처를 주고 세포의 활력을 떨어뜨립니다. 마음의 상태에 따라 몸은 이렇게 즉각 반응을 보입니다.

암 전문 외과의사인 버니 시겔Bernie S. Siegel은 이런 실험 결과를 보고합니다. 암 환자에게 보통의 물에다가 소금을 약간 탄 가짜약을 최신 암 특효약이라고 말하고 복용시켰더니 며칠 후에 암덩어리가 현저하게 적어졌다가, 그것이 가짜 약이었다는 사실을 말해주자 다시 암 덩어리가 커졌다는 것입니다. 이것을 의사들은 '플라시보placebo 효과'라고 말합니다.

심장내과 전문의인 레바인Levine 박사는 심장 장애를 갖고 있는 한 부인을 치료하고 있었는데, 어느 날 그녀 앞에서 자신을 수행하던 다른 의사들에게 "이 부인은 'TS'를 가졌어"라고 말하게 되었습니다.

그런데 그가 나간 후 이 부인은 호흡이 빨라지고, 얼굴에는 불안과 공포가 나타났으며, 피부는 땀으로 젖고, 맥박은 1분에 150회까지 올라갔습니다. 또 얼마 전까지 정상이던 폐에서는 지하실 바닥의 울림처럼 '탁탁' 하는 둔탁한 소리가 났습니다. 그녀는 그날 오후 늦게 돌이킬 수 없는 심장 장애로 죽었다고 합니다.

레바인 박사가 말했던 'TS'는 '심장의 삼천판 협착(tri-cuspid stenosis)'이라는 의학 전문용어의 약자였는데, 그녀는 그것을 '불치의 종말적 상황(terminal situation)'이라고 지레 짐작하여 오해했던 것입니다.

마음과 몸은 이렇게 밀접한 관계에 있습니다. 마음과 몸은 서로 떨어져 있는 별개의 존재 같아 보이지만, 사실은 끊임없이 서로 대화를 나누고 있습니다. 이 현상을 의학 용어로는 심신상관관계(psychosomatic)라고 하는데, 정신건강뿐만 아니라 몸의 건강을 위해서도 명상을 해야만 하는 이유가 여기에 있는 것입니다.

바쁜 생활중에 잠시 틈을 내어 명상을 할 때는 직접 아름다운 경치나 산새 소리를 들을 수 없기 때문에 상상 속에서 사랑하는 사람을 생각하고, 아름다운 경치를 보고, 느슨히 쓸어가는 산속의 바람 소리를 들어도 됩니다.

저는 힘들고 지칠 때면 하던 일을 잠시 멈추고 앉아서 '즐거운 상상하기' 명상을 가끔 합니다. 숲 속의 소리 음악을 들으면서 사랑하는 아내와 함께 숲 속을 거니는 상상을 해봅니다. 제가 미처 가보지 못한 미지의 숲이지만 상상 속에서는 얼마든지 갈 수 있습니다.

돌고래가 뛰어오는 바다의 소리를 들으면서 돌고래와 함께 넓고 깊은 바다 속을 헤엄치는 상상을 하기도 합니다. 때로는 사랑하는 사람을 초대해서 함께 헤엄쳐 다녀도 좋습니다.

'즐거운 상상하기' 명상을 하다 보면 몸과 마음이 이완되어 피로도 가시고 때로는 환희를 느끼기도 합니다. 물론 이때 우리의 뇌에서는 알파파가 흐르고 엔도르핀이 분비되겠지요. 알파파가 방출되고 엔도르핀이 분비되면 그만큼 마음이 편안하다는 증거입니다.

산책 명상

걸으면서 '즐거운 상상하기' 명상을 하는 것도 좋습니다. 즐거운 생각을 하면서 천천히 걸으면 좌뇌가 진정되고 우뇌가 활발하게 활동하기 시작합니다. 걸을 때는 또한 뇌에 충분한 산소가 공급되면서 뇌의 신경세포가 활성화됩니다.

인간은 하나의 두뇌를 가지고 있지만, 좌뇌와 우뇌의 영역에서 두 마음이 동시적으로 기능을 발휘하고 있습니다. 좌뇌는 대개 분석적이고 합리적이며 문제해결 위주의 기능을 담당하고 있는데 반해, 우뇌는 직관과 은유, 그리고 상상의 정서적 기능을 담당하고 있습니다. 좌뇌의 기능은 IQ로, 우뇌의 기능은 EQ로 이해하면 되겠습니다.

우리가 이 세상을 살아가는 데 필요한 것은 온통 좌뇌의 기능들뿐입니다. 지식을 익혀야 하고, 경쟁에서 이겨야 하고, 성공해야 하는 것은 주로 좌뇌의 기능입니다. 그러나 치유와 성장을 가져오는 것은 우뇌의 기능입니다.

예리하게 분석하고 비판하는 좌뇌의 활동이 장시간 계속되면 사람은 긴장되고 지치게 됩니다. 마음의 여유를 찾고 치유를 일으키기 위해서는 좌뇌를 잠시 진정시키고 우뇌를 활성화해야 하는데, 좌뇌를 진정시키는 가장 효과적인 방법은 산책입니다.

우뇌에는 선조들이 겪은 경험도 새겨져 있습니다. 그래서 우뇌를 선천뇌 先天腦라고도 부릅니다. 예를 들어 아기가 엄마 젖을 빨아먹는다든지, 바다거북이가 알에서 부화되자마자 바다를 향하여 기어가는 것은 선천뇌에 그

본능이 입력되어 있기 때문입니다.

산책하면서 좌뇌를 진정시키고 우뇌를 활성화시키면, 자신이 경험한 일체의 기억은 물론이고 DNA에 새겨진 선조의 경험까지 뒤섞여 있는 무의식의 세계에 들어가게 되므로 지혜가 솟아오르고 깨달음을 얻게 되는 것입니다.

창조성에 관한 한 앉아서 명상하는 것보다 걸으면서 명상하는 것이 훨씬 더 효과적입니다. 앉아 있을 때보다 서서 걸을 때가 창조적인 생각이 더 잘 떠오르기 때문입니다. 위대한 이론이나 발명은 걷다가 착안된 경우가 많다는 사실은 결코 우연이 아닙니다.

산책 명상을 할 때는 서너 걸음 앞쪽을 바라보면서 뒷짐을 지고 천천히 걷는 것이 좋습니다. 때로는 즐거운 상상을 하면서, 때로는 무의식의 메시지에 귀를 기울이면서, 또 때로는 마음을 텅 비운 채 한 걸음 한 걸음 옮겨놓는 발만 바라보아도 좋습니다.

움직이는 발을 쳐다보면서 자신이 지금 걸어가고 있다는 사실에 의식을 집중해봅니다. 한 걸음 한 걸음 걸을 때마다 순간순간 대지 위를 부드럽게 밟고 있으며, 이 걸음 속에서 인생을 발견하고, 지금 이 순간에 존재하고 있는 자신을 느껴봅니다.

우주 에너지 명상

우주는 생명 에너지가 있는 하나의 유기체입니다. 무릇 자연의 모든 생명체는 그 생명 에너지로부터 생명을 부여받은 것입니다.

그러므로 등산을 할 때, 그저 산에 오르는 일에만 몰두하지 말고 숲 속에서 두 팔을 활짝 벌리고 온 몸에 자연의 생명 에너지를 느껴보도록 하십시오. 우리의 몸과 마음이 새로워지는 느낌을 받을 것입니다.

더 나아가서 우리의 몸 안으로 우주의 생명 에너지를 받아들여 몸과 마음을 치유하는 명상법이 있습니다.

바닥에 앉든 의자에 앉든 상관없습니다. 이제 앉아서 고요히 심호흡을 합니다. 그리고 나의 주위로부터 우주의 저쪽 끝까지 가득 차 있는 우주의 생명 에너지를 느껴봅니다. 그리고 우주의 생명 에너지를 이마 위로 강력하게 끌어들입니다.

우주의 생명 에너지가 이마 위에서 하나의 빛 덩어리가 될 때까지 계속합니다. 빛 덩어리를 점점 응축시켜서 구슬 크기만 하게 만듭니다. 빛 덩어리는 눈부시게 하얀 빛을 내뿜고 따뜻합니다.

이제 빛 덩어리를 이마를 통해 몸 안으로 받아들입니다. 그리고 먼저 뇌로 가져갑니다. 빛 덩어리를 나선형으로 돌리면서 뇌의 구석구석을 닦아냅니다. 뇌의 어떤 곳은 혈관이 막혀 있기도 하고, 또 어떤 곳은 뇌세포가 너무 많이 죽어 있기도 합니다.

그런 곳에서는 빛 덩어리를 좀더 오랫동안 회전시켜 닦아내고, 다음에는 빛 덩어리를 순간적으로 확장시킵니다. 빛 덩어리로 응축된 우주의 생명 에너지가 상처 난 부위에 가득 퍼지며 따뜻한 기운을 느끼게 될 것입니다.

물론 이것은 상상 속에서 행해지는 일이지만 효과는 실제적입니다. 상상 속에서 뇌를 닦아내다 보면 뇌의 어떤 부분은 불안으로, 두려움으로, 혹은 슬픔 등으로 잔뜩 수축되어 있습니다. 이럴 때도 우주 생명 에너지의 치유 효과를 믿으면서 위와 똑같은 방법으로 행해봅니다.

인간의 뇌는 발육이 멈추는 단계부터 쇠퇴기로 들어가는데, 약 150억 내지 180억 개로 되어 있는 뇌세포는 쇠퇴기 이후로는 하루에 약 10만 개씩 죽어간다고 합니다. 그런데 화를 내거나 스트레스를 받을 때 분비되는 아드레날린은 뇌세포의 노화를 더욱 가속화시키는 반면, 즐거울 때 분비되는 엔도르핀은 뇌세포의 노화를 방지하여 건강한 뇌를 유지시켜줍니다.

관건은 긍정적인 태도로 즐거운 마음을 가져서 엔도르핀을 많이 분비시키는 일입니다. 우주 에너지 명상은 뇌세포의 노화를 방지하여 항상 건강한 뇌를 유지시켜주는 명상법입니다.

이 방법은 신체의 다른 부위에도 그대로 적용됩니다. 위장, 폐, 심장 등 어느 부위든지 아프거나 기능이 떨어진 곳에서 위와 같은 방법으로 행합니다. 암이 있는 부위도 마찬가지입니다.

저는 위장 장애가 있어서 가끔 이 명상을 합니다. 손바닥을 위가 있는 가슴 부분에 대고서 생명 에너지인 이 빛 덩어리로 위의 표면을 천천히 닦아냅니다. 그러다가 순간 빛을 확장시킵니다. 빛이 위 안에 가득 퍼지면서 편안한 느낌을 받습니다.

이 명상을 하면서 '아, 편안하다, 편안하다…… 나는 평화로운 영혼……' 하고 속으로 중얼거려봅니다. 진실로 세상이 줄 수 없는 어떤 평화가 내 온몸을 가득 채웁니다. 명상을 끝낼 때는 내쉬는 숨에 빛 덩어리를 담아 함께 내보냅니다.

보디 스캔 (Body Scan)

보디 스캔은 자신의 몸을 살펴보는 명상입니다. 보디 스캔 명상을 통하여 얻을 수 있는 중요한 효과는 대략 다음의 세 가지입니다.

첫째, 보디 스캔은 이완(relaxation)의 효과가 있습니다.

보디 스캔을 끝내고 나면 마치 온몸이 사라지는 듯한 느낌이 들고, 외부의 세계와 자신의 신체를 연결해주는 호흡만이 느껴집니다.

생활은 긴장의 연속이므로 아무리 정신력이 뛰어난 사람이라 할지라도 스트레스에서 완전히 벗어날 수는 없습니다. 스트레스는 신체의 근육, 특히 어깨와 목덜미의 근육을 뻣뻣이 뭉치게 만들어서 몸을 불편하고 피로하게 합니다.

스트레스는 신체의 근육을 뭉치게 만들 뿐만 아니라 마음의 근육도 뭉치게 만듭니다. 그래서 스트레스를 받으면 조급하고 짜증을 내는 등 정상적인 정신 활동에 장애를 일으키게 되는 것입니다.

이완은 스트레스로 딴딴하게 뭉쳐진 몸과 마음을 편안하게 풀어주는 치유의 효과가 있는데, 보디 스캔은 이완의 좋은 도구가 됩니다.

둘째, 보디 스캔은 자신의 신체 구석구석을 자세히 살펴보는 것이므로 주의를 집중하는 훈련이 됩니다.

주의집중은 명상 수련에서 제일 중요한 요소이지만 실제 명상에서는 주의가 자꾸 흩어지고 산만해져서 참으로 어려운데, 보디 스캔은 주의집중을 위한 가장 효과적인 명상법입니다.

셋째, 보디 스캔은 자신의 신체에 대해 친밀감을 느끼게 해주고, 또한 자신의 몸을 존중하도록 만들어줍니다.

우리는 사실 우리의 몸에 대해서 잘 모르는 경우가 많습니다. 그런데 보디 스캔을 통해서 우리는 자신의 몸을 잘 살펴보고 친밀감과 고마움을 느끼게 됩니다.

청소년기는 자신의 외모에 대해 매우 예민한 시기입니다. 그래서 청소년기의 젊은이들은 외모에 대한 불만족 때문에 열등감을 형성하는 경우가 많습니다. 그리고 이 열등감은 성인이 되어서도 계속 이어지므로 외모 콤플

스는 인간에게 중요한 부분입니다.

그러나 인간의 신체는 외모가 예쁘다, 못났다 하는 범주에서 끝날 일이 아닙니다. 우리의 신체는 생각하고, 맛을 보고, 물건을 만지고, 음식을 소화하고, 숨을 쉬고, 걷고 하는 등의 놀라운 일을 합니다. 그러나 우리는 이러한 신체의 놀라운 능력을 그저 당연한 일로 여기고 있을 뿐입니다.

보디 스캔을 하면서 신체의 각 부분을, 그리고 그가 하고 있는 일까지도 자세히 살펴보면, 우리는 비로소 신체의 신비한 능력을 깨닫게 되고 친밀감을 느끼며 존중하는 마음이 일어납니다.

이제 보디 스캔을 하는 방법을 소개합니다. 시간은 때에 따라서 달라질 수 있지만 짧으면 15분, 길면 한 시간 정도가 적당합니다. 보디 스캔을 하다가 잠드는 수가 많은데 그럴 때마다 다시 정신을 집중하여 전체 과정을 끝내는 것이 중요합니다.

먼저 방바닥에 누워서 눈을 감고 심호흡을 합니다. 그런 다음 왼발의 발가락들을 살펴봅니다. 특히 엄지발가락은 더 자세히 살펴봅니다. 그 모양과 기능까지도 자세히 살펴봅니다. 엄지발가락에 대해 이제까지 느껴보지 못했던 어떤 새로운 느낌이 있습니까? 있으면 있는 대로, 없으면 없는 대로 좋습니다. 이제 엄지발가락에 마음을 집중하여 긴장시킵니다.

엄지발가락에서 긴장을 풀고 완전히 이완시킨 다음 발등으로 옮깁니다. 같은 방법으로 발등을 긴장시켰다가 풀고 발바닥으로 옮깁니다. 발목으로 옮깁니다. 종아리로 옮깁니다. 다시 무릎으로 옮깁니다.

무릎의 모양을 생생하게 살펴보십시오. 우리가 앉고 설 수 있도록 해주는 무릎 관절의 기능을 살펴보십시오. 저는 비교적 상체가 큰 편이라 무릎 관절을 볼 때마다 이렇게 말하곤 합니다. "무릎아, 고맙다. 이 큰 몸을 지탱하느라고 참으로 수고가 많구나. 고맙다, 고맙다." 속으로 이런 말을 하면서 저는 무릎에 대해 전혀 새로운 느낌과 깨달음과 친밀감을 경험하기도 합니다.

이제 허벅지로 옮깁니다. 엉덩이로 옮깁니다. 엉덩이를 충분히 살펴본 다음 긴장시켰다가 천천히 풉니다. 완전히 이완되어 편안한 느낌이 들면 '편안하다, 편안하다' 하고 속으로 되뇌어도 좋습니다.

이제 오른발로 옮겨서 똑같은 방법으로 진행하여 다시 엉덩이로 옮겨옵니다. 충분히 이완시켜 편안함을 느낀 다음 등으로 옮깁니다. 등에 마음을 집중하여 긴장시킨 다음 천천히 풀면서 배로 옮깁니다.

배를 살펴본 다음 내장을 살펴봅니다. 대장, 소장, 위 등을 살펴봅니다. 그 모양과 기능과 지금 움직이고 있는 모습도 생생하게 살펴봅니다. 위의 모습이 어떻습니까? 위가 헐어서 상처가 나 있거나 고통스러워하지는 않습니까?

폐를 봅니다. 어떤 폐암 환자는 늘 암에 걸린 것만을 원망하고 있었는데, 자신의 폐를 살펴보다가 문득 어떤 깨달음을 얻었다고 합니다. 주인이 피우는 담배 연기로 폐가 무척 고통스러워하는 모습이 보였습니다. 그리고 수술로 기능이 약해진 폐가 주인을 위하여 안간힘을 쓰면서 숨을 쉬고 있는 모습도 보였습니다. 그는 자신의 폐에게 미안한 마음이 들어 사과를 했습니다. 그리고 그 후 몇 번인가 더 보디 스캔 명상을 하면서 자신의 폐와 화해를 했고, 지금은 마음이 무척 편안해졌다고 합니다.

심장을 봅니다. 주인이 자고 있을 때도 심장은 전혀 쉬지 않고 일하고 있는 모습이 보입니다. "심장아, 고맙다. 내가 쉬고 있을 때도, 잠자고 있을 때도 너는 쉬지 않고 일하고 있구나. 그런데도 나는 한 번도 너에게 고마운 마음을 가져보지 못했구나. 미안하다. 그리고 고맙다." 어떤 느낌이 듭니까?

이제 왼손의 손가락을 봅니다. 손등과 손바닥을 보고 팔을 보고 오른손으로 옮겨서 같은 순서로 살펴봅니다.

같은 요령으로 가슴과 어깨, 목구멍, 목덜미, 뺨, 입, 코, 눈, 그리고 마지막으로 머리 위 정수리를 살펴봅니다. 그런 다음 온몸이 이완되어 편안함을 느끼면서 천천히 가늘고 길게 호흡을 합니다.

이제 정수리에 이르러서는 하나의 상상 호흡을 해봅니다. 정수리에 숨구멍이 있다고 상상하고, 이곳을 통해 호흡을 한다고 생각합니다. 코로 숨을 들이쉬면서 상상으로는 정수리의 숨구멍으로 공기를 들이마신다고 느끼고, 코로 숨을 내쉬면서 상상으로 발가락 끝으로 나간다고 느끼는 것입니다.

상상 호흡을 할 때, 들이마시는 공기는 우주의 생명 에너지이고, 나가는 공기는 몸 안의 더러운 기운이라고 느껴보십시오. 그러면 몸과 마음이 깨끗하게 정화되는 경험을 하게 될 것입니다. 이런 이유로 보디 스캔은 치유의 효과가 크다고 할 수 있습니다.

이렇게 보디 스캔을 모두 끝내면, 마치 온몸이 사라진 듯한 느낌이 들면서 신체의 경계를 넘나드는 호흡 외에는 아무것도 느끼지 못할 것입니다. 얼마 동안은 침묵과 고요 속에 그대로 머물면서 편안한 감각과 고요한 행복감을 즐기십시오.

이제 마음을 몸으로 옮겨 몸 전체를 하나로 의식해봅니다. 그런 다음 손과 발을 가볍게 움직여 보고 손으로 얼굴을 마사지도 하면서 몸을 이리저리 움직여본 다음 눈을 뜹니다. 어떤 느낌이 듭니까?

제7장

스트레스와 명상

무릇 생명이 있는 모든 것은 다 스트레스를 받습니다. 사람과 동물뿐만 아니라 식물까지도 스트레스를 받는다고 합니다.

오늘날 현대 사회는 매우 복잡해서 현대인들이 받는 스트레스는 이전의 그 어느 때보다도 심각하다고 할 수 있습니다. 우리 주변을 둘러보면 암 환자들이 너무나 많다는 사실을 깨닫게 될 것입니다. 암은 유전적인 요소, 환경적인 요소 외에 또 하나의 중요한 요인이 있는데 그것이 바로 스트레스입니다.

제가 잘 아는 기독교인인 어떤 부인은 유방암 수술을 받았는데, 그녀는 암에 의한 고통보다는 자신이 암에 걸렸다는 사실이 교회에 알려질까봐 더 전전긍긍하고 있었습니다. 자신은 신앙도 좋고 성격도 명랑한데 왜 암에 걸렸는지 의아해하고 있었습니다. 암에 걸렸다는 사실을 교인들이 알게 되면 신앙도 없고 성격도 좋지 않은 여인이라고 비난받을지 모른다는 두려움으로 스트레스를 받았던 것입니다.

그러나 암은 누구나 걸립니다. 그리고 왜 암에 걸리게 되는지 그 이유도 정확히는 모릅니다. 유명한 명상가와 성인 혹은 성녀가 암에 걸려 죽은 예는 수없이 많습니다. 그러므로 암에 걸렸다는 사실로 죄책감을 가지는 것은 어리석은 일이며 좀더 과학적인 원인 분석이 필요합니다.

암은 스트레스와 밀접한 관련이 있습니다. 비록 스트레스가 암의 직접적인 원인은 아니라 할지라도, 암의 유전적인 혹은 환경적인 원인이 무르익었을 때 스트레스가 겹치면 그 스트레스는 암의 출현에 결정적인 역할을 합니다.

이미 암에 걸려 있거나 혹은 암에 걸릴지도 모른다고 불안해하는 사람들은 스트레스와 명상 치유에 관한 지식을 배우고 실제로 명상을 수련해보는 것이 중요합니다.

스트레스

사람은 자신의 존재에 대한 위협을 느끼면 스트레스를 받습니다. 상사에게 꾸중을 듣거나, 주위 사람들에게 비난을 받거나, 경쟁에서 좌절을 겪거나, 처리해야 할 일이 너무 많거나, 소중한 것을 상실했을 때 사람은 존재의 위협을 느낍니다.

약간의 스트레스는 생활에 오히려 활력소를 주는 면도 있지만, 스트레스를 심하게 장기간 받으면 심리가 위축되고 왜곡되어 정상적인 정신생활을 할 수 없고 신체에도 암이나 기타 질병이 나타납니다.

워싱턴 대학교의 정신과 교수인 토머스 홈스Thomas Holmes와 리처드 레이Richard Rahe는 사람들이 일상생활에서 겪는 일들을 토대로 스트레스 도표를 만들었습니다. 이들은 사람들이 살면서 겪게 되는 생의 사건들을 마흔세 가지로 분류하여 점수를 책정하였는데, 예를 들어 배우자의 사망을 스트레스 100으로 정하고 이혼은 73, 투옥은 63, 은퇴는 45, 운전 위반으로 벌금을 무는 사소한 법률 위반은 11 등으로 점수를 매긴 것입니다.

홈스와 레이는 150에서 299 사이의 누적 스트레스를 가졌던 사람들 중 거의 절반이 1년 이내에 육체적, 심리적, 정신적으로 병들게 되었고, 300 이상의 스트레스를 받은 사람들은 발병률이 80퍼센트에 달한다는 사실을 발견했습니다.

다른 연구 보고서에도 이와 비슷한 내용이 많습니다. 실제로 배우자가 사망하거나 이혼한 사람들이 암, 심장병, 폐렴, 고혈압 등에 걸리는 비율은 보통 사람보다 훨씬 높습니다. 쓰라린 패배와 슬픔을 경험한 사람들이 암 등의 치명적인 병으로 죽는 비율도 보통 사람보다 월등히 높습니다.

어린아이들이 암에 걸리는 경우에도 사정은 비슷합니다. 미국 브롱크스 Bronx에 있는 앨버트 아인슈타인 의과대학에서 행한 연구에 의하면, 암에 걸린 아이들은 비슷한 환경의 다른 아이들에 비해 발병 직전에 마음 아픈 일들을 두 배 이상 겪었다고 합니다.

스트레스는 '작은 에이즈(small aids)'라고 불립니다. 그만큼 면역력을 약화시킨다는 뜻이겠지요. 수많은 연구 보고서에 의하면, 스트레스는 특히 암세포를 억제하는 T-세포의 면역력을 크게 약화시킨다고 합니다.

인간이 받는 스트레스는 본래 정신적인 면보다는 신체적인 면에 더 근원적인 뿌리가 있습니다. 원시시대의 인간들은 끊임없이 사나운 동물들이나 다른 부족과의 싸움에 직면해야 했는데, 그럴 때는 싸우든지 혹은 도망치든지 해야 하는, 소위 '투쟁-도피 반응(fight-flight reaction)'이 일어납니다.

그 결과 생리적 및 심리적으로 과도한 각성 상태가 일어나서 아드레날린 계통의 스트레스 호르몬이 순간적 반응으로 분비됩니다. 이 스트레스 호르몬은 다른 요인들과 함께 심장박동과 심장 근육의 수축 강도를 증가시켜서 에너지원인 피를 우리가 싸우거나 도망가는 데 필요로 하는 팔과 다리의 근육으로 더 많이 공급하게 합니다. 동시에 소화기 쪽으로는 피가 제대로 공급되지 않습니다. 그래서 우리가 스트레스를 받을 때는 위가 뻣뻣해져서 불쾌감을 느끼게 되는 것입니다.

인간이 이런 신체적 스트레스에 너무 오래 익숙하다 보니, 오늘날의 스트레스의 특징인 정신적 스트레스를 받아도 똑같은 반응이 일어납니다. 문제는 실제로 싸우거나 도망을 할 때는 신체적 활동이 그 스트레스를 해소하지만, 정신적 스트레스는 이런 반응으로 해소되지 않고 오히려 부작용이 더욱 크다는 점입니다.

스트레스가 장기화되어 만성적 각성 상태가 되면 심장박동이 상승하고, 내장이 떨리는 느낌, 위장에 무언가가 돌아다니는 듯한 느낌, 심장박동이 멈춰지는 듯한 느낌, 숨 가쁨 등의 증세가 일어날 수도 있습니다.

표출되지 못하고 억압된 감정이 만성화되면 불안, 심장병, 고혈압, 만성두통, 소화장애, 수면장애 등의 생리적 이상이 생기기도 합니다.

스트레스를 피해보려고 술이나 마약 같은 약물을 사용하는 사람들도 있는데, 단기적으로는 얼마간의 위로가 되지만 장기적으로는 건강에 치명적인 피해를 입게 됩니다.

장기화된 스트레스는 심리적 자원의 고갈을 가져와서 신경와해 상태인 탈진을 유발하는가 하면, 면역력을 약화시켜서 온갖 질병을 일으킵니다. 그러나 사람들은 스트레스로부터 자신을 보호하는 방법을 찾지 못하고 여전히 스트레스의 희생자가 되고 있습니다.

스트레스를 효과적으로 다스리기 위해 많은 사람들이 여러 방법들을 제시하고 있지만, 아직까지 명상보다 더 효과적인 스트레스 해소법은 없는 것 같습니다.

우울증

스트레스가 해소되지 않은 채 오랜 기간 억압되면 우울증이 생길 확률이 높아집니다. 사람이 살아가다 보면 스트레스를 받는 사건이 끊임없이 일어나게 마련인데, 그 하나의 결과로서 우울증이 생기는 것입니다.

우울증의 기본 정서는 슬픈 기분입니다. 슬픈 기분은 인간을 무력하고 둔감하게 만들며, 또한 삶의 의미를 상실하고 낙담하거나 희망이 없는 공허감이 정서를 지배하게 합니다.

미국의 유명한 암 전문 외과의사인 버니 시겔은 "인생의 상실감과 공허감이 암의 가장 일반적인 전조의 하나"라고 말합니다. 정신과 의사인 조지 베일란트George Vaillant는 인생에 전혀 만족하지 못하는 불행한 사람이 인생에 매우 만족해하는 행복한 사람에 비해 중병에 걸리거나 죽게 될 비율은 무려 열 배나 된다고 말합니다.

남성들은 직장을 잃거나 퇴직한 후 암에 걸릴 확률이 높은 반면, 여성들은 가정에서 일어나는 변화에 의해 암에 걸릴 위험이 높습니다. 예를 들면 이혼, 남편의 끊임없는 외도로 인한 애정결핍, 자녀들의 성장, 자녀들이 결혼하여 집을 떠나는 일 등입니다.

마지막 딸이 결혼하여 집을 떠난 뒤에 암이 발병했다는 한 여성은 버니 시겔에게 이런 편지를 보냈습니다.

"아이들이 떠난 후 나의 내부에 '펑' 하고 구멍이 뚫렸는데, 그것을 메우기 위해서 암이 자라났습니다."

오리건 대학교의 윌리엄 모톤William Morton은 주부의 암이 일반인 평균보다 54퍼센트나 더 많고, 밖에서 일하는 여성에 비하면 150퍼센트나 더 많다는 연구 보고서를 발표했을 때, 많은 연구자들은 주방에 발암물질이 있을 것이라고 추측했습니다.

그러나 사실은 주부들이 가정에서 주부의 역할에 묶여 자신의 뜻대로 인생을 살지 못하고 인생을 소비하고 있다고 느끼는 허무감과 우울증이 원인이었습니다.

우울증이 암의 발생에 구체적으로 어떻게 작용하는지 아직 확실히는 모르지만, 한 가지 확실한 것은 우울증에 걸려 있는 사람이 암에 걸릴 가능성은 보통 사람보다 훨씬 높다는 것입니다.

스트레스와 우울증뿐만 아니라 다른 정서적 문제, 즉 계속되는 외로움, 불안, 죄책감, 분노, 깊은 슬픔 등도 마음과 신체의 질병을 분명히 높여줍니다.

명상 치유

우리가 살아가고 있는 동안은 스트레스를 피할 수 없고, 우울증, 슬픔, 분노 같은 각종 정서적 장애 요인에서 완전히 벗어날 수도 없습니다.

스트레스가 너무 많고 여러 가지 정서적 장애로 고통을 받고 있는 사람이 그에 대한 효과적인 대처 방법마저 없다면, 심리적 자원의 고갈을 가져와서 신경쇠약 상태에 이르게 될 가능성이 높으며 신체적으로는 암과 같은 각종 질병이 발생할 가능성 또한 높습니다.

스트레스가 없고 정서적 장애를 가져오지 않는 외부적 환경이 가능하다면 얼마나 좋겠습니까만, 사실 이것은 현실적으로 불가능합니다.

그렇다면 스트레스와 기타 정서적 장애 문제에 대처하는 효과적인 방법은 무엇일까요?

그것은 스트레스에 자동적이고 무의식적으로 반응(reaction)하지 말고, 깨어 있는 마음으로 대응(response)하는 것입니다. 대응하는 방법은, 첫째로 외부의 자극을 긍정적인 자세로 대하는 것이고, 둘째로 불편함이나 아픔 같은 강한 감정이 일어날 때 그것을 판단하지 말고 단지 한 걸음 떨어져서 지켜보는 것입니다.

자신의 내부에서 분노나 외로움 혹은 상처받는 느낌이 일어나면, '으흠, 스트레스 상황이군!' 하고 한 걸음 물러서서 그 감정을 그냥 살펴보는 것입니다. 이런 훈련을 위한 가장 좋은 도구가 바로 명상입니다. 그래서 명상가는 기적은 외부에서 오는 것이 아니라 내부에서 오는 것이라고 생각합니다.

이혼을 인생의 실패나 끝이라고 생각하는 여성은 결별 후에 그만큼 커다란 스트레스와 슬픔과 상처를 받습니다. 하지만 이혼을 슬프지만 있을 수 있는 일로 생각하고, 그 경험을 바탕으로 다음 결혼은 좀더 멋지고 행복하게 꾸리겠다고 다짐하는 여성은 결별 후에도 잠시 아파하다가 곧 제자리를 찾습니다.

사물을 부정적으로 보고 외부의 자극에 반응하든, 긍정적으로 보고 대응하든 간에, 그것은 사실 당사자의 내면에 고정된 틀에 의한 관점입니다.

같은 사물을 부정적 또는 긍정적으로 달리 보게 되는 것은, 그런 인식 틀이 어렸을 때부터 조금씩 몸에 익다가 청소년기에는 완전히 굳어지기 때문입니다. 따라서 우리는 마치 자동항법 장치처럼, 외부의 자극에 대해 즉각 부정적으로 혹은 긍정적으로 반응하게 됩니다.

에릭 번Eric Berne이라는 심리학자는 이것을 '인생 각본'이라고 부릅니다. 비극적인 드라마를 연출하려면 비극 각본이 있어야 하고, 희극 드라마를 연출하려면 희극 각본이 있어야 하듯이, 행복의 각본을 가지고 있는 사람의 생활은 행복하고, 불행의 각본을 가지고 있는 사람은 불행합니다.

행복의 각본은 사물을 긍정적으로 보는 사람의 인생 각본이고, 불행의 각본은 사물을 부정적으로 보는 사람의 인생 각본입니다. 앞의 5장에서 언급했듯이, 공자의 제자 자천은 행복의 각본을 가지고 있었고 공자의 조카 공멸은 불행의 각본을 가지고 있었습니다. 그래서 같은 벼슬을 했지만 자천은 그 생활에서 세 가지를 얻었고, 공멸은 세 가지를 잃은 것입니다.

그런데 인생 각본은 바뀔 수 있습니다. 인생을 바꾸기 위해서는 먼저 자신이 가진 각본이 행복의 각본인지 불행의 각본인지를 알아야 합니다. 다음에는 자신의 불행 각본을 행복 각본으로 바꾸려는 결단과 노력이 필요합니다.

제가 상담한 경미(가명)라는 여대생의 경우를 소개해보겠습니다. 그녀는 나이 차가 꽤 많이 나는 남동생이 하나 있습니다. 그런데 그는 약간의 자폐증 증세가 있는 아이입니다.

경미의 부모는 모두 직장을 가지고 있어서 자폐증이 있는 아이를 돌보는 일로 늘 스트레스를 받고 있고 또 자주 부부싸움을 합니다.

경미는 부모와 동생에게 화를 내고, 또 화를 낸 일로 인하여 죄책감을 느끼고 하는 일을 반복하면서 자신이 불행하다고 느끼고 있었습니다. 경미는 부모에게 싸움을 그만두라고 애원해봤지만 소용이 없었습니다.

저는 그녀에게 다음의 네 가지 태도를 가지도록 훈련시켜보았습니다.

첫째, 부모의 싸움 때문에 일어나는 감정을 접어두고 부모의 싸움을 그저 싸움이라는 하나의 사건 자체만으로 지켜보는 것입니다.

'아, 부모님이 다시 싸우시는구나' 하고 객관적으로 지켜보는 연습을 합니다. 거기에 '불행하다, 슬프다, 화가 난다' 등의 감정들이 개입되지 않도록 합니다.

둘째, 부모의 입장을 이해하는 것입니다.

'부모님이 직장에서 받는 스트레스에다 동생 문제까지 겹쳐서 그 부담감을 싸움으로 표출하시는구나. 아니면 다른 어떤 이유가 있겠지.'

셋째, 지금보다 더 나쁜 상황을 상상해보고 현재의 상황에 대해 감사하는 마음을 갖는 것입니다.

'엄마 아빠가 싸우시긴 하지만, 폭력을 쓰거나 이혼도 하지 않으시고, 또 곧 화해하곤 하시니 고마워.'

넷째, 상황을 개선하기 위한 적극적인 태도를 취하는 일입니다.

앞의 세 가지 태도는 자신의 마음을 평화롭게 지키는 데는 좋은 방법이지만 환경의 구조까지는 변경시킬 수 없습니다. 그래서 구조적인 문제를 개선할 수 있도록 어떤 행동을 직접 취해보는 것입니다.

예를 들면, 경미가 자신의 아르바이트를 그만두고 동생을 돌보는 대신 부모에게 용돈을 조금 더 요구해본다든지, 동생이 특수학교의 기숙사에 들어갈 수 있는 방법을 찾아본다든지, 부모가 서로 상대방의 입장을 이해하여 화해할 수 있도록 중재 역할을 하는 일 등이 있습니다.

위의 네 가지 태도는 모두 스트레스에 '반응'하는 것이 아니고 '대응'하는 것입니다. 스트레스에 대응한다는 말은, 스트레스에 즉각적이고 맹목적으로 반응하는 것이 아니라 건강한 방법으로 대처하는 전략들을 총칭해서 이르는 말입니다.

그런데 저의 경험에 의하면, 이런 훈련은 머리로 원리를 이해한다고 해서 능숙해지지 않습니다. 명상을 하면서 치유명상의 열두 가지 기본 태도를 마음으로 깨닫고 받아들이는 훈련을 하는 가운데 자연스럽게 이루어집니다.

꽤 수행이 깊은 사람도 힘든 상황에 부닥치면 스트레스를 받습니다. 때로는 강한 감정이 격동하는 것을 느낍니다. 그럴 때 재빨리 마음을 일깨워서 반응이 아닌 대응의 길로 가도록 인도해야 합니다.

명상중에도 분노나 두려움 같은 강한 감정이 계속 일어날 수 있습니다. 그럴 때 그 감정을 억압하거나 판단하지 말고 단지 일어나고 있는 자신의 감정을 자각하면서 한 걸음 떨어져서 그냥 지켜만 봅니다.

'자동화된 나의 반응 체계가 지금 화를 내고 있구나 / 무서워하고 있구나 / 외로워하고 있구나. 이미 일어난 일이야. 여기서 내려놓자.'

이처럼 스트레스 반응이 심화되기 전에 스트레스 대응으로 전환하면, 어느새 마음의 평화가 나를 가득 채우게 됩니다.

정신적 건강은 말할 것도 없고 신체적 건강도 마찬가지입니다. 기적은 외부에서 오는 것이 아니라 내부에서 오는 것입니다. 명상은 그 기적을 만들어냅니다.

웃음치유

스트레스를 받을 때, 그리고 우울한 기분에 사로잡혀 있을 때 또 하나의 좋은 치유법은 웃는 것입니다. 웃음을 '생명의 음악'이라고 부르는 데는 그만한 이유가 있습니다.

웃음은 어려운 일을 쉽게 만들고, 참기 어려운 일을 견디게 만들어주며, 병에서 빨리 회복시켜줍니다. 노먼 커즌스 Norman Cousins는 웃음을 '체내의 조깅'이라고 표현했고, 어떤 사람들은 웃음을 '심층 마사지'라고 부르기도 합니다.

웃음은 횡경막을 완화시키고 폐를 운동시키며 혈액 속의 산소량을 증가시켜서 심장혈관을 부드럽게 조율해줍니다.

생리학자들은 근육의 이완과 불안은 함께 존재할 수 없다고 말합니다. 한바탕 너털웃음을 웃고 난 후에는 심장을 포함한 모든 근육이 이완되는데, 그렇게 힘껏 웃은 이후의 이완 반응은 무려 45분간이나 지속됩니다.

언젠가 노먼 커즌스가 텔레비전에 나와 웃음의 효능을 설명하는 모습을 본 적이 있습니다. 그는 통증 환자라도 온몸을 흔들면서 10분 정도 웃으면 두 시간은 통증을 느끼지 않고 잠을 잘 수 있다고 말합니다. 웃음은 체내의 자연성 진통제 기능을 가지고 있는 엔도르핀의 생산을 증가시키기 때문입니다.

저는 명상을 할 때 불쾌한 사건이나 생각이 머리에 떠오르면, 입가에 미소를 지으면서 그것들을 바라봅니다. 그래도 불쾌한 감정이 사라지지 않으면 이번에는 큰소리로 웃습니다. 그러면 대부분의 경우에는 불쾌한 감정이 사라집니다. 불쾌한 사건이나 생각이 여전히 머리에 남아 있을 경우에도 편안한 마음으로 그것들을 바라보게 됩니다.

웃음은 상한 감정의 치유에 확실히 신비한 효능이 있습니다. 사람은 즐겁거나 행복할 때 웃습니다. 우리의 선조들도 같은 경험을 했을 것입니다. 그리고 선조들의 이런 경험은 우리의 선천뇌에 저장되어 있어서, 우리가 웃으면 선조들의 즐겁고 행복했던 경험들이 우리의 뇌 속에서 재생되는 것이 아닌가 합니다.

유머감각을 발달시키고 자연스럽게 웃을 수 있다면 더없이 다행한 일입니다만, 자연스럽게 웃지 못할 경우라도 스트레스를 받는 상황에서는 크게 한 번 웃어보십시오. 선조들의 행복한 경험이 당신의 뇌 속에서 기억되어 당신은 정말로 행복한 느낌이 들기 시작할 것입니다.

음악명상

스트레스에 효과적으로 대응하는 또 하나의 좋은 방법은 음악명상입니다. 음악은 몸과 마음에 다 영향을 끼칩니다. 음악은 자율신경에 영향을 끼쳐서, 경쾌한 음악을 들으면 절로 어깨춤이 추어지고 발장단을 맞추게 됩니다. 또 애절한 음악을 들으면 나도 모르게 눈물이 흐릅니다. 사랑하는 사람과 헤어진 사람은 이별에 관한 노래를 들을 때 그 노래가 가슴에 파고들면서 거기에 심취하게 됩니다.

요즈음 음악치료와 그림치료 등이 각광을 받고 있는데, 음악치료는 음악이 몸과 마음에 미치는 영향을 이용하여 정서장애를 치유하자는 것입니다. 음악을 듣기도 하고 악기를 두들겨보기도 하면서 정서를 회복, 유지, 향상시킵니다.

가제오 메그르의 자연음악요법은 일본에서는 꽤 인기 있는 음악치료입니다. 가제오는 나무와 풀, 그리고 꽃들과 대화를 나눌 수 있을 뿐만 아니라 식물들이 부르는 노래도 들을 수 있다고 합니다.

언젠가 그는, 이 노래가 토끼풀이 지나가는 바람과 나눈 멜로디이고 또 이 노래는 사과나무가 혹은 패랭이꽃이 달빛과 나눈 멜로디라는 등의 설명을 붙이면서 사람들에게 피아노 연주를 들려준 적이 있습니다.

연주가 끝났을 때, 신기하게도 바닥에 누워 그 곡들을 다 듣고 나서 두통이 나았다는 사람, 스트레스가 말끔히 가셨다는 사람, 우울증이 사라졌다는 사람들이 나타났습니다.

후에 의사들이 가제오의 음악을 가지고 임상실험을 해본 결과 가벼운 우울증, 분열증, 스트레스, 그리고 각종 신체적 질병이 낫는 경우가 많았다고 합니다.

가제오가 초능력자인지 또는 어떤 신비한 힘을 가지고 있는지는 모르겠지만, 편하게 누워서 그의 음악 소리를 들은 사람들이 치유 경험을 했다는 것은 충분히 과학적인 근거가 있습니다.

가제오의 음악은 일종의 명상음악입니다. 편하게 누워서 명상음악을 들으면 신체는 이완되며, 마음은 평화로워지고, 뇌에서는 엔도르핀이 분비되면서 알파파가 흐르게 됩니다. 가제오의 자연음악뿐만 아니라 어떤 명상음악을 들어도 결과는 마찬가지입니다.

음악명상은 바로 이 목적을 가지고 행하는 명상입니다. 명상을 위한 음악은 템포가 빠르거나 너무 기교가 넘치는 것은 좋지 않습니다. 잔잔하고 아름다우며 신비한 분위기를 연출하는 음악이 좋습니다.

음악명상은 단순히 음악을 감상하는 것과는 다릅니다. 명상에서는, 나는 여기 있고 음악은 저기 있어서, 여기 있는 내가 저기 있는 음악을 듣는 차원이 아닙니다. 여기와 저기의 경계도 없애고, 나와 음악의 구분도 없애면서 나와 음악이 온전히 하나가 되는 차원입니다.

음악명상에서 나와 음악이 하나가 되는 상태에 이르면 자아를 초월하는 황홀의 경지를 경험하게 됩니다. 그러면서 스트레스와 우울증, 그리고 두통과 같은 신체적 통증이 사라지게 됩니다.

제8장

심리치료와 명상

현대는 문명이 고도로 발달한 시대입니다. 문명이 발달할수록 인간의 생활은 편리해지지만, 인간의 정신장애는 더 심각해지고 더 많이 나타납니다. 그래서 현대인은 과거의 그 어느 때보다도 더 많은 정신장애를 가지고 있습니다.

의사가 신체의 질병을 치료하듯이 정신과 의사나 심리치료사는 인간의 왜곡되고 망가진 심리를 치료합니다. 그러나 성인기에 이르기까지 장기간 형성된 성격은 좀처럼 고치기가 어렵고, 왜곡되고 망가진 심리장애는 치료하기가 어렵습니다.

저는 대학에서 상담과 심리치료를 강의해오면서, 또 실제로 많은 사람들을 상담해오면서, 명상이 심리치료에 매우 유용하다는 사실을 깨달았습니다.

심리장애와 정서장애 그리고 불건강한 인간관계 등을 바르게 회복시키기 위해서는 먼저 무엇이 문제인가 하는 정확한 통찰이 필요하고, 다음에는 바르게 고쳐보겠다는 결단이 필요하며, 마지막으로 통찰하고 결단한 내용을 행동으로 옮겨 실제로 치유와 회복이 일어나도록 해야 합니다.

심리치료를 위한 명상의 방법은 간단합니다. 그것은 마음의 역동성과 인간관계의 역동성에 대한 지식을 배우고 그것을 내면 속에서 계속 살펴보는 것입니다.

나의 심리 상태는 어떤가, 나의 이상 성격은 어느 정도인가, 다른 사람과의 인간관계와 방법은 어떤가 하는 문제를 명상 속에서 계속 들여다보면, 단순히 사실을 아는 지식의 수준에서 실질적인 치유의 수준으로 발전합니다.

가정주부인 민씨의 예를 들어 보겠습니다. 그녀에게는 남편과 딸이 하나 있습니다. 그런데 남편은 그녀를 멀리 하고, 딸도 그녀에게 적대적입니다. 민씨는 남편이나 딸이 완벽하기를 바라기 때문에 끊임없이 간섭하고 요구하고 때로는 심하게 화도 냅니다.

남편은 처음에는 아내와 싸우다가 점차로 아내의 강한 성격에 순응하게 됩니다. 그러면서 아내를 멀리하게 됩니다. 반면에 딸은 엄마에게 지지 않고 달려들어 싸웁니다. 딸은 엄마와 싸울 때 소리를 지르고 물건을 집어던지기도 합니다.

민씨는 자신이 불행하고 비참하다고 느껴 전문가와 상담을 하면서 자신의 문제를 알아냈습니다. 그녀의 아버지는 지배적인 성격의 완벽주의자여서 아내와 자녀들에게 끊임없이 간섭하고 요구하고 나무라곤 했습니다.

민씨는 어렸을 때 이런 아버지를 너무나 미워하고 싫어했습니다. 그러면서 그녀는 자신도 모르게 아버지의 성격을 닮아서 아버지의 태도와 똑같이 자신의 가족들을 대했던 것입니다.

문제는 남편과 딸에게 있는 것이 아니라 그녀 자신에게 있었습니다. 빨리 아버지의 망령에서 벗어나서 성격을 고치고 남편과 딸과 화해해야 했습니다. 민씨는 상담을 통해서 이런 사실을 깨닫고도 좀처럼 성격과 행동을 고칠 수가 없었습니다. 문제의 원인과 해결의 방법을 머리로는 알면서도 가슴이 따라주지 않았던 것입니다.

저는 이 부인과 명상을 함께 하면서 이 문제들을 바라보게 했습니다. 마음의 평화 속에서 이 문제들을 바라보고 가슴으로 느끼도록 했습니다. 그녀는 명상중에 자주 눈물을 흘렸습니다. 그러면서 치유를 경험하고 자신의 성격과 행동을 조금씩 고쳐갔습니다.

이것이 심리치료에서 명상이 가지는 기능입니다. 명상은 문제의 원인과 해결 방법을 좀더 깊은 내면의 세계에서 진지하게 바라볼 수 있도록 해주기 때문에 심리치료의 좋은 도구가 되는 것입니다.

상담과 심리치료의 모든 이론은 정신분석 이론으로부터 발전한 것이거나 혹은 그에 반대하면서 발달한 것입니다. 그러므로 정신분석 이론으로부터 발전된 심리치료 이론들을 명상 속에서 바라보면, 자신의 존재 양태와 행동 양태, 왜곡되고 망가진 심리적 장애 현상들의 본질을 깊은 차원에서 깨달을 수 있습니다.

이런 사람은 치유를 경험하게 됩니다. 치유를 경험한 사람은 다른 사람을 치유하고자 할 때 매우 효과적인 치유자가 될 수 있습니다. 이와 반대로 자신이 치유되지 못한 채 여전히 마음의 상처와 욕구불만과 신경증을 가지고 있는 사람은 유능한 치유자가 되기 어려운 법입니다.

상담과 심리치료의 모든 이론을 여기서 다 살펴볼 수는 없습니다. 다만 명상 속에서 바라보아야(觀) 할 몇 가지 중요한 사항들을 살펴보려고 합니다. 자기 자신을 치유하든지 다른 사람을 치유하든지, 이 책을 읽는 모든 분이 명상하는 치유자가 되시기를 바랍니다.

의식과 무의식

인간은 생각하는 동물입니다. 그런데 생각은 의식이 있기 때문에 가능합니다. 의식이 있어서 생각하고, 생각하기 때문에 행동합니다.

그러나 프로이트는 인간의 생각과 행동을 지배하는 것이 의식만이 아니라고 주장했습니다. 무의식이라는 또 다른 세계가 있다는 것입니다. 무의식은 우리의 억압된 사고들, 잊혀진 경험들, 그리고 미처 발현되지 못한 관념들이 모여 있는 곳입니다.

그는 우리의 생각과 행동을 지배하는 것은 의식보다는 무의식의 영향이 더 크다고 하는데, 그 무의식의 세계는 우리가 알지 못하므로, 이 이론대로라면 우리는 자신의 생각과 행동의 근본적인 이유 중에 상당 부분을 모른다는 이야기가 됩니다.

정신분석 치료의 근본 법칙은 무의식을 의식으로 끌어올려서 정신장애의 원인을 통찰하여 치료하자는 것입니다. 그렇다면 우리가 현재 의식으로써 알지 못하는 무의식 속에 있는 것들을 어떻게 알아낼 수 있을까요?

무의식을 알아낼 수 있는 가장 중요한 방법은 꿈을 분석하는 일입니다. 꿈에서는 무의식 속에 있는 요소들이 여러 가지 모양으로 변장하여 나타납니다. 정신의학자인 앨리스 밀러Alice Miller가 치료한 어느 정신분열증 환자의 꿈을 예로 들어보겠습니다.

"꿈속에 푸른 초원이 보입니다. 초원 저쪽에 하얀 관이 하나 놓여 있습니다. 그는 관을 보는 순간 관 속에 죽어 누워 있는 사람이 어머니이면 어쩌나 하고 덜컥 겁이 납니다. 그래서 그는 달려가 관 뚜껑을 열어봅니다. 그러나 다행스럽게도 거기 죽어 누워 있는 사람은 그의 어머니가 아니라 바로 그 자신이었습니다."

우리는 이 환자의 꿈을 통해 무의식 세계를 조금이나마 짐작할 수 있습니다. 그는 어렸을 때 매우 지배적인 성격의 어머니를 두었던 것 같습니다. 그래서 그는 어머니가 죽었으면 하는 바람이 있었으나, 어머니가 죽는다든지 또는 어머니의 사랑을 잃는다는 것은 어린아이에게 자신의 죽음보다 더 무서운 일로 느껴졌을 것입니다.

그래서 그는 늘 자신의 욕구를 죽이고 어머니의 요구를 따르도록 길들여졌습니다. 그러는 가운데 그는 심한 갈등을 느끼게 되었고, 신경증으로 고생을 하다가 마침내 정신분열증이 생겼을 가능성이 있습니다.

꿈의 분석은 이런 것입니다. 물론 모든 꿈이 다 이렇게 단순하고 명확한 것은 아닙니다. 그러나 무의식의 어두운 세계에 있는 잊혀진 의식들이 이런 식으로 꿈속에서 표현된다는 것은 참으로 신비한 일입니다.

이제 눈을 감고 심호흡을 하면서 내면의 세계로 정신을 집중해보십시오. 그리고 당신의 무의식의 어두운 영역을 살펴보십시오. 아마 처음에는 아무것도 보이지 않는 어둠과 혼돈의 세계만을 느낄 것입니다.

이제 당신의 어린 시절을 회상해보십시오. 가능한 한 가장 어린 시절의 경험까지 기억하여 회상해보십시오. 명상 속에서 계속 살펴보십시오. 어떤 느낌이 드십니까?

어린 시절의 경험들이 당신의 무의식 속으로 녹아들어가는 것이 보입니까? 그것들이 무의식 속에서 보이지 않는 힘으로 당신의 성격을 형성하고 생각과 행동을 지배하고 있는 것이 보입니까? 계속 지켜보십시오.

건강한 정신

인간의 본성이 본래 선한 것이냐 아니면 악한 것이냐 하는, 이른바 성선설과 성악설의 문제는 인류의 오랜 철학적 명제입니다. 명상을 수련하는 사람들은 대부분 인간의 본성은 본래 선하다고 말합니다. 다만 인간의 본래 맑은 영성에 때가 끼어 건강하지 못한 생각과 행동을 한다는 것입니다.

프로이트는 인간의 성격을 분석한 최초의 심리학자입니다. 그는 인간의 성격은 원본능(id), 자아(ego), 초자아(superego)로 구성되어 있다고 말합니다.

원본능은 이기적인 쾌락의 본능만을 추구할 뿐 이성이나 도덕 따위를 모릅니다. 자아는 원본능을 현실이라는 저울에 놓고 그 타당성을 분석해보는, 말하자면 이성적 요소입니다. 초자아는 어떤 생각이나 행동이 옳은 것인가 그릇된 것인가를 판단하는 도덕적 요소입니다.

성선설과 성악설이라는 철학적 명제를 프로이트의 성격심리학이라는 도구를 가지고 살펴보면, 성선설은 인간의 초자아라는 면을 깊게 들여다본 것이고, 성악설은 인간의 원본능적인 면을 깊게 들여다본 것에 지나지 않는다는 사실을 알게 될 것입니다. 그러므로 인간은 본래 선한 것만도 또 악한 것만도 아닙니다. 인간은 다만 원본능과 자아와 초자아 중에서 어느 요소가 얼마만큼 강하냐에 따라서 선할 수도 악할 수도 있는 존재입니다.

건강한 정신이란 자아를 중심으로 원본능과 초자아가 적절하게 균형을 이룬 상태를 말하는데, 그중에도 특히 초자아는 인간의 정신 건강에 매우 중요한 요소입니다.

프로이트는 인간의 신경증이 초자아가 과잉 사회화된 결과라고 합니다. 즉, 어떤 생각이나 행동을 할 때 죄냐 아니냐 하는 도덕적인 면에 너무 집착하는 나머지 신경증에 걸린다는 것입니다. 프로이트의 이론에 의하면 건전한 정신을 가지기 위해서는 신경증적인 죄책감에서 빨리 벗어나야 합니다.

신경증적인 죄책감은 종교의 율법주의적 태도와 흑백논리에서 나옵니다. 율법주의라는 것은 법의 정신을 이해하고 따르는 것이 아니라, 법의 규정 그 자체를 신봉하는 것입니다. 그러므로 율법을 지키는 것과 율법주의자가 되는 것은 매우 다릅니다.

어느 여름 날, 큰스님과 한 수좌 스님이 길을 가다가 소나기를 만났습니다. 개울을 건너야 하는데 물이 불어 건너기가 쉽지 않았습니다. 그때 한 젊은 여인이 다급하게 뛰어오더니 그들에게 개울을 건너게 해달라고 부탁했습니다. 급히 길을 가야 하는데 개울의 물살이 너무 세어 도무지 혼자서는 건널 수 없다는 것입니다. 여인은 비를 맞아 얇은 옷이 몸에 찰싹 달라붙어서 거의 알몸이나 다름없었습니다. 수좌 스님은 얼굴이 벌개져서 눈을 감은 채 열심히 염불만 외고 있었습니다. 그러나 큰스님은 선뜻 등을 내밀어 여인을 업고 개울을 건넜습니다. 개울 건너편에 도착하자 여인은 큰스님에게 고맙다는 인사를 하고는 바삐 걸어 사라졌습니다. 두 스님도 다시 길을 걷기 시작했는데, 아까부터 계속 불만스러운 표정으로 볼이 부어 있던 수좌 스님이 큰스님에게 따지듯이 말했습니다.

"스님, 스님은 왜 여색女色을 멀리하라는 불가의 계율을 어기십니까?"

"내가 그런 계율을 어겼는가?"

"어기시고 말고요. 어떻게 알몸이나 다름없는 여인을 등에 업으실 수 있습니까? 이것은 분명히 여색을 멀리하라는 계율을 어기신 거지요."

멍하니 수좌스님을 바라보던 큰스님이 말했습니다.

"나는 냇가에서 그 여인을 내려놓고 왔는데 자넨 아직도 그 여인을 등에 업고 오는가?"

여색을 멀리하라는 계율은 스님들에게는 필요한 덕목이고 또 지켜야 할 계율입니다. 하지만 큰스님은 그 계율을 어긴 것이 아닙니다. 그저 도움을 필요로 하는 어떤 한 사람을 도왔을 뿐이지, 그가 남자인지 여자인지는 중요하지 않았던 것입니다.

경허 스님에 관한 이런 이야기도 있습니다. 스님은 깨달음을 얻은 후 노년에는 가끔 불경을 누워서 읽었다고 합니다. 그것을 못마땅하게 여기고 있던 몇몇 젊은 스님들이 경허 스님에게 따졌습니다.

"스님은 왜 불경을 불경스럽게 누워서 읽고 계십니까?"

그들의 뜻을 이미 간파한 경허 스님은 빙그레 웃으면서 이렇게 대답했습니다.

"네놈들은 불경이 귀한 줄을 몰라 위에서 아래로 내려다보고 읽지만, 나는 불경이 귀한 줄을 알기 때문에 밑에서 위로 올려다보고 읽는 것이다."

우스갯소리일지 모르지만, 예수 시대에 유대의 바리사이파 사람들은 얼굴에 멍이 자주 들었다고 합니다. 그들의 율법에는 '죄인은 상대하지도 말고 보지도 말라'는 계율이 있었는데, 창녀들이 거리에 나타나면 그들은 그 율법을 지키기 위해 눈을 감아야만 했습니다. 눈을 감고 걷다 보니 때로는 건물 모퉁이에 얼굴을 부딪치기도 해서 얼굴에 멍이 들었다는 겁니다.

그런데 예수는 세리나 창녀를 상관하지 않고 죄인들과 만나서 얘기를 나누고, 심지어는 그들의 집에까지 찾아가서 함께 식사를 하기도 했습니다. 예수의 이런 태도에 바리새인들은 몹시 분노했습니다.

"율법을 어기는 자가 어떻게 예언자일 수 있단 말인가?"

그래서 그들은 예수를 죽이기를 원했던 것입니다.

이 이야기로 보면 바리사이파 사람들은 죄인을 멀리 해야 할 대상으로 보았고, 예수는 죄인을 치유해야 할 대상으로 보았습니다. 아픈 상처를 가지고 있는 사람을 치유하자면, 우선 그들을 만나서 그들의 고통을 들어주고 그들의 아픔을 함께 해야 합니다. 치유는 관계에서 오는 것입니다.

예수는 율법의 정신을 실현하려 했고, 바리사이파 사람들은 율법에 묶여 있었습니다. 마음의 눈으로 율법 정신을 깨닫지 못하면 예수를 이해할 수 없습니다. 오늘날에도 바리사이인 같은 율법주의자와 흑백 논리주의자들은 여전히 많습니다. 율법주의자와 흑백 논리주의자는 진정 묶여 있는 자들입니다.

건강한 정신이란 때로는 아이처럼 웃을 수 있고, 건전한 이성을 소유하고 있으며, 올바른 가치관을 가지고 있는 정신입니다. 즉, 원본능과 자아와 초자아가 균형을 이루면서 바르게 기능하고 있는 정신인 것입니다.

명상 속에서 당신의 정신을 살펴보십시오. 당신의 정신은 건강합니까?

사람됨의 뿌리는 유아기

사람은 태어나면서부터 삶을 시작하여 죽으면 삶을 마칩니다. 그러나 프로이트는 인간의 발달 단계를 다섯 단계로 구분하는데, 그중 어렸을 때의 세 단계에 대한 설명이 많습니다. 이것은 성격의 형성에서 유아기가 그만큼 중요하다는 뜻입니다.

사람의 성격 발달에 있어서 다른 사람에 대한 사랑과 신뢰, 그리고 다른 사람에 대한 긍정적, 부정적 감정의 형성은 아이가 태어나서 여섯 살이 될 때까지 그 기초가 이루어진다고 프로이트는 주장합니다.

프로이트는 생후 1년간을 구순기(oral stage)**라고 부릅니다.**

구순기는 아이가 젖을 빨면서 성애적 쾌락을 경험하는 시기입니다.

프로이트는 젖을 먹는 행동이 인간에게 최초로 욕구를 만족시켜주는 행위로 보고, 이 시기의 만족 여부가 나중에 성격의 형성과 깊은 관련이 있다고 합니다. 아이가 젖을 먹을 때 어머니와의 경험이 만족스럽고 안정감을 주었는지, 아니면 불만과 긴장을 주는 관계였는지가 후에 안정된 성격의 소유자가 되느냐 또는 불안한 성격의 소유자가 되느냐에 크게 영향을 끼친다는 것입니다.

이 이론에 의하면, 지나친 탐욕과 다른 사람을 믿지 못하는 불신감, 다른 사람을 사랑하고 신뢰하는 것에 대한 공포, 다른 사람과의 원만한 인간관계 형성을 잘 하지 못하는 것 등이 모두 생애의 초기에 충분한 음식과 사랑을 얻지 못한 결과일 수 있습니다.

사랑받지 못하고 거부당한 아이는 늘 불안과 두려움을 가지고 있으며, 그에 따라 질투심과 적대감이 심하여 때로는 심한 공격성을 나타내기도 합니다. 이런 아이는 관심을 끌려는 욕망이 지나쳐서 학교에서도 늘 선생님 앞에 나서고 괴상한 짓거리로 사람들의 주목을 받고자 합니다.

부모의 사랑과 관심을 받지 못해 늘 외로웠던 신이(가명)라는 여자아이는 어쩌다가 접시를 떨어뜨려 깨뜨렸습니다. 엄마가 나무랐지만 신이는 내심 즐거웠습니다. 비록 야단을 맞은 일이었지만 엄마의 관심을 끌 수 있어서 기뻤던 것입니다. 아이는 이후 엄마의 관심을 끌고 싶을 때는 언제나 접시를 깨곤 했습니다.

부모의 관심을 받지 못해 늘 불행했던 동민(가명)이라는 소년은 어느 날 배가 몹시 아팠습니다. 부모가 깜짝 놀라서 그에게 관심을 보이고 위로했습니다. 그는 매우 행복했습니다. 그는 이후 관심이 필요하면 배가 아프곤 했는데, 심각한 사실은 그때 꾀병이 아니라 실제적인 고통을 느낀다는 점이었습니다.

인간관계에서 이런 역동성이 최초로 일어나는 상황이 바로 수유授乳입니다. 충분한 수유에서 오는 생리적인 만족감과 엄마의 젖 내음, 따뜻한 체온, 그리고 숨소리 등의 피부 접촉에서 아이는 안정감과 신뢰감을 얻게 되는데, 이런 바람직한 관계가 구순기에서 이루어지면 자타긍정의 뿌리가 형성됩니다.

아이가 배가 고파 울어도 엄마가 제때에 젖을 물려주지 않으면 아이는 불안과 고통 속에서 불신감을 키우게 됩니다. 이것이 치유되지 않고 계속되면 아이는 불신, 불안, 적개심, 분노 등의 정신장애의 뿌리를 키우게 됩니다.

유아기의 애정 결핍과 기본적인 신뢰감 결핍으로 정신분열증이나 조울증이 형성된다는 사실은 이미 널려 알려져 있습니다.

부모와 아이의 관계가 바람직한 관계로 만날 때 이것을 양성접촉陽性接觸이라 하고, 바람직하지 못한 관계로 만날 때 이것을 음성접촉陰性接觸이라고 합니다. 구순기는 양성접촉과 음성접촉의 모델이 됩니다. 그러나 이런 관계의 경험은 인간이 죽을 때까지 계속됩니다.

생후 1년에서 3년까지의 기간은 항문기(anal stage)라고 부릅니다.

구순기에서 인간은 건전한 의존감, 세계에 대한 신뢰감, 그리고 애정의 수용성을 경험하는 것이 중요하다고 했는데 이것은 항문기에서도 계속됩니다.

대체로 두 살이 되면 아이의 배설 훈련(toilet training)이 시작되는데, 이때 아이들은 통제 훈련의 첫 번째 중요한 경험을 하게 됩니다. 이때 배설 훈련의 방법과 아이에 대한 부모의 태도 및 반응은 아이의 인격 형성에 큰 영향을 끼칩니다. 강박성과 같은 차후 성격의 문제는 이 단계에서 부모가 보인

양육법에 그 뿌리가 있습니다.

부모의 지나치게 엄격한 요구는 아이들이 감당할 수 없을 정도의 강박감을 주기 때문에 아이들은 심각한 심신장애와 잔인함의 뿌리를 내릴 가능성이 큽니다.

부모가 배설 훈련을 너무 엄하게 시키면 아이들은 대소변을 참았다가 적절치 않은 시기와 장소에서 배설하여 부모를 통제하려고 시도하기도 합니다. 즉 너무 엄한 지배와 훈련에 대한 분노를 그런 식으로 표현하여 복수하려는 것입니다.

항문기를 거치면서 아이들은 적대감, 분노, 증오심 등과 같은 부정적 감정들을 확실히 경험하게 되는데, 이때 중요한 것은 이런 감정들은 수용될 수 있는 것이라는 사실을 배우는 것입니다.

이런 감정들이 무조건 나쁜 것이라고만 배웠다든지, 또 이런 감정을 표출하면 부모의 인정을 받지 못할 것이라는 강박관념이 있다면 아이는 그런 감정을 억압할 것입니다. 자신의 깊은 저 밑바닥부터 솟아오르는 분노와 증오심을 표현하지 못하고 안으로, 안으로만 억압해야 한다면 정신질환에 걸릴 가능성도 그만큼 커지는 것입니다.

과잉보호도 문제지만 이 시기에 부모가 너무 엄격하게 배변 훈련을 시키면, 아이는 성인이 되어서도 항문기적 성격의 소유자가 되기 쉽습니다.

'항문기적 성격'이란 프로이트가 사용한 용어로서, 너무 엄격하게 훈련받은 결과 강박적이고, 깔끔하지만 융통성이 없으며, 다른 사람에 대한 지배적 성향을 가지고 있는 성격을 말합니다. 배변 훈련은 대소변 가리기 자체가 문제라기보다는 대소변 훈련에 대한 부모의 태도가 문제인 것입니다.

생후 3년에서 5년이 되는 시기는 남근기(phalic stage)**라고 불리는 시기입니다.**

이 시기의 아이들은 걷고, 말하고, 생각하는 능력이 급속도로 발달하는데, 특히 양심 발달의 시기이며 도덕 기준들을 배우는 때이기도 합니다.

부모의 엄격한 주입식 교육과 비현실적인 도덕 기준이 초자아(superego)를 과잉 통제하면, 즉 자녀들에게 그들의 본능적인 느낌 그 자체가 악惡이라고 가르친다면 그들은 곧 자신의 자연적인 충동에 대해 죄의식을 느끼게 되어 나중에 성인이 되어서도 불필요한 죄의식에 사로잡혀 건강한 정신 상태를 누리지 못하게 됩니다.

본능적인 느낌이 죄가 아니라, 본능적인 충동을 자제하지 못하고 행동으로 옮겨 다른 사람에게 피해를 입히는 것이 죄입니다. 그러나 이렇게 가르칠 수 있는 부모는 그리 많지 않습니다. 명상을 수련한다고 해도 이런 심리학적 통찰이 없어 계속 편견에 빠져 있거나 바르게 생각하지 못하는 사람들이 참으로 많습니다.

사람됨은 인성, 인격 혹은 성격이라고도 부를 수 있는 것인데, 이것은 유전적으로 타고난다는 설도 있지만, 그보다는 인간관계를 포함한 주위 환경으로부터 만들어지는 면이 더 큽니다. 그리고 그 뿌리는 유아기에 강하게 심어집니다. 그래서 유아기와 아동기에 대한 성찰이 없으면 나의 성격 특성과 그 원인을 알기가 무척 어렵습니다.

이제 명상 가운데서 당신과 부모의 만남, 그리고 성장하면서 만난 다른 모든 사람과의 만남이 양성접촉이었는지 아니면 음성접촉이었는지, 그리고 그런 만남이 당신의 성격과 어떤 관련이 있는지 살펴보십시오.

명상에서는 바라보는 것이 매우 중요한데, 바라보는 것도 문제의 본질을 사색하며 바라보는 것과, 문제의 본질에 대한 깨달음을 얻은 후에 그 깨달음에 머물면서 그냥 바라만 보는 것이 있습니다.

우리가 바라보아야 할 대상은 수없이 많지만, 그중에서도 심리의 역동성을 바라보는 것은 명상을 한층 더 풍부하게 해줍니다. 바라보고 또 바라보십시오.

치유는 어떻게 일어나는가

우리가 삶을 고통과 아픔으로 경험할 때 어떻게 이것을 치유할 수 있을까요?

치유는 고등수학처럼 때로는 복잡하고 때로는 신비한 면이 있습니다. 붓다처럼 깨달음을 얻어 근본적인 치유를 경험할 수도 있지만, 일상생활 속에서의 치유는 대체로 관계 속에서 일어납니다. '상대방이 나를 사랑한다, 혹은 나를 이해하고 인정해 준다'는 느낌이 들 때 치유는 일어납니다.

프로이트의 제자인 플루겔Flugel이 어느 날 프로이트에게 이렇게 물은 적이 있습니다.

"선생님, 정신분석이 진정 어떻게 환자를 치유할 수 있을까요?"

프로이트가 대답했습니다.

"상담 중 어느 순간에 상담자가 내담자(상담을 하러 온 사람)를 사랑하고 있다는 사실을 내담자가 느낄 때 치유는 일어납니다."

무의식을 분석하고 문제의 원인을 진단해서 심리장애를 치료하려고 했던 정신분석의 창시자도 진정한 치유는 사랑을 느낄 때 일어난다고 생각하고 있었던 것입니다.

심리치료 상담이 발전하면서 수많은 치료기법이 등장했습니다. 수많은 치료기법 덕분에 상담은 화려하게 진행되었지만, 이상하게도 상담 후에 실제로 내담자들이 치유되는 비율은 그리 높지 않았습니다.

치유는 기법보다는 인간관계 속에서 일어난다는 이론을 처음으로 심리치료 이론에 등장시킨 사람은 칼 로저스Carl Rogers였습니다.

아무리 좋은 치료기법을 사용해도 내담자가 마음을 열지 않으면 치유는 일어나지 않습니다. 상대방을 신뢰하는 마음이 생기고 친밀감이 생길 때 인간의 마음은 열리는 법이며, 치유는 마음이 열리는 그 순간에 일어나는 법입니다.

칼 로저스는 다음의 세 가지 태도가 인간관계에서 마음을 열게 한다고 말했습니다. 진실성, 무조건적인 수용, 공감이 바로 그것들입니다. 나에 대한 상대방의 태도가 거짓이 아닌 진실이라고 느껴질 때, 비록 내가 잘못되었다 해도 내 입장을 이해하고 받아주는 사람이 있을 때 나는 감동하고 마음을 열게 됩니다.

의미요법(logotherapy)으로 유명한 빅터 프랑클은 어느 날 새벽 2시경 한 통의 전화를 받았습니다. 저쪽에서 착 가라앉은 여자의 목소리가 들려왔습니다.

"당신이 그 유명한 정신과 의사인 프랑클인가요?"

"그렇습니다만……."

"밤늦게 죄송해요. 하지만 전 아무 희망이 없어요. 살 힘이 조금도 남아 있지 않다고요. 그래서 지금 죽으려고 제 손에 약을 한 움큼 갖고 있어요. 약을 입에 막 넣으려다가 선생님의 전화번호가 생각나서 그냥 한 번 걸어봤어요. 미안해요. 전 이제 죽어요."

프랑클은 다급하게 부인을 제지시키며 설득하기 시작했습니다. 어떤 경우에라도 자살할 필요는 없다, 죽을 각오로 노력하면 극복하지 못할 어려움은 없다느니 하며 그녀의 마음을 바꾸려고 노력했습니다.

한참 이야기를 나눈 후에, 그녀는 프랑클의 말대로 자살은 미루겠지만 대신 좀 만나자고 했습니다. 프랑클은 허락하고 그녀를 기다렸습니다. 그는 기다리면서 몹시 궁금했습니다. 도대체 어떤 말이 그녀로 하여금 자살할 마음을 멈추게 했을까요?

그 여인이 도착해서 두 사람은 많은 이야기를 나누었습니다. 프랑클은 그녀의 이야기를 진지하게 다 듣고 나서 그녀에게 물어보았습니다.

"그런데 부인, 당신은 나의 어떤 말에 자살할 마음을 바꿨나요?"

여인은 잠깐 동안 프랑클을 멍하니 바라보다가 말했습니다.

"저는 선생님이 저에게 무슨 말을 했는지 전혀 기억이 나지 않아요. 제가 자살할 마음을 바꾼 것은, 생판 모르는 여자가 밤늦게 전화해 죽겠다고 넋두리를 늘어놓는데도 전혀 싫은 기색 없이 저를 설득하려고 애를 쓰시는 선생님을 생각하니, 이런 사람이 있는 세상이라면 아직은 살아볼 희망이 있다는 생각이 들었어요. 그래서 죽겠다는 마음을 바꾼 거예요."

또 다른 이야기입니다. 마리아라는 중년 여성은 남편과 이혼해야겠다는 마음을 먹고 상담가를 찾아갔습니다. 그녀는 남편과 애정이 없는 결혼생활을 하고 있다면서 한 시간이 넘게 남편에 대해서 얘기했지만 남편에 대해서 좋은 말은 단 한 마디도 하지 않았습니다.

상담가는 마리아에게 그날 저녁 남편과 저녁식사를 하면서 단 한 마디라도 좋으니 긍정적으로 남편을 인정하는 말을 해본 후에 다시 상담하자고 했습니다. 그녀는 남편에게는 좋은 점이 하나도 없다며 그렇게 하기가 어렵다고 버티다가 마침내 상담자의 말을 따르기로 했습니다.

저녁식사 후 마리아는 아무리 생각해 보아도 남편을 인정할 만한 어떤 말이 생각나지 않아 고민하다가 얼떨결에 남편에게 이렇게 말했습니다.

"여보, 나는 당신이 경제공황 때 가족을 먹여 살리기 위해 열심히 일한 것을 지금도 기억하고 있어요. 나는 그것이 고맙고 자랑스러워요."

그 말을 들은 남편은 들고 있던 신문을 내려놓고 잠시 동안 멍하니 그녀를 바라보았습니다. 마치 전기에 감전된 것처럼 보여 마리아는 뭔가 잘못된 게 아닌가 하고 불안해졌습니다. 한참 후 남편의 눈에서는 눈물이 주르르 흘러내렸습니다. 그러고는 아내에게 한 마디 했습니다.

"고맙소."

마리아는 더 이상 길게 상담할 필요가 없어졌습니다.

모든 사람은 다른 사람에게 사랑과 관심과 인정을 받기를 원합니다. 우리의 육체가 음식을 먹어야 살 수 있듯이, 우리의 정신은 사랑과 관심과 인정을 받아야 살 수 있습니다.

사랑이나 관심, 인정 등을 받지 못하면 삶이 메마르고 공허해집니다. 이럴 때 누군가가 따뜻하고 진실한 위로와 사랑을 베푼다면 그 메마른 영혼은 치유되기 시작합니다.

이것이 심리치료의 처음 단계이면서 마지막 단계이기도 합니다. 아무리 전문적인 심리치료 훈련을 받은 사람이라 할지라도, 명상을 오래 수련한 사람이라 할지라도, 치유관계를 형성할 수 있는 따뜻한 마음과 태도가 없으면 치유는 일어나기 어려운 법입니다.

명상 속에서 이 원리를 살펴보십시오. 그리고 자비명상을 통하여 치유의 성품을 조금씩 조금씩 만들어가십시오.

제9장

마음 닦기

　　마음을 닦는다는 것은 무슨 뜻일까요? 저는 인간에게서 고유한 영성靈性을 발견하여 그것을 맑게 닦고, 밝게 깊이를 더해가는 것이라고 생각합니다.

　　앞장에서 치유명상의 기본 태도들을 설명했는데, 이런 태도들에 대해 묵상하고 깨달음을 얻어가는 것이 곧 마음 닦기입니다. 그러나 여기서는 삶과 죽음과 자연, 그리고 절대자 등에 대해서 바라본 것(觀想)을 핵심으로 압축하여 표현한 시詩나 깨달음의 지혜 등을 바라보려고 합니다. 마음 닦기에서는 다른 사람이 바라본 것만 바라보아서는 부족합니다. 다른 사람이 바라본 것을 바라보면서, 동시에 여러분도 스스로 바라보고 깨달은 바를 시나 짤막한 지혜의 말로써 표현해보는 것이 중요합니다.

　　저는 마음 닦기와 영성 치유는 동전의 앞뒷면 같다고 생각합니다. 그래서 먼저 영성靈性(spirituality)이라는 말의 개념부터 살펴보려고 합니다.

　　미국의 선험주의자들은 초월적인 지성(transcendental intelligence)을 가리켜서 영성이라고 했는데, 초월적인 지성이란 비분석적이고 직관적인 정신활동을 말합니다.

　　동양에서는 초월적인 능력을 나타내는 신비한 성향을 영성이라 했고, 프랑스인들은 삶에 대한 보다 뛰어난 인식을 영성이라 했으며, 기독교에서는 성령으로 인한 보다 깊고 온화한 종교적 감정을 영성적이라고 했습니다. 영성에 대한 불교의 용어는 불성佛性일 것 같습니다.

저는 영성이라는 말을 좀더 쉽고 명확하게 이해할 수 있도록 설명할 방법은 없을까 하고 오랫동안 생각해왔습니다. 그러다가 마침내 해럴드 쿠쉬너Harold Kushner의 상징적인 이야기에서 그 해답을 찾았습니다.

쿠쉬너는 유대교 랍비로서 《선한 사람들에게 왜 불행이 오는가》라는 책을 썼는데, 그는 그 책에서 다음과 같은 말을 합니다.

창세기에 나오는 창조 과정은 제일 먼저 하느님이 물로 덮인 세상을 창조하는 것으로 시작됩니다. 그러고 나서 마른 땅을 드러나게 하고, 당신이 만든 세상을 식물, 물고기, 새들, 파충류들로 채우고 마지막으로 포유류를 만듭니다.

그 후 하느님은 "자, 이제 우리 모습을 닮은 사람을 만들자"라고 합니다. 쿠쉬너는 이렇게 묻습니다. "하느님은 자신을 가리킬 때 왜 복수형을 썼는가? '우리'란 대체 누구를 지칭한 것인가?"

그는 다음과 같이 설명합니다. 집짐승과 길짐승들을 만들고 난 후에 하느님은 동물들에게 혼잣말로, "너희와 나, 즉 우리 모습을 닮은 새로운 피조물을 만들자. 그 피조물은 먹고, 잠자고, 짝짓기 할 필요가 있다는 점에서는 너희들, 즉 동물과 비슷한 것이며, 또 동물의 수준을 뛰어넘는다는 점에서는 나와 비슷하게 되도록 만들자"라고 한 것이 아니냐는 것입니다.

상징적인 이야기이긴 합니다만, 그의 생각은 영성의 개념을 이해하는 데 매우 귀중한 단서를 제공하고 있습니다. 그것은 영성이란 바로 인간에게 내재한 신의 속성이라는 것입니다.

인간이 신으로부터 에덴동산에서 내쫓긴 후에 신의 형상인 영성은 점점 무디어지고 어두워졌습니다. 영성은 인간의 내면 깊숙한 곳으로 스며들었습니다. 인간은 너무 바쁘고, 너무 좌뇌 중심적인 생활 가운데서 자신의 내면 깊숙한 곳에 자리 잡은 영성을 바라보지 못하고 있습니다.

그러나 때때로 인간은 자신의 생명의 근원이며 영성의 뿌리인 절대자에 대한 그리움에 목이 마릅니다. 이런 그리움 때문에 인간은 시나 소설, 그림, 음악, 그리고 춤 등을 통해 그것을 추구하고 표현하려고 애쓰는 것입니다.

"하느님이여, 목마른 사슴이 시냇물을 찾기에 갈급함같이 내 영혼이 주를 찾기에 갈급하나이다(시편 42:1)."

이처럼 저도 마음속에서 끊임없이 일어나는 그리움으로 밤잠을 설치다가, 어느 날 〈그리움〉이란 시를 한 편 써 보았습니다.

> 내 마음속 깊은 곳에는
> 나도 모르는 누군가가 있습니다.
> 깊은 밤
> 나는 잠 못 이루며 뜰을 서성이고 있습니다.
> 나도 모르는 그가 나를 흔들어
> 그리움에 목이 타게 하기 때문입니다.
> 나는 그 그리움의 정체를 모릅니다.
> 그러나 나를 흔들어 잠 못 들며 서성이게 하는
> 그이에 대한 그리움인 것만은 확실합니다.
>
> 내 마음 속 깊은 곳에서 나를 흔들어
> 당신에 대한 그리움으로 목마르게 하는
> 당신은 과연 누구십니까?

저는 이 시를 쓰고 명상하면서, 지금까지 '저기 저쪽'에서 찾던 신이 나의 내면의 영성 안에 존재한다는 사실을 깨달았습니다. 이런 깨달음과 함께 발견한 나의 모습은 좀더 크고, 깊고, 넓고, 신비한 존재였습니다.

보다 높은 자아(higher-self)와 만났을 때, 저는 시기, 질투, 분노, 욕심, 걱정, 미움, 어리석음, 집착 등의 왜곡된 정서가 크게 치유되는 것을 느꼈습니다.

이제 아래에 제가 좋아하는 열두 편의 시詩를 소개합니다. 이 시들을 읽는 방법은 보통 시를 읽을 때와는 달라야 합니다. 시를 한 편 읽을 때마다 반드시 그것을 명상 속에서 바라보십시오.

어떤 시원한 느낌이 여러분의 가슴을 스치고 지나갈 때까지 바라보고 또 바라보십시오. 어떤 시원한 느낌이 당신의 가슴을 스치고 지나간다면, 당신의 마음이 닦이고 있는 것이며, 그 결과 치유가 일어나고 있는 것입니다.

1.
고요한 밤에
난 멀리 늑대의 외로운 울음을 들을 수 있네.
내 고독 안의 그 어떤 울부짖음,
내부의 늑대는 외부의 늑대에게
조용히 귀를 기울이네.
나의 흙으로 된 육-혼의 존재 속에
그 어떤 것이 기억되고 회복되네.

이 시는 상담치료사인 리처드 보스Richard W. Voss의 〈두 마리의 늑대〉라는 시입니다. 그는 캐나다의 테마가미 광야에서 '치유의 카누 여행'을 하면서 사람들에게 다음과 같은 초대의 말을 한다고 합니다.

"아침 일찍 수영하는 동안에 맑고 오염되지 않은 수정 같은 호숫물을 마신다고 생각해보라. 수많은 별들을 상상해보라. 늑대의 외로운 울음소리, 호수 건너 울려 퍼지는 오리들의 경쾌한 노랫소리를 상상해보라."

눈을 감고 심호흡을 하면서 보스의 시와 초대의 말을 묵상해보십시오. 어떤 느낌이 듭니까?

2.
죽는 날까지 하늘을 우러러
한 점 부끄럼이 없기를,
잎새에 이는 바람에도 나는 괴로워했다.
별을 노래하는 마음으로
모든 죽어가는 것을 사랑해야지.
그리고 나한테 주어진 길을
걸어가야겠다.

오늘 밤에도 별이 바람에 스치운다.

윤동주의 시집 《하늘과 바람과 별과 시》에 실린 〈서시序詩〉입니다. 나라를 잃고 피지배 민족으로 살아가야 하는 시대와 사회의 구조적 모순 속에서 고뇌하는 한 지식인이, 마음의 상처와 좌절과 고뇌를 초월하여 별을 노래하는 마음으로 맑게 살아가고 싶어하는 소망을 표현하고 있습니다.

3.
靑山은 나를 보고 말없이 살라 하고
蒼空은 나를 보고 티 없이 살라 하네.
탐욕도 벗어놓고 성냄도 벗어놓고
물같이 바람같이 살다가 가라 하네.

— 나옹혜근

가고 감에 흔적 없어
올 때 또한 그러하다.
그대 만일 묻는다면
히히 한번 웃겠노라.

— 향엄지한

무엇이 거짓이고 무엇이 참인고
참이고 거짓이고 모두 다 헛것일세.
안개 걷히고 낙엽 진 맑은 가을날
언제나 변함없는 저 산을 보게.

— 경허 선사

선禪의 경지를 잘 표현한 세 편의 시입니다.

4.
나를 당신의 도구로 써주소서.
미움이 있는 곳에 사랑을
다툼이 있는 곳에 용서를

분열이 있는 곳에 일치를
의혹이 있는 곳에 신앙을
그릇됨이 있는 곳에 진리를
절망이 있는 곳에 희망을
어두움에 빛을
슬픔이 있는 곳에 기쁨을
가져오는 자 되게 하소서.
위로받기보다는 위로하고
이해받기보다는 이해하며
사랑받기보다는 사랑하게 하여주소서.
우리는 줌으로써 받고
용서함으로써 용서받으며
자기를 버리고 죽음으로써
영생을 얻기 때문입니다.

성 프란시스코의 〈평화를 구하는 기도〉입니다. 그는 가난하게 구도생활을 하면서 새와 나무와도 대화를 나누었다고 합니다. 여러분이 기독교인이든 아니든 상관없습니다. 마음을 열고 잠시 그의 영성 안에 머물러보십시오.

5.
저녁노을 바라보며
나는
지는 꽃의
아름다움에
흠뻑 취하고 싶다.

저는 어떤 책에서 이 시를 읽다가 지는 꽃의 아름다움에 취하고 싶어하는 시인의 마음이 되어보았습니다. 저는 눈을 감고 이 시를 바라보다가 가슴속 깊은 곳에서 조용히 터져 나오는 환희에 절대자를 향해 제 마음이 열리는 것을 느꼈습니다.

아름다움은 일순간 우리의 번잡한 생각을 멈추게 하고, 마침내는 좀더 깊은 의미의 세계로 인도합니다. 그 의미의 세계에서 우리의 마음은 닦이고 풍요로워지며 영성은 깊어집니다.

> 6.
> 가을은 술보다 茶 끓이기 좋은 시절
> 갈가마귀 울음에 산들 여위어 가고
> 씀바귀 마른 잎새로
> 바람이 지나는 11월의 긴긴 밤을
> 외로움은 향기인 양
> 마음에 젖는다.

이 시는 제가 어느 전통 찻집에서 발견한 〈춘설차春雪茶〉라는 시입니다. 지은이는 미처 확인하지 못했습니다. 아무 생각 없이 오랜 침묵 속에 앉아서, 마음을 비운 나의 영혼 안에 이 시의 향기가 수채화처럼 퍼져 나가는 것을 느낄 뿐이었습니다.

> 7.
> 계절이 지나가는 하늘에는
> 가을로 가득 차 있습니다.

나는 아무 걱정도 없이
가을 속의 별들을 다 헬 듯합니다.

가슴속에 하나 둘 새겨지는 별을
이제 다 못 헤는 것은
쉬이 아침이 오는 까닭이요,
내일 밤이 남은 까닭이요,
아직 나의 청춘이 다 하지 않은 까닭입니다.

별 하나에 추억과
별 하나에 사랑과
별 하나에 쓸쓸함과
별 하나에 동경과
별 하나에 시와
별 하나에 어머니, 어머니

어머님, 나는 별 하나에 아름다운 말 한 마디씩 불러 봅니다. 소학교 때 책상을 같이 했던 아이들의 이름과 패, 경, 옥, 이런 이국 소녀들의 이름과, 벌써 아기 어머니 된 계집애들의 이름과, 가난한 이웃 사람들의 이름과, 비둘기, 강아지, 토끼, 노새, 프랑시스 잠, 라이너 마리아 릴케, 이런 시인의 이름을 불러 봅니다.

이네들은 너무나 멀리 있습니다.
별이 아스라이 멀듯이.

어머님,

그리고, 당신은 멀리 북간도에 계십니다.
나는 무엇인지 그리워
이 많은 별빛이 내린 언덕 위에

내 이름자를 써 보고,
흙으로 덮어 버리었습니다.
딴은 밤을 새워 우는 벌레는
부끄러운 이름을 슬퍼하는 까닭입니다.
그러나, 겨울이 지나고 나의 별에도 봄이 오면,
무덤 위에 파란 잔디가 피어나듯이
내 이름자 묻힌 언덕 위에도
자랑처럼 풀이 무성할 거외다.

다시 윤동주의 시입니다. 저는 워낙 윤동주의 시를 좋아하는데, 특히 이 〈별 헤는 밤〉을 좋아합니다. 이 시에는 격렬한 슬픔은 없지만, 묵상 속에서 찬찬히 음미해보면 그의 잔잔한 슬픔과 외로움과 그리움이 뼛속까지 서리서리 느껴져 옵니다.

〈별 헤는 밤〉을 읽을 때마다, 저는 콧잔등이 시큰해지고 눈시울이 뜨거워짐을 느끼지만 마음은 오히려 평화로운 시원함을 느껴 입가에 엷은 미소를 띠곤 합니다.

영혼을 담은 시는 외로움과 슬픔과 사랑에 대해 이야기할 때도 천박하거나 감상적이지 않습니다. 상한 음식이 몸을 해치는 것과 마찬가지로 감상적인 정서는 마음을 왜곡시킵니다. 그러나 영혼의 고뇌와 깨달음이 스며들어 있는 시는 마음을 닦아 치유를 경험하게 만듭니다.

8.
어느 추운 겨울날 밤에
허름한 시골 농가에서 하룻밤을 지낸 적이 있습니다.
자릿기로 놓아둔 그릇의 물이 얇게 얼었습니다.
방 안이라 해도 입을 호— 불면
허공에 서리가 성깁니다.

창문 밖으로 겨울바람이
사나운 채찍 소리를 내며 지나갑니다.
그런데
벌거벗은, 아직은 어린나무 하나가
온몸으로 그 사나운 바람을 버티며 서 있습니다.
바람이 너무 사나우면
힘에 밀려 허리가 조금 꺾이지만
곧 다시 바로 섭니다.
나무는 결코 굴복하지 않고
밤새도록 그렇게 서 있습니다.
그는 따뜻한 봄의 생명을 기다리며
사나운 바람에 맞서 싸우고 있는지도 모릅니다.

나는 벌거벗은 어린나무로부터
참으로 많은 것을 배웠습니다.

이 시는 〈벌거벗은 어린나무와 겨울바람〉이라는 제목을 붙인 저의 시입니다. 세상살이가 힘겨운 사람들은, 마치 벌거벗은 채 혹독하게 추운 겨울날의 바람을 온몸으로 받아내는 어린나무와 같은 심정일지 모르겠습니다.

    9.
"빠알간 풍경 소리
  물감처럼 하늘 가득 퍼져 가고
  파아란 바람은
  푸른 산봉우리를 휘감아 돌아가네."

나 자신도 이 시의 의미를 아직 모르고 있습니다.
다만 명상 속에서 이런 그림이 문득 보여
글로 옮겨놓았을 뿐입니다.
그러나 이 그림을 보면서
마음속에 평화와 자유를 느낄 수가 있었습니다.
때로는 의미를 몰라도,
의식이 텅 비어 있어도,
마음이 한없이 평화롭고 자유로운 경험을
할 때가 있습니다.
이것이 '텅 빈 충만'의 경지가 아닐까요?

  이 시도 저의 시인데, 〈명상 속에서 본 그림〉이라는 이름을 붙여 보았습니다. 명상중에 마음이 한없이 평화롭고 고요할 때는 눈앞에 문득 그림이 나타날 때가 있습니다. 어떤 때는 그 그림의 의미를 알 수도 있고, 또 어떤 때는 모를 수도 있습니다. 그러나 그것은 그리 중요하지 않습니다. 중요한 것은 마음이 더 높은 자아를 만나 성장하는 느낌을 경험하는 것입니다.
  이런 현상에 초자연적인 의미를 붙여 신의 계시니, 초능력이니 운운 하는 것은 마음이 아직 맑거나 깊지 못한 증거입니다.

10.
땅이여, 길이길이 살아가소서.
비여, 계속 내려 땅들을 적시게 하소서.
비에 젖은 수풀들이여, 길이길이 자라가소서.
그래서 꽃들이 피어나고
우리 사람들이 다시 살게 하여주소서.

이 시는 자연의 생명과 건강을 기원하는 하와이 원주민의 기도문입니다.

사람은 자연과 교감함으로 건강할 수 있고 또 상처도 치유할 수 있습니다. 한 송이의 꽃과 나무에서 무한한 생명력을 느끼고, 새들의 노랫소리에서 창조주의 소리를 들을 수 있으면 그 사람은 진실로 건강한 사람입니다.

자연과 교감하는 능력을 가지게 되면 우리는 자연을 오염시켜 파괴하는 일을 심각하게 느끼게 될 것입니다.

오늘날 우리가 사는 이 지구는 물이 오염되었고, 공기가 오염되었으며, 땅이 오염되었습니다. 그뿐입니까. 오존층이 파괴되었고 해마다 넓은 면적의 아마존 밀림이 파괴되고 있습니다.

사람은 자연 속에서 생명의 환희를 맛볼 수도 있지만, 파괴되고 오염된 자연 속에서 인류의 멸망을 경험할 수도 있을 것입니다.

11.
애야, 내가 너를 얼마나 사랑하는지 너에게 말한 적이 없구나.
네가 내 가슴 속에서 얼마나 큰 자리를 차지하고 있었는지,

내 삶에서 네가 얼마나 중요한 역할을 했는지,
난 한 번도 너에게 말한 적이 없구나.
나는 언젠가 그런 말을 하기에 적당한 때가 오려니 생각했단다.
네가 졸업할 때,
네가 우리 곁을 떠나서 독립할 때,
네가 결혼할 때 말하리라 생각했었지.
하지만 이제 너는 죽었고,
그런 시간은 다시는 오지 않겠지.
그래서 이 글을 쓰는 거란다.
하느님께서 천사를 시켜
네게 이것을 읽어주도록 해주십사고 바라면서 말이다.
나는 네가
너를 사랑하는 나의 마음과 아울러 그 사랑을 한 번도
너에게 말하지 못한 나의 이 회한을 알아주길 바란다.

    이 글은 교통사고로 아들을 잃은 어떤 아버지가 아들을 묻기 전날 밤에 써서 아들의 시신 밑에 넣어둔 글입니다. 묵상 속에서 그 아버지의 아픈 마음을 느껴보도록 하십시오. 그리고 산다는 것과 죽는다는 것의 의미를 살펴보십시오.
    어떤 느낌이 듭니까? 명상에서는 슬픔이 가슴을 찢는 수준에 머물러서는 안 됩니다. 슬픔이 가슴을 시원하게 해주는 수준으로 승화돼야 합니다.
    저의 어머니는 83세 되던 해에 돌아가셨습니다. 어머니는 돌아가시기 전 거의 1년 동안 자리에 누워 계셨는데, 어느 화요일 밤 늦게 여동생으로부터 전화가 왔습니다. 어머니가 갑자기 위독하셔서 병원에 입원하셨다고요.
    저는 수업 때문에 고민하다가 토요일 비행기표를 샀습니다. 그런데 금요일 새벽에 여동생에게 다시 전화가 왔습니다. 어머니가 돌아가신 것입니다.

저는 첫 비행기를 타고 마산으로 내려갔습니다. 입관할 때 본 어머니의 시신은 너무나 작고 초라했습니다. 장례를 치르고 서울로 돌아온 후로 저는 깊은 슬픔과 죄책감으로 가슴이 터질 것 같았습니다. 저는 점점 우울증에 빠져들고 있다는 것을 느끼면서도 그 감정에서 벗어날 수가 없었습니다.

저는 어머니에 대한 생각이 떠오르면 즉시 그것을 억누르고 더 이상 생각하지 않으려고 노력했습니다. 어머니를 생각하면 죄책감에 사로잡혀 견딜 수가 없었기 때문입니다. 이 죄책감은 제가 어머니의 임종을 보지 못했다는 그런 단순한 죄책감이 아니라 좀더 뿌리 깊은 것이었습니다.

어머니는 일제강점기에 숙명 여학교를 나온 인텔리 여성이었습니다. 하지만 북한에서 홀로 남하한 아버지와 결혼한 후의 삶은 그야말로 불행의 연속이었습니다.

아버지는 고향에 두고 온 가족을 그리워하며 술에 중독되어 삶을 탕진했고 가족의 생계는 전혀 돌보지 않았습니다. 어떤 때는 집을 훌쩍 떠나서 몇 년이고 돌아오지 않은 적도 있었습니다.

고생하는 어머니를 보면서, 저는 크면 반드시 어머니를 행복하게 해드리겠다고 다짐했습니다. 그러나 이기적인 성격 때문이었는지, 아니면 항상 바쁘고 여유 없는 생활 때문이었는지, 저는 그 후로도 계속된 어머니의 고통을 한 번도 같이 나누지 못했습니다.

저는 어느 대학에서 대학원생을 대상으로 집단 명상을 지도하며 바로 지금 느끼고 있는 가장 강렬한 감정을 그림이나 시나 춤으로 표현해보라고 했습니다. 그리고 저 자신도 눈을 감고서 가장 강한 감정을 찾아 내면을 탐구하기 시작했습니다.

문득 어머니의 모습이 떠올랐습니다. 저는 다른 때와는 달리 용기를 내어 어머니의 모습을 계속 마음속에 머물게 했습니다. 잠시 후 제가 초등학교 시절에 어머니와 함께 거닐던 숲 속의 광경이 너무나 생생하게 눈앞에 펼쳐졌습니다.

저는 어머니에 대한 죄책감과 그리움, 그리고 삶과 죽음의 의미까지 뒤범벅된 묘한 기분에 휩싸였습니다. 그리고 저의 내면에 떠올라 형성된 그 감정을 하나의 시로 표현했습니다.

12.
바람 소리 느슨하게 솔방울을 흔들고 가던
그 숲 속에 다시 가 보았다.
그 나무, 그 새소리, 그 바람은 여전히 거기에
그대로 있건만
예쁜 자태로 내 손을 잡고 숲을 거닐던
어머니의 미소는 더 이상 그곳에 없었다.

타고난 한량기로 삶을 탕진하던 아버지의 무책임으로
어머니는 자식들을 기르시느라 무진 애를 쓰셨지.
온갖 새들이 저마다 명랑하게 지저귀고
느슨한 바람 소리, 나무 사이를 휘감아 돌던
그 숲 속을 나는 어머니와 함께 걸었다.
삶의 질곡 속에서도
미소를 잃지 않으시던 어머니의 얼굴을
나는 참으로 예쁘다고 생각했었지.
어머니에게 손목 잡혀 걸으면서
어린 나는 어머니의 행복을 위해 맹서도 했었지.

이제 다시 가 본 그 숲 속에는
어머니의 미소는 어디에서도 보이지 않았다.
아, 그 자태 곱던 어머니의 모습은 어디로 갔는가?
신비롭던 어머니의 예쁜 미소는 도대체 어디로 갔단 말인가?

나뭇가지 사이로 비치는 햇살에 묻혀
수채화의 물감처럼 퍼지는 소쩍새의 울음만이
나에게 답을 주려는 것 같았다.

    이 시를 설명할 때, 걷잡을 수 없는 감정이 마음 깊은 곳에서 밀려와 저는 결국 울음을 터뜨리고 말았습니다. 몇몇 참석자들은 같이 울어주었고, 옆에 있던 학생은 손수건을 건네주었습니다.

    한참을 그렇게 울었습니다. 그러면서 저의 감정을 살펴보았습니다. '마음속 깊은 곳에서 뿜어 나오는 이 슬픔은 무엇인가? 어머니에 대한 미안한 마음 때문인가?' 분명 어머니에 대한 죄책감이 있었습니다. 그러나 그게 다는 아니었습니다.

    저의 슬픔은, 어머니에 대한 미안한 마음과 함께 어떤 안타까움 때문이었습니다. 그 안타까움은 자태 곱던 어머니의 모습과 예쁜 미소를 그 숲 속에서 다시는 볼 수 없다는 존재론적인 슬픔이었습니다.

    어머니는 이미 돌아가셨으므로 그 자태와 미소를 더는 볼 수 없습니다. 제 머리는 그 사실을 압니다. 그럼에도 '어머니는 도대체 어디로 갔단 말인가?' 하는 존재의 근본적인 물음으로 안타까워하고 있었던 것입니다.

    저는 조용히 저의 감정을 살펴보았습니다. 얼마의 시간이 흐른 후, 말로 표현하기 어려운 어떤 위로와 평화가 마음속에 찾아왔고 곧 이어 어머니의 목소리를 들을 수 있었습니다.

"애야, 너무 그렇게 슬퍼하지 말아라. 나의 불행한 삶은 네 책임이 아니야. 그래도 너는 항상 내 생각을 하고 나를 걱정해주지 않았니. 이 불쌍한 에미를 위해서 기도나 해주면 나는 그걸로 족하단다."

"고맙습니다, 어머니…. 부디 좋은 곳으로 가시길 빌게요. 하느님, 제 어머니의 영혼을 당신께 부탁합니다."

다시 한 번 말하지만, 마음 닦기는 사물에 대한 지식이나 경험을 머리로 이해하는 수준에서 머무는 것이 아니고, 마음으로 깨닫는 수준의 경지입니다. 눈에 보이는 사물의 모습만 보아서는 마음 닦기가 일어나지 않습니다. 사물의 참 모습을 볼 수 있어야 비로소 마음 닦기가 일어나는 것입니다.

마음을 닦는 사람에게서는 넉넉함과 따뜻함, 그리고 지성의 향기가 풍기는 법입니다.

치유를 위한 자비명상

자비명상慈悲冥想은 불교나 기독교 등 종교인뿐만 아니라 마음을 닦는 사람들이 많이 행하는 명상입니다.

심리치료사의 눈으로 보면, 자비명상은 마음을 맑고 아름답게 가꾸는 기능으로만 끝나지 않고 강력한 치유 효과를 가지고 있는 것으로 보입니다.

살다 보면 하루에도 수십 번씩 화나는 일이 생깁니다. 어떤 때는 격렬한 분노로 심장이 멎을 것 같은 때도 있습니다. 그러나 그때마다 분노를 표출하기가 어려운 것이 우리네 삶입니다. 특히 한국사람은 더 그렇습니다. 그래서 한국사람은 화병이 많고 술도 많이 마시는 편입니다.

그런데 문제는 건강입니다. 화를 너무 억제하다 보면 신경증이나 우울증 등의 심리·정서 장애가 생길 수도 있고, 더 심각하게는 암 같은 치명적인 병에 걸릴 수도 있습니다.

그래서 의사나 심리치료사는 화를 너무 억제하지 말고 표출하라고 권고합니다. 이런 조언은 단기적인 처방으로는 좋습니다. 그러나 장기적인 면에서 보면, 화가 날 때마다 자꾸 표출하면 화를 쉽게 내는 성격으로 굳어집니다.

조그만 일에도 화를 낼 준비가 되어 있는 성격으로 변하는 것입니다. 유방암 환자들 중에는 자신의 감정, 특히 분노를 극단적으로 억압하는 유형과 분노를 폭발적으로 표현하는 유형이 많습니다. 분노를 극단적으로 억압하는 여성이나, 분노를 폭발적으로 표출하는 여성이 유방암에 잘 걸린다는 이야기입니다.

분노를 표출하는 것이 분노를 억제하는 것보다 유방암에 덜 걸린다는 임상보고가 있긴 합니다만, 분노를 표출함으로 해서 파괴되는 인간관계라든지 성격장애 형성 등을 고려해보면, 억압이든 표출이든 둘 다 정신건강에는 좋지 않습니다.

그러면 어떤 방법이 있을까요? 그것은 분노를 해소하는 것입니다. 분노를 해소한다는 것은 화가 날 때마다 그 분노를 사라지게 한다는 뜻입니다.

분노를 해소하는 방법 중에 가장 효과적인 방법은 자비명상입니다. 자비명상의 핵심은 불쌍히 여기는 마음입니다. 세상 만물 중에 불쌍하지 않은 것은 없습니다. 무서운 맹수나 혐오스러운 동물까지도 그들 입장에서 보면 살아가기 위해 무진 애를 쓰는 불쌍한 존재입니다.

예수는 십자가형을 받을 때, 자기의 손과 발에 못을 박는 병사들을 위해 기도했습니다. 자신의 살에 못을 박는 자를 위해 어떻게 기도할 수 있었을까요? 그것은 아무것도 모르고, 그저 명령에 따라 죄수의 손에 못을 박고, 죄수를 학대하고 조롱하는 병사들에게 연민의 정을 느꼈기 때문일 것입니다.

저는 독재정권의 어두운 시절에 많은 사람들을 고문했던 고문 전문가에 대한 이야기를 가끔 듣곤 합니다. 저는 그럴 때마다, 그에 대한 분노와 함께 진한 연민의 정도 느낍니다. 권력자의 하수인이 되어, 다른 사람에게 고통을 주고 또 그것을 즐기게 된 사람……. 따지고 보면 참으로 불쌍한 사람이 아닐 수 없습니다.

얼마 전에 어떤 도시의 유흥업소에서 불이 나 십여 명의 업소 여성들이 숨진 사건이 있었습니다. 유흥업소 업자가 여자들이 도망가지 못하도록 늘 밖에서 문을 잠가두었기 때문에 그녀들은 불을 피하지 못하고 질식해 죽어야 했습니다.

어떤 사람은 말합니다. 여자들이 힘써서 돈을 벌 생각은 아니하고 너무 쉽게 돈을 벌려고 유흥업소 같은 데서 일하다가 죽었다고 말입니다. 물론 옳은 말입니다. 그러나 그런 여성들의 대부분은 가난한 집안에서 태어나 배운 것이 별로 없는 불쌍한 처지입니다.

알고 보면 세상에 불쌍하지 않은 존재는 하나도 없습니다. 인생이란, 셰익스피어의 말대로, 무대 위에서는 주어진 각본대로 고래고래 소리치고 뛰어다니지만 무대 밖으로 사라지면 사람들에게 곧 잊혀지는 것인지 모릅니다. 그렇게 생각하면 모두가 다 가련한 존재이지요.

자비명상은 살아 있는 모든 존재에게 측은한 마음을 보내는 것(放射)입니다. 자비명상을 수행하는 사람은 높은 자아를 만나며 영적으로 성장합니다. 그러므로 화나는 일을 당할 때도 분노를 억압하거나 표출할 필요가 없습니다. 화나는 일이 자비심 속에서 자연스럽게 해소되기 때문입니다.

그러나 이것은 말은 쉽지만 실제로는 매우 어렵습니다. 그래서 틈나는 대로 자비명상을 수행할 필요가 있습니다. 음식을 통하여 체질을 바꾸듯이 자비명상을 통해 마음을 바꾸기 위해서입니다.

치유명상 6 | 자비명상 1

이제 침묵 속에서 당신의 호흡을 지켜보십시오.
먼저 사랑하는 사람을 마음에 떠올려봅니다.
그리고 그를 꼭 껴안습니다.

포옹은 상대방이 나에 대하여 좋은 생각을 가지고 있다는 것을 느끼게 해주고, 나 또한 상대방에 대하여 좋은 감정을 가지고 있음을 확인시켜줍니다. 그러므로 포옹은 강력한 치유의 힘이 있는 신체접촉(skinship)입니다.

사랑하는 사람을 포옹하고서 그에게 말해봅니다.
"나는 당신을 사랑합니다. 당신의 온 존재를 사랑합니다. 사랑합니다."

이제 그에게 묻습니다.
"당신의 고통은 무엇이며 소망은 무엇입니까?"

상상 속에서 그의 대답을 들은 후 다시 말합니다.
"나는 당신이 그 고통에서 벗어나고, 번민에서 벗어나고, 마음의 아픈 상처가 회복되기를 빕니다. 그리고 소망을 이루어 행복하기를 바랍니다. 진실로 행복하기를, 행복하기를……."

이제 당신이 아는 사람들에게 똑같은 방법으로 자비의 마음을 베풀어봅니다.
다음에는 당신이 모르는 사람들에게도 똑같은 방법으로 자비의 마음을 보냅니다.
이제는 사람뿐만 아니라 동물들에게도, 식물들에게도, 심지어는 지구의 생명체를 넘어 우주 반대편에 있는 생명체에게도 자비의 마음을 보내봅니다.
당신 존재의 중심으로부터 자비심이 퍼져 나와서 마침내 자비심이 당신의 온 존재를 가득 채우게 하십시오.

그런 후에 당신이 미워하고 싫어하는 사람을 떠올려봅니다.
그에게 측은한 마음이 일어나면, 당신이 좋아하는 사람에게 했던 것과 똑같이 해봅니다.
만약 거부감이 생기면, 무리하게 행하지 말고 다음으로 미루십시오.

절정경험과 명상

티베트와 네팔에 있는 한 밀교密教 사원에는 남자와 여자의 노골적인 성애 장면이 벽면 구석구석 조각되어 있습니다. 도덕적인 잣대로 보는 사람은 눈살을 찌푸리겠지만, 사실은 절정경험이 상징적으로 표현된 것입니다.

인간이 가장 행복한 순간은 절정경험을 하는 순간입니다. 그래서 인간들은 절정경험을 하기 위하여 여러 가지 방법을 시도해봅니다. 남녀가 성적인 결합을 통해 오르가슴을 느낄 때 인간은 지고의 행복과 황홀함을 맛봅니다.

밀교에서는 이 지고한 행복감과 황홀함을 추구하는데, 남녀의 사랑 행위를 그 상징으로서 보여줍니다. 그러므로 여기서 성애 장면은 포르노물 수준의 것이 아니라 종교적인 차원의 것입니다.

사람들은 의식적으로, 또는 무의식적으로 절정경험을 원합니다. 그래서 마약과 알코올 중독에 빠져보기도 하고, 섹스에 집착하기도 하고, 사이비 종교에 미치기도 하는 것입니다.

언젠가 텔레비전에서 사이비 종교 집단의 기도 장면을 보았습니다. 두 팔을 치켜들고서 고함을 지르고 몸을 부르르 떠는가 하면, 어떤 사람들은 앉은 채로 바닥에서 펄쩍펄쩍 뛰기도 했습니다.

우리는 이런 사람들을 보고 미쳤다고 합니다. 그러나 그들은 나름대로 마약을 통해서, 섹스를 통해서, 혹은 그들이 믿고 있는 대상과의 접신接神을 통해서 절정경험을 하고 있는 것입니다.

그러나 이런 절정경험은 동물 수준의 본능적인 차원의 것입니다. 거기에는 마음 닦기도 없고, 깨달음도 없고, 자비심의 향기도 없습니다. 단지 쾌락의 욕망만이 무섭게 꿈틀거리고 있을 따름입니다. 화학종교(알코올, 마약 등에 중독되어 있는 사람에게는 이것들이 종교적인 대상과 같다는 뜻에서 쓰는 말)나 사이비 종교의 특징은 사람들을 결국 파멸시키는 데 있습니다.

그러나 건전한 절정경험은 영성을 강화시키고 치유를 가능케 하는 중요한 경험입니다. 심리학자 아브라함 매슬로우는, 절정경험이란 가장 큰 기쁨의 환희를 경험하는 일이라고 말했습니다. 그리고 이 짧고 신비로운 순간의 경험이 인생을 살 만한 것으로 만드는 동시에 사람 내부의 분열, 사람들 사이의 분열, 그리고 사람과 세계 사이의 분열을 치유한다고 주장했습니다.

사람은 누구나 절정경험을 원합니다. 그러면 절정경험은 언제 어떻게 일어날까요?

절정경험은 일상적인 일과 사물 속에서, 그리고 특히 자연 속에서 신성함과 경이를 느끼고 초월의 순간을 경험할 때 일어납니다. 떠오르는 아침 해를 보면서, 저녁노을에 물든 시골길을 걸으면서, 어느 날 문득 돌아가신 어머니의 장롱을 보고 어머니에 대한 추억과 체취를 맡으면서, 오솔길 한 구석에 피어 있는 이름 모를 들꽃을 보고 생명의 신비를 깨달으면서, 삶의 지혜가 담긴 한 편의 시(詩)를 읽으면서, 우리는 심오한 신비와 커다란 기쁨을 느낄 수 있습니다.

절정경험 중에서도 가장 강렬한 것은 우리가 신(神)이라고 부르는 초월자, 절대자, 혹은 우주적 정신과 하나되는 느낌을 받는 순간의 경험입니다. 명상중에 우리의 온 자아가 이런 우주적 정신의 존재로 가득 차는 경험을 할 때 우리는 무한한 평화와 치유를 경험하게 됩니다.

신(神)을 늘 가슴속에 느끼며 살아가는 사람도 신에 대한 어떤 빛처럼 강력한 새로운 깨달음을 얻으면 다시 절정경험을 하기도 합니다.

자신이 믿는 하느님을 엄격한 존재로만 알았던 마르틴 루터가 성서를 다시 읽으면서 하느님은 사랑이시라는 것을 깨닫고는 너무 감동한 나머지 말을 못하고 "아!" 하는 외마디 소리만 질렀다고 합니다. 이런 것을 '아! 경험

(aha experience)'이라고 부르는데, 루터의 '아! 경험'은 바로 절정경험의 순간이었을 것입니다.

화두 하나를 놓고 끊임없이 씨름을 하다가 그에 대한 답을 얻거나 깨달음을 얻을 때도 '아! 경험'은 일어납니다. 어떤 선사는 이것을 "마음과 영혼이 동시에 시원해지는 느낌"이라고 말했습니다.

명상중에 깨달은 우주적 정신, 자연의 섭리와 신비 등을 간절히 사모하는 마음으로 가슴에 깊이 껴안을 때 절정경험은 일어납니다.

사람이 사랑하는 마음으로 다른 사람을 포옹하면 다음과 같은 효과를 가져온다고 합니다.

1. 포옹은 긴장을 완화시킵니다.
2. 포옹은 치유를 경험하게 합니다.
3. 포옹은 혈액순환을 활발하게 합니다.
4. 포옹은 자존감을 높여줍니다.
5. 포옹은 좋은 마음을 일으킵니다.

포옹할 때 사람들 사이에서 일어나는 현상은 명상중에 일별한 우주적 정신, 자연의 섭리와 신비를 가슴에 꼭 껴안을 때도 똑같이 일어납니다. 그리고 그 감정은, 그 신비한 치유와 위로는 더욱 강렬합니다.

절정경험은 순간적이지만, 영성이 풍부해지면 이런 느낌이 삶의 순간순간에 계속 이어집니다. 반복되는 일상에서도 새로운 의미와 신선함을 느낍니다. 평범한 것들 속에서 귀중함과 아름다움을 느낍니다.

절정경험과 그 지속적인 느낌은 우주의 중심에 있는 성장과 치유의 힘을 받아들이도록 스스로를 개방하는 순간이며, 생명의 신비 속에서 평화와 평안함을 받아들이는 순간입니다.

    그런데 영성이 빈약하거나 우둔할 때는 이 절정경험을 놓치기 쉽습니다. 우리가 마지막으로 꼭 기억해야 할 것은, 영성이 강화되고 풍부해지려면 반드시 명상에 친숙해져야 한다는 사실입니다.

제10장 죽음에 대한 치유명상

　　삶은 무엇이고 죽음은 또 무엇일까요? 이 물음은 종교인과 철학자뿐만 아니라 시공時空을 초월하여 모든 사람이 공통적으로 가지고 있는 질문입니다.

　　대부분의 사람들은 열심히 살고 있습니다. 사회적으로 성공한 사람들 중 일부는 너무나 위풍당당하여 무서울 게 없고 거리낄 게 없는 듯 보입니다. 그러나 어느 날 갑자기 죽음이 찾아오면 너무 무섭고 당황스러워 두려움에 떱니다. 그 위풍당당하던 사람이 한순간에 초라하고 가엾은 존재로 전락하고 맙니다.

　　실존철학자인 하이데거Heidegger는, 죽음은 인간에게 끊임없이 들려오는 배경음악이라고 말했습니다. 사느라고 바쁠 때는 배경음악에 별로 신경을 쓰지 않지만, 죽음이 현실로 코앞에 닥쳤을 때 준비가 되어 있지 않은 사람은 당황하고 두려워하는 것이 당연합니다.

　　'죽음학자'로 알려진 엘리자베스 퀴블러 로스Elisabeth KÜbler-Ross는 사람이 치명적인 병으로 죽음을 맞이하게 될 때, 모든 사람에게 항상 적중하는 것은 아니지만, 대략 다음의 다섯 단계를 거친다고 합니다.

　　첫 번째는 부정의 단계입니다. "아니야, 그럴 리 없어. 난 믿을 수 없어"

라고 하면서 충격을 받습니다. 자신의 병이 치명적이라는 사실을 알면서도 부정하고, 회복될 수 있다고 믿고 싶어합니다.

두 번째는 분노의 단계입니다. "그 많은 사람 중에 왜 하필이면 나야?" "왜 하필이면 지금이야?" 이러한 분노는 때로는 자기 자신에게, 가족에게, 의료진에게 표출되기도 하지만 때로는 절대자를 향해 표출되기도 합니다.

세 번째는 타협의 단계입니다. 자신의 상황을 인정하면서 절대자와 타협합니다. 이번 한 번만 이 상황에서 벗어나게 해준다면 신을 믿겠다든지, 열심히 살겠다든지, 다른 사람을 위하여 봉사하며 살겠다든지 하면서 말입니다.

네 번째는 우울과 절망의 단계입니다. 이때는 말이 적어지고, 침묵을 지키기도 하고, 때로는 울기도 합니다.

마지막 다섯 번째 단계는 수용의 단계입니다. 이때는 죽음의 불가피성을 깨닫고 죽음을 받아들이기로 마음을 먹습니다.

저는 이처럼 죽음을 받아들이는 상황이 한계를 느껴서 포기하는 차원이 아니라, 어떤 깨달음과 마음의 평화로부터 비롯된 차원이었으면 좋겠습니다. 죽음에 대한 생각들을 회피하지 않고, 명상 속에서 죽음을 바라보고, 깨달음을 얻어 죽음과 친해진 사람은 '언제든 죽기에 좋은 날'이라는 생각으로 죽음이 찾아올 때 미소로 환영합니다. 그러나 이것은 손쉽게 얻어지는 경지가 아니라 오랜 명상 수련을 통해 얻어지는 경지입니다.

죽음의 문제를 해결하지 못한 사람은 어느 누구도 삶에서 자유롭지 못합니다. 죽음의 문제를 해결한 사람만이 삶에서 진정한 자유와 마음의 평화를 누릴 수 있습니다. 그래서 죽음의 문제를 기피하지 말고 그것을 담담하게 명상의 화두로 삼는 자세가 필요합니다.

치유명상 7 | 자신의 주검 바라보기 명상

눈을 감고 심호흡을 하면서 편안한 마음을 유지하십시오.

이제 상상 속에서 자신의 죽어 있는 모습을 바라보십시오. 숨이 끊어져 땅 위에 누워 있는 당신의 육체는 점점 차가워지고 뻣뻣해집니다.

당신이 죽은 후 하루, 이틀, 그리고 사흘, 나흘이 지납니다. 당신의 죽은 몸은 푸른빛으로 썩기 시작합니다. 그런 당신의 시신을 생생하게 눈앞에 그려봅니다. 어떤 느낌이 듭니까?

오랜 시간이 지났습니다. 이제 당신의 시신은 부패하여 사라져서 겨우 약간의 피와 살점만이 힘줄에 매달려 대롱거리고 있습니다.

이제 그마저 사라지고 해골만 남아 가벼운 바람에 미세한 흙먼지가 뼈 사이로 날리고 있습니다.

오랜 세월이 지나 해골도 흩어져 백골의 뼈 무더기로 되었다가, 마침내는 그마저 삭아서 한 줌 먼지로 흩어지고 맙니다. 그 모습을 시각화하여 생생하게 바라보십시오.

어떤 느낌이 듭니까? 무섭습니까? 슬퍼서 눈물이 흐릅니까? 아니면 마음이 편안해집니까? 어떤 사람은 마음속에 온갖 욕망과 집착을 털어버리고 카타르시스를 경험하여 입가에 평화로운 미소를 띠기도 하고, 어떤 사람은 눈물을 흘리기도 하고, 또 어떤 사람은 무서워서 몸을 떨기도 합니다.

죽음을 시각화하여 바라보는 것이 두렵거나 도무지 죽음을 받아들일 수 없으면, 기독교에서 재의 수요일에 사제가 신자의 이마에 재로 십자가를 그으면서 '인생아, 기억하라. 너는 흙이니 흙으로 돌아가리라'하고 말하는 의식을 시각화해 지켜보십시오.

나는 우주의 중심이지만 우주의 주인은 아닙니다. 나는 나의 삶을 살아가고 있지만 삶의 주인도 아닙니다. 나는 과연 누구입니까? 우리의 신체는 우리 자신이 아닙니다. 우리의 느낌이나 생각도 우리 자신은 아닙니다.

무서워하지도 말고, 슬퍼하지도 마십시오. 썩어서 사라진 당신의 몸뚱이는 본래 당신이 아니기 때문입니다. 이 사실을 깨달으면, 당신은 오히려 입가에 미소를 지은 채 마음이 한없이 편안해지는 것을 바라볼 수 있습니다.

당신의 육체가 당신 자신이 아니듯이, 당신의 생각이나 느낌이나 감정이나 행위도 당신 자신은 아닙니다. 당신은 본래 자연의 거대한 생명 에너지의 한 부분일 뿐입니다. 당신은 단지 자연에서 왔다가 자연으로 돌아갈 뿐입니다.

자연의 섭리를 깨달은 사람에게는 삶과 죽음이 별개의 것이 아닙니다. 삶도 죽음도 자연의 섭리 속에서 그냥 흘러가는 하나의 흐름일 뿐입니다.

육체가 곧 나 자신이라는 생각, 느낌과 감정과 행위와 생각이 나 자신이라는 생각은 집착에서 오는 것입니다. 그러므로 집착에서 벗어나면 모든 번뇌로부터 벗어나서 대자유인이 될 수 있습니다.

집착에서 온전히 벗어나는 것, 죽음조차 삶의 한 부분으로 여기는 깨달음을 얻는 것, 그래서 마음의 자유와 평화를 얻는 것, 이것이 바로 궁극적 치유입니다.

치유명상 8 | 자신의 장례식 바라보기 명상

당신의 장례식이 거행되고 있습니다. 많은 사람들이 왔습니다. 그들의 얼굴 표정을 살펴보십시오. 그들은 당신의 죽음에 대해 슬퍼하고 있습니까? 아니면 무표정합니까?

그들은 당신에 대해서 수군거리고 있습니다. 그들의 소리를 가만히 귀 기울여 들어보십시오. 뭐라고 하고 있습니까? 좋은 사람이 죽어 애석하다고 말합니까? 아니면 나쁜 짓만 하다 잘 죽었다고 말합니까?

당신은 그들에게 하고 싶은 어떤 말이 있습니까? 있다면 어떤 말을 하고 싶습니까?

이제 장례식이 다 끝나고 사랑하는 가족과 친구들이 모두 당신의 무덤을 떠난 후, 당신은 홀로 남았습니다. 어떤 느낌이 듭니까?

당신 옆에 누가 있습니까? 당신이 믿는 하느님입니까, 부처님입니까, 혹은 아무도 없습니까?

이런 상상의 경험을 가지고 이제 현실로 돌아오십시오. 하늘은 여전히 푸르고, 당신이 사랑하는 사람, 미워하는 사람도 여전히 거기에 그대로 있습니다. 이제 그들에게 유언을 써보십시오. 정말로 하고 싶은 이야기를 그대로 써보십시오. 그리고 천천히 읽어보십시오.

죽기 전에 5분이 남았다면

저는 캐나다의 케인 교수가 인도하는 집단상담에 참석한 적이 있었습니다. 그녀는 참석자들에게 깊은 심호흡을 시키며 내면의 세계로 빠져들게 인도했습니다. 그녀는 사라 브라이트만의 〈Time to Say Goodbye〉(이젠 안녕이라 말할 때)라는 노래를 들려주었습니다. 깊은 내면의 세계에서 듣는 그 노래는 무언지 모를 커다란 힘으로 저의 감정을 흔들어놓고 있었습니다.

케인 교수가 말했습니다.

"지금 죽음을 맞이하고 있다고 상상해보세요. 여러분에게 남아 있는 시간은 단 5분뿐입니다. 머릿속에 누가 떠오릅니까? 그들에게 이제는 안녕이라고 말할 때라고 생각해보세요. 어떤 느낌이 듭니까? 죽음을 맞이하는 순간을 상상하면서 새롭게 깨달은 것이 있습니까?"

저는 그때 진실로 많은 것을 깨달았습니다. 집단상담을 마치고 눈을 떴을 때 훨씬 성숙한 자신을 발견할 수 있었습니다.

죽음을 맞이하는 사람들은 대개 자신의 삶을 돌아보고 후회와 아쉬움을 느낍니다.

"나는 사랑하는 사람들에게 왜 그렇게 많은 상처를 주었고, 왜 사소한 일로 다른 사람들을 그토록 가슴 아프게 했던가?"

그들은 꼭 하고 싶었던 일을 마치지 못한 후회와 아쉬움에 사로잡힙니다.

그러나 정작 죽음이 눈앞에 닥쳐왔을 때에는 아무리 후회하고 아쉬움이 남아도 어찌할 방법이 없습니다. 만약 어떤 사람이 죽음의 문턱까지 갔다가 다시 살아오는 경험을 한다면, 그는 인생을 이전과는 전혀 다른 시각으로 보며 살 것입니다.

만일 이런 경험을 할 수만 있다면 우리는 부쩍 성장할 수 있을 텐데 무슨 방법이 없을까요? 저는 죽음을 맞이하는 순간을 상상해보는 것이 이와 비슷한 경험을 미리 해보는 좋은 방법이라고 생각합니다.

이런 훈련은 혼자서 할 수도 있고 집단상담에서 여럿이 할 수도 있습니다. 죽음을 맞이하는 상상 속에 잠겨 있다가 눈을 뜨면, 내게 남아 있는 삶의 시간이 충분하다고 느끼게 됩니다. 소중한 사람들에게 사랑한다고 말할 시간도, 다투었던 사람들과 화해할 시간도, 또 의미 있는 일을 해볼 시간도 우리에게는 많이 남아 있습니다.

그러므로 죽음의 순간을 상상해보면, 자신의 삶이 더욱 새로워지고, 사랑하는 사람들이 더욱 소중해지고, 또한 자기에게 가장 의미 있는 일과 중요한 일이 무엇인지 다시금 깨닫게 됩니다.

붓다가 말했습니다.

"모든 발자국들 가운데 코끼리의 발자국이 최고이고, 마음을 다스리는 명상들 가운데 죽음에 대한 명상이 최상이니라."

죽음에 대한 명상은 어떤 무서움이나 혐오감을 주려는 것이 아닙니다. 죽음에 대한 명상을 함으로써 죽음과 친해지고 죽음의 의미를 깨닫게 하려는 것입니다. 죽음의 의미를 깨달은 사람만이 삶의 의미를 깨달을 수 있을 것이며 그물에 걸리지 않는 바람같이 살 수 있을 것입니다. 그러므로 죽음에 대한 명상은 궁극적 치유를 위한 명상입니다.

제11장 치유명상의 숙달

치유명상 9 | 감수성 명상

1.

편안하게 앉아서 눈을 감고 호흡을 하십시오.

이제 상상 속에서 어린 시절의 고향집으로 가봅니다. 오랫동안 잊고 살았던 어린 시절의 고향집을 보는 순간 어떤 느낌이 듭니까?

이제 고향집의 마루로 올라가십시오. 거기에 무엇이 보입니까? 추억에 담긴 어떤 물건들, 예를 들면 쌀뒤주나 할아버지가 베고 낮잠을 주무시던 목침, 그 외에 어떤 물건들이 보이면 살펴보고 만져보고 하십시오.

이제 안방으로 들어가보십시오. 어머니가 쓰시던 장롱이 보입니까? 그러면 어머니가 쓰시던 장롱을 살펴보고, 만져 보고, 냄새까지 맡아보십시오. 어머니의 손때로 닳은 장롱을 만져보면서 어떤 느낌이 듭니까?

벽에 걸려 있는 낡은 사진들이 보입니다. 그 사진 하나하나에 깃들어 있는 추억이 떠오릅니다. 그 추억에 잠시 머물러보십시오. 이제는 마당으로 나가서 어릴 때 어머니와 함께 심었던 꽃들도 살펴보고, 집 앞 개울가에서 가재를 잡던 모습도 살펴보십시오. 그리고 흐르는 개울물을 꽤 오랫동안 바라보십시오.

다음에는 친구들과 뛰어놀던 뒷동산에 올라가봅니다. 귀를 때리는 요란한 매미 소리 가운데에서 날아다니는 나비와 잠자리가 보입니까? 그리고 그 나비와 잠자리를 쫓아 달리는 친구들의 모습이 보입니까? 그런데 그 친구들은 지금은 다 어디로 갔습니까?

어떤 느낌이 듭니까? 즐거움입니까, 슬픔입니까, 안타까움입니까, 그리움입니까, 아니면 비밀스런 어떤 감정입니까? 어떤 감정이든지 그 느낌에 잠시 머무르십시오.

돌아가신 어머니와 아버지가 부디 좋은 데로 가셨기를!

지금은 헤어져 생사도 모르지만, 어릴 때 첫사랑이었던 미란이도, 만나면 싸우곤 했던 현국이도 모두 다 행복하기를!

달콤한 슬픔이, 살아 있는 모든 것을 사랑하고픈 마음이 가슴속으로 파고 들어오지는 않습니까?

만일 이런 명상중에 삶과 죽음, 만남과 헤어짐, 즐거움과 고통을 초월적인 마음의 눈으로 볼 수만 있다면, 소위 신의 섭리라거나 생명의 법칙이라고 불리는 그것을 느낄 수만 있다면 우리는 잔잔한 미소를 머금을 수 있습니다.

이제 다른 하나의 명상을 해봅시다.

2.

눈을 감고 편안하게 호흡을 하면서 어릴 때로 돌아가 지붕에 떨어지는 빗소리를 들어보십시오.

만일 어릴 때 살던 집이 기와집이라면 기와 위에 떨어지는 빗방울 소리를 들어보십시오.

지붕 한쪽 모서리로 떨어지는 낙수 소리를 들어보십시오.

생생하게 들어야 합니다.

메마른 대지 위에 떨어지는 빗방울도 바라보십시오.

갑자기 떨어지는 굵은 빗방울에 메말랐던 땅 위의 먼지들이 움푹 패이며 흩날립니다. 땅에 부딪히는 빗방울 소리와 누런 땅의 색깔을 생생하게 듣고 바라보십시오. 어떤 느낌이 듭니까? 원하는 만큼 그 느낌 속에 머물러 있으십시오. 그러는 중에 어떤 깨달음이 올 수도 있습니다. 그러면 가슴이 시원해지고 무한한 평화가 온몸을 가득 채울 것입니다.

상상 속에서 추억의 장소나 사건으로 돌아가보는 명상은 잠들어 있는 우리의 감수성을 일깨워줍니다. 기쁨, 슬픔, 아쉬움, 그리움 등의 감정을 느끼지만 이 명상 후에는 대개 카타르시스를 느끼고 삶에 대한 새로운 힘이 불어넣어집니다.

고향이 시골이 아닌 사람은 도시의 고향으로 가보십시오. 어릴 때의 집과 친구와 뛰놀던 골목, 자질구레한 물건과 음식을 사먹던 조그만 동네 가게 등을 회상해보십시오.

이제 또 다른 하나의 감수성 명상을 위해 김정규 님이 쓴 《게슈탈트 심리치료》의 한 부분을 인용하겠습니다.

「새벽안개가 드리워진 숲을 무심히 관조하거나, 창가에 앉아 아름다운 저녁노을을 바라보면서 음악의 선율에 젖어들거나, 눈감은 채 아름다운 자연 사물들을 마음속에 떠올려 보거나, 상상의 나래를 펴서 한 마리 갈매기가 되어 끝없는 바다 위를 날아 보는 것 등이 모두 훌륭한 명상이다.

명상은 자연과의 생생한 만남을 가능하게 해주며, 그 만남을 통해 우리 안에 무언가 일어나게 해주고 새로운 변화를 가져다준다. 명상은 삶과 우주의 신비를 체험하게 해준다.

명상을 통해 우리는 무한한 생명의 바다에 끊임없이 일어나고 사라지는 변화무쌍한 존재의 축제에 참여할 수 있다. 명상은 우리와 자연이 하나가 되게 해준다.

산사에서 보내는 하룻밤의 체험을 통해서도 우리는 영혼의 바닥까지 닿는 깊은 명상에 이를 수 있다. 잠들기 전 베갯머리에 들려오는 이름 모를 풀벌레 소리에 귀 기울여 보면, 까만 정적 속에서 파동쳐 오는 생명의 떨림을 느낄 수 있다. 마치 자연과 내가 하나의 생명체로 어우러지는 체험을 하게 된다.

끝없이 펼쳐진 대우주의 한 모퉁이에서 외롭게 울어대는 풀벌레들, 그것들은 정말 무한히 넓은 우주 속의 하찮은 존재일지 모른다. 하지만 그것은 살아 있는 존재의 처절한 외침이기에, 영원한 세월 동안 침묵을 지키고 있는 저 광막한 우주보다도 내게는 더 깊은 의미로 다가온다.

밤을 지새워 우는 풀벌레 소리에 그냥 아무 생각 없이 함께 젖어들어 본다. 그것은 이 시간에 실존하는 생명의 소리들이다. 살아 있음을 이보다 더 극명하게 표현할 수 있는가? 가장 단순한 소리로, 가장 명확한 소리로 "나 여기 살아 있네! 나 여기 살아 있네!" 하고 외치지 않는가?

나도 풀벌레가 되어 함께 생명의 바다, 금빛 파도에 노닐면서 "나 여기 살아 있네! 나 여기 살아 있네!" 하고 하얀 울음을 울어본다. 잦아드는 풀벌레 소리, 우주를 가득 채우며 어디론가 아득히 아득히 퍼져 간다.

어디서 왔는지, 어디로 가는지 알 수도 없고, 알 필요도 없이…… 영원히 영원히, 다만 지금 여기에서, 삶의 한가운데서 "나 여기 살아 있네…… 나 여기 살아 있네……" 하고 밤새 함께 울어본다.

이제 나와 풀벌레, 나와 대자연은 하나가 되어, 생명의 바다에 함께 어우러져 넘실거린다. 대우주의 합창에 함께 하나가 되어 자유로워진다. 이제 나는 더 이상 내가 누구인지 묻지 않는다. 나의 영혼의 바닥은 대우주에 닿아 있음을 느낀다.

나는 우주 속에, 우주는 내 속에 하나가 되어 있다. 나의 숨결은 우주로 퍼져나가고, 우주는 내 속에서 숨 쉰다. 지금 여기에 우주가 들락날락한다. 들고 나고 들고 나고, 지금 여기에 살아 숨 쉬는 우주가 느껴진다. 모든 것이 지금 여기에 살아 숨 쉬고 있다.

일체의 사념은 사라지고, 오직 지금 여기의 생명의 고동만이 우주와 함께 숨 쉬고 있다.」

이 글을 읽고 묵상해보십시오. 어떤 느낌이 듭니까?

눈을 감고 이 글이 만들어내는 광경을 상상 속에서 그려보면, 그 무언지 모를 힘이 부드럽지만 맹렬하게 당신의 가슴을 두드리고 있는 것을 느낄 수 있을 것입니다.

당신이 마음만 열면 이전과는 다른 느낌의 눈물, 다른 느낌의 웃음을 지을 수 있습니다.

즐거운 추억의 신비 명상

이전에 즐거웠던 때를 떠올리고 그 장면으로 되돌아가십시오.

무엇 때문에 즐겁고 기쁘고 행복했습니까?

어떤 사람에게 사랑을 받았습니까? 원하던 바가 성취되어 주위의 인정을 받았습니까? 자연의 아름다움에 황홀한 경험을 했습니까? 당신이 믿는 신과 신비한 합일을 경험했습니까?

즐거웠던 장면을 다시금 보면서 그때 체험했던 바로 그 느낌을 생생하게 다시 느껴보십시오.

단지 기억만 해서는 안 됩니다. 그 장면을 생생하게 보고 느껴야 합니다. 당신이 원하는 만큼 이 느낌 속에 머물러 계십시오.

삶이 메마르고 힘들 때 기쁨을 느꼈던 장면으로 되돌아가서 즐거웠던 그때 느낌을 생생하게 다시 느껴보는 것은 우리의 정신건강을 튼튼하게 유지시키는 가장 좋은 방법 중 하나입니다.

우리가 경험한 기쁨은 우리에게 자신감과 용기를 주지만, 이 기쁨은 순식간에 지나가고 삶은 다시 우리에게 고통으로 다가옵니다. 그래서 즐거웠던 장면을 생생하게 다시 느껴보는 것은 삶의 에너지를 풍성하게 오래 지속시켜줍니다.

즐거운 상상의 심리학적 가치는 삶을 용기 있게 긍정적으로 살아간다는 것이며, 즐거운 상상의 신체적 효과는 신체의 활성화를 기할 수 있다는 것입니다.

빈 의자 명상

대학에서 '인간관계론'이라는 과목을 가르치고 있으면서도 정작 저의 인간관계는 때로 원만하지 못합니다. 이유 없이 모욕을 당하거나 비난을 받으면 너무 억울해서 분노와 격정적인 감정을 억제하기가 어려울 때가 있습니다.

그러면 그 사람이 미워지고 그 사람 자체가 악한 존재처럼 느껴집니다. 그럴 때 빈 의자 요법을 사용하면 그의 입장을 이해하게 되어 감정을 조절하기가 훨씬 쉬워집니다. 그래서 빈 의자 요법은 상담가들이 즐겨 쓰고, 또 좋아하는 기술입니다.

빈 의자 명상의 방법은 이렇습니다.

상상 속에서 상대방을 빈 의자에 앉힙니다. 그리고 내가 하고 싶은 말을 그대로 다 합니다. 그리고 이번에는 내가 상대방이 되어 그의 입장에서 말을 합니다. 이번에는 다시 내가 나의 입장에서 말을 합니다.

이러는 과정에서 나는 나의 입장과 그의 입장을 충분히 인식하게 됩니다. 비이성적인 감정은 점차 사라지고 냉철한 이성이 나를 지배하게 됩니다. 그리고 이해의 바탕에서 비롯되는 따뜻한 가슴이 나를 감싸게 되면서 명상을 맺습니다.

사람은 누구나 자신의 이야기를 들어줄 어떤 사람이 필요합니다. 그러나 다른 사람의 이야기를 진지하고 지혜롭게 들을 수 있는 사람은 그리 많지 않습니다. 나의 답답한 마음을 다른 사람에게 말하고 나면 대개는 더 답답하고 오히려 좌절만 느낄 때가 많습니다.

상담가는 다른 사람의 말을 공감하며 듣는 훈련을 한 사람입니다. 그래서 사람들은 상담가를 찾습니다. 그러나 상담가와 얘기를 나누려면 절차가 번거롭습니다. 예약을 해야 하고 돈도 들고, 또 존재의 본질에 관한 의문은 상담가와 얘기해도 별 도움이 안 되는 때가 있습니다.

이럴 때 빈 의자 명상은 아주 유용합니다.

빈 의자에 당신이 믿는 신 혹은 위대한 영적 스승을 초대하여 앉게 하십시오. 그리고 당신이 하고 싶은 이야기를 솔직하게 말하고, 묻고 싶은 이야기가 있으면 물어보십시오. 신기하게도 그는 지혜로운 대답을 들려줍니다. 당신의 영성이 맑고 깊을수록 그의 대답은 더 지혜롭습니다.

저의 경우를 예로 들면, 저는 성공회聖公會 사제이기 때문에 저의 일차적인 영적 스승은 예수입니다. 그러나 석가나 노자, 토마스 머튼, 헨리 나우웬, 앤소니 드 멜로 등도 모두 저의 영적 스승입니다.

저는 가끔 그분들을 빈 의자에 초대해서 아픔과 고통, 고뇌를 털어놓습니다. 그때마다 그들은 지혜로운 말을 들려주고 저는 영성이 더욱 성숙해짐을 느낍니다.

성숙한 자아 만들기

중세기에는 '좋은 사람이냐, 나쁜 사람이냐'가 인간의 가치를 측정하는 기준이었습니다. 그런데 그가 좋은 사람이냐 나쁜 사람이냐 하는 것은 그가

'기독교인이냐, 아니냐'로 결정되었습니다.

이 이론대로 하면 기독교가 전 사회를 지배하고 있던 중세 유럽 사회는 지상낙원이어야 했습니다. 그러나 실제는 그렇지 못했습니다. 중세 유럽 사회도 여전히 폭력과 무지와 어리석음이 삶의 현장에서 지배적인 모습이었습니다.

그래서 근세에는 르네상스와 합리적인 과학정신에 영향을 받아 인간의 가치 척도가 '배운 사람이냐, 아니냐'로 바뀌었습니다. 만일 이 사회의 모든 구성원이 모두 다 배운 사람들이라면 폭력이나 무지, 그리고 어리석음 따위는 사라질 것으로 생각했습니다. 그러나 배운 사람이 많아진 근대에 와서도 폭력이나 무지, 어리석음 따위는 사라지지 않았을 뿐만 아니라 더 강력하고 교묘해졌습니다. 지식 강대국인 선진국들이 다른 나라들을 침공하는 것이 그 대표적인 예가 될 것입니다.

그래서 21세기에 들어와서는 가치 있는 인간의 척도를 '성숙한 사람이냐, 아니냐'로 판단해야 한다고 많은 학자들이 말하고 있습니다. 성숙한 사람은 내면과 인간관계와 영적인 면이 다 건강한 사람을 의미합니다.

내면이 건강한 사람은 거짓이 없고 진실합니다. 융의 심리학 용어에 페르소나persona라는 말이 있습니다. 페르소나라는 말은 '가면'이라는 뜻입니다. 융은 모든 사람은 다 가면을 쓰고 있다고 말합니다.

아버지라는 가면, 선생이라는 가면, 목사라는 가면, 교양 있는 여자라는 가면 등등……. 우리 인간은 수많은 가면을 쓰고 살아갑니다. 페르소나는 부정적인 면과 함께 긍정적인 면으로도 인간의 생활에 관여하고 있습니다.

그러나 과도하게 경직된 가면은 벗어버려야 합니다. 그래야 진실하고 자연스러운 느낌을 따라 살 수 있습니다.

이것이 인간의 냄새이고 영성이 성숙한 사람이 풍기는 향기입니다.

심리학자 매슬로우는 자아실현을 한 사람의 성격의 특징을 열다섯 가지로 분류했습니다. 저는 성숙한 자아를 만드는 데 있어서 매슬로우의 성격 분류가 가장 좋은 거울이라고 생각합니다. 자아실현을 한 사람의 성격상 특징을 아래에 소개합니다.

1. 현실에 대한 효율적 지각

대부분의 사람들은 다른 사람이나 사물을 자기의 필요와 가치관에 따라 보려고 합니다. 그리고 자신의 가치관에 맞지 않으면 그들을 비난합니다. 그러나 자아실현을 한 사람은 다른 사람이나 사물을 자기가 원하는 방식으로 보지 않고 있는 그대로 봅니다. 그에게는 편견과 선입견이 없습니다.

2. 자기와 타인 및 자연에 대한 수용

자아실현을 한 사람은 자신의 장점뿐만 아니라 단점도 있는 그대로 받아들입니다. 마찬가지로 다른 사람의 단점에 대해서도 수용적이고 너그럽습니다. 자연을 지배하고 개발할 대상으로 보는 게 아니라 자연 그 자체를 존중해야 할 대상으로 봅니다.

3. 자발성, 솔직함 및 자연스러움

자아실현을 한 사람은 자신의 감정을 숨기지 않고 솔직하게 표현하며 항상 자연스럽게 행동합니다. 그래서 사람들은 그를 신뢰하고, 그와 함께 있으면 평화와 즐거움을 느낍니다.

4. 문제 중심적인 태도

자아실현을 한 사람은 자신에게 주어진 일에 책임감이 있습니다. 단순히 생계를 잇기 위하여 일하거나 행동하는 것이 아니라 뜻을 품고 일을 하며 행동합니다.

5. 초연함, 사생활과 독립에의 욕구

자아실현을 한 사람은 맹목적으로 다른 사람의 가치와 행동, 지시를 따르지 않고 자율적으로 행동합니다. 그는 다른 사람에게 의존하지 않고, 군중심리에도 잘 휩쓸리지 않을 뿐만 아니라 종종 홀로 있기를 즐깁니다. 때문에 사람들에게 비사교적, 개인적이라는 비난을 받기도 하지만 남을 도울 때는 헌신적입니다.

6. 자율성

자아실현을 한 사람은 자신의 내면에서 만족과 행복을 얻기 때문에 외부의 것에 좀처럼 영향을 받지 않습니다. 권력이나 부富, 성공 등을 부정하지는 않지만 그것에 집착하지도 않습니다. 그래서 사람들이 실패나 불운이라고 생각하는 위기를 비교적 슬기롭게 극복합니다.

7. 계속적인 신선한 인식

자아실현을 한 사람은 반복되는 같은 일이나 상황에서도 즐거움과 경이감을 느끼고 항상 새로운 의미를 찾을 줄 압니다. 언제나 보는 나무와 꽃에서도 새로운 즐거움과 경이감을 느끼고, 늘 참석하는 예배나 예불에서도 매번 새로운 의미를 찾습니다. 그래서 보통 사람들이 희열을 느끼지 못하는 사소한 일에서도 희열을 느낍니다.

8. 절정경험 혹은 신비경험

자아실현을 한 사람은 절정경험을 즐깁니다. 절정경험이란 인생에서 무아경과 환희의 순간, 그리고 열정적인 감정의 고양을 경험하는 것입니다. 이때 보통 자아를 초월하여 세상과 인생을 관조합니다. 자아실현을 경험하지 못한 사람들은 흔히 술이나 마약으로부터 절정경험을 하려고 합니다.

9. 사회적 관심

자아실현을 한 사람은 다른 사람에게도 관심과 애정을 가지고 있으며, 그가 몸담고 있는 사회에도 정의에 기초한 관심을 가지고 있으며, 필요하면 행동으로 옮기기도 합니다.

10. 대인관계

자아실현을 한 사람은 다른 사람을 사랑할 때 '결핍사랑'을 하지 않고 '존재사랑'을 합니다. 자기의 이익이나 목적을 위해서 남을 사랑하는 게 아니라 인간 자체에 대한 존중심에서 남을 사랑하는 것입니다. 그는 인간성을 중요시 여기며, 위선적이거나 거만한 사람들에 대해서는 그 거짓을 폭로하기도 합니다.

매슬로우는 《존재의 심리학》(Toward a Psychology of Being)이라는 저서에서, 자기에게 부족한 것을 채우기 위한 자기중심적 사랑을 '결핍사랑(D사랑)'으로, 상대방의 존재 자체를 사랑하는 것을 '존재사랑(B사랑)'으로 표현했습니다.

11. 민주적인 성격 구조

자아실현을 한 사람은 자신을 존중하는 것과 마찬가지로 다른 사람을 존중합니다. 그는 신분, 종교, 성性, 교육 수준, 인종에 관계없이 모든 사람에게 관대하고 수용적이며 차별을 하지 않습니다. 자아실현을 한 사람에게서는 우월감이나 열등감도 거의 찾아볼 수 없습니다.

12. 수단과 목적의 구별

자아실현을 한 사람은 수단과 목적을 구별할 줄 압니다. 그는 목적을 위해 수단을 합리화하지 않으며 자신의 윤리적, 도덕적 기준에 따라 말하고 행동합니다.

13. 유머 감각

자아실현을 한 사람은 철학적인 유머 감각이 있습니다. 그 유머는 다른 사람에게 상처를 주거나 다른 사람을 웃음거리로 만들지 않을 뿐만 아니라, 의미와 재치가 담겨 있어서 요점을 이해하고 나면 누구나 미소 짓는 그런 유머입니다.

14. 창의성

자아실현을 한 사람은 독창적인 창의성이 있는데, 꼭 예술적인 분야가 아니더라도 그가 하는 모든 일이나 일상생활에서 창의성을 보입니다.

15. 문화적 동화에 저항함

자아실현을 한 사람은 사회나 단체의 전통과 관례를 존중하지만, 창의적이고 자율적인 성격 때문에 자신이 동의하지 않는 한 무조건 전통과 관례를 따르라는 강압에는 저항합니다.

일반적으로 사회적인 규범과 관례를 존중하고 따르지만, 도덕적으로나 윤리적으로 잘못된 사회적 규칙과 규범에는 도전합니다.

　자아실현을 한 사람은 공기같이 자유롭고 평화로운 사람입니다. 그는 동양적 관점으로 말하면 달관의 경지에 도달한 사람이며 도인道人입니다. 자아실현은 저절로 얻어지는 것이 아니라 부단한 깨달음을 통해 얻어집니다.
　저는 자아실현의 성격을 '치유성격'이라고 부르는데, 자아실현을 한 사람은 자신뿐만 아니라 다른 사람의 상처도 치유하는 능력이 있기 때문입니다.
　이제 눈을 감고 조용한 가운데 자아실현을 한 사람의 성격 특징을 살펴보십시오. 그리고 당신에게 해당되는 것이 몇 개나 되는지 확인해보십시오.
　자아실현을 한 사람의 성격을 하나하나 살펴보면서 당신의 성격과 비교해보십시오. 만일 당신이 자아실현을 한 사람의 성격을 닮으려고 노력한다면 당신은 성숙한 자아를 만들어가는 과정중에 있는 것입니다.

치유명상 10 | 유언장 쓰기 명상

눈을 감고 심호흡을 하면서 마음을 편안하게 합니다.

앞으로 남은 삶이 얼마 없습니다. 그런 상황에서 당신의 지나온 삶을 되돌아보십시오. 당신은 지나온 당신의 삶에 만족합니까? 만족한다면 어떤 면에 만족합니까?

지나온 당신의 삶에 회한이 있다면 어떤 것입니까?

이제 당신은 임종을 며칠 앞두고 있습니다. 마음속으로 유언장을 써보십시오. 마음속으로 유언장을 쓰는 것이 어려우면 눈을 뜨고 종이를 꺼내어 실제로 유언을 써보십시오.

유언의 내용은 어떤 것입니까? 누구에게 썼습니까? 유언장을 쓰고 난 후 당신의 느낌의 변화를 살펴보십시오.

유언장 쓰기 명상은 내용상 제10장의 〈죽음에 대한 치유명상〉에 속하는 것입니다. 죽음에 대한 문제를 해결하지 못한 사람은 엄격한 의미에서 자유로운 사람이라고 할 수 없을 것입니다.

죽음에 대한 명상을 한 후에 어떤 사람은 눈물을 흘리기도 합니다. 이것은 자연스러운 감정의 흐름이니 부끄러워할 필요가 없습니다.

어떤 사람은 죽음에 대한 명상을 꺼립니다. 그러나 공포감과 혐오감이 극복될 때까지 죽음에 대한 명상을 계속하십시오. 반드시 가슴이 시원해지며 자유로움을 느낄 때가 올 것입니다.

그 후의 당신의 삶은 한층 더 소중하고 풍요로워질 것입니다.

상담 후 명상

심리치료에는 주로 문제를 통찰한 후 이성을 강화하여 치료를 하는 것이 많습니다. 그러나 심리치료에서 단순히 지적인 통찰만으로 행동의 변화가 오지 않는다는 것은 상담심리학자들도 널리 인정하는 사실입니다.

행동의 변화와 치유는 지적인 통찰과 함께 내적으로 강한 체험을 했을 때 일어납니다. 그런데 내적인 강한 체험을 할 수 있는 가장 좋은 도구가 바로 명상입니다.

저는 상담을 한 후 내담자가 변화를 보이지 않으면 내담자로 하여금 상담한 내용을 명상하게 만듭니다.

내담자는 명상 속에서 심리의 흐름과 치유의 역동성을 생생하게 느끼기 시작합니다. 그러면 이것은 강한 내적 체험이 되어 치유가 일어납니다.

사실 상담 후 명상은 이 책의 핵심적인 내용입니다. 그러나 상담은 구체적인 현장이 필요하기 때문에 책에서 일일이 서술할 수 없는 한계가 있습니다. 그래서 여기에서는 하나의 예만 들겠습니다.

자신의 치유뿐만 아니라 다른 사람의 치유에도 관심이 있는 사람은 먼저 심리치료에 대해서 배우고 다음에 명상을 익혀서 상담 후 명상을 인도할 수 있습니다.

제가 상담했던 어느 부부는 조그마한 문제로 자주 싸움을 했습니다. 아내는 남편에 대해 강한 분노와 증오심을 갖고 있었습니다. 남편은 아내에 대해 까다로운 여자라고 진절머리를 내고 있었습니다. 그런데 문제는 정작 두 사람 모두 왜 서로에 대하여 분노하고 있는지 그 이유를 정확히 모르고 있다는 것이었습니다.

상담을 진행하면서 저는 문제의 원인이 남편의 말투에 있다는 사실을 발견했습니다.

　에릭 번Eric Berne의 P-A-C 이론을 빌려서 설명하자면, 아내는 소위 C(child, 어린이로 상징되는 성격의 요소)가 강한 성격이고, 남편은 P(parent, 부모로 상징되는 성격의 요소)가 강한 성격이었습니다. 이 두 성격이 늘 부딪치면서 마찰과 갈등을 일으켰습니다.

　에릭 번은 다음과 같이 설명합니다. 예를 들어, 눈이 오자 아내가 "어머, 눈님이 오시네. 여보, 우리 스케이트 타러가요. 스케이트도 좀 챙기고, 빨리 좀 서둘러봐요!" 하고 말할 때, 남편은 "당신 나이가 몇인데 아직도 눈이 온다고 그렇게 방방 뛰는 거요? 원, 나이가 들면 철이 좀 들어야지" 하는 식으로 말한다면, 이것은 아내가 C 성격의 요소로 말한 것을 남편이 P 성격의 요소로 반응한 것입니다.

　P는 가르치고 비난하고 지배하려는 속성이 있기 때문에 자연히 아내는 기분이 상합니다. 그래서 아내는 남편에 대해 까다롭게 굴고 남편은 아내의 까다로움에 지겨워합니다.

　제가 상담한 부부는 바로 이 의사소통의 문제에 걸려 있었습니다. C가 강한 아내는 늘 명랑하지만 단순하고 때로는 철이 없어 보이는 말과 행동을 합니다. P가 강한 남편은 아내의 말과 행동을 늘 비난하고 간섭합니다.

　아내의 말과 행동은 별다른 의도가 있는 것이 아니기 때문에 남편이 그것을 있는 그대로 받아들이면 문제가 간단하지만, 남편은 아무리 이 문제에 대해 설명을 해줘도 자기의 말투에 문제가 있다는 사실을 좀처럼 받아들이려 하지 않았습니다.

　저는 그 부부에게 함께 명상을 하자고 했습니다. 그리고 남편에게 제가 지시하는 말을 상상 속에서 생생하게 시각화하여 바라보라고 했습니다.

　"당신의 말은 날카로운 칼입니다. 너무 날카로워 보기에도 섬뜩합니다.

이제 당신이 아내에게 하는 말이 날카로운 비수가 되어 아내의 부드럽고 연약한 피부를 뚫고 들어가 심장에 깊숙이 꽂힙니다. 아내가 몹시 고통스러워합니다. 괴로워하는 아내의 모습을 생생하게 지켜보십시오. 어떤 느낌이 듭니까?"

명상 후에 남편은 심각한 얼굴이 되었습니다. 그리고 제 말을 진지하게 듣기 시작했습니다. 저는 그 부부에게 서로를 인정하고 존중하는 말투로 바꾸도록 훈련을 시켜보았습니다.

상대방을 인정하고 존중하는 말이 생명의 빛이 되어서 어떻게 상대방에게 기쁨과 희망과 용기를 주는가 하는 모습을 명상 속에서 지켜보도록 인도했습니다. 이 부부는 놀라울 정도로 말과 행동이 바뀌었습니다.

청소년기가 지난 사람들이 말이나 행동, 태도 등을 바꾸는 것은 참으로 어렵습니다. 자신의 말과 행동의 파괴성을 인지하기도 어렵거니와, 인지한다 하더라도 좀처럼 자신의 말이나 행동 등을 바꾸려 하지 않습니다. 이것은 강렬한 내적 체험이 부족하기 때문인데, 명상은 강렬한 내적 체험을 하게 만드는 하나의 방법입니다.

치유명상 11 | 절대자와의 합일 명상

심호흡을 하면서 자신의 깊은 내면 속으로 들어갑니다.
이 우주에는 모든 생명의 근원인 위대한 영적 존재가 있다고 상상해보십시오. 기독교인은 그를 하느님이라고 부릅니다. 또 어떤 사람은 그를 절대자, 초월자, 창조주, 우주적 정신, 혹은 지고至高의 존재 등으로 부르기도 합니다.
그를 향하여 마음을 열어보십시오. 마음을 비우고 깊은 내면 속에서 그를 느껴보십시오.
깊은 내면의 정적 속에서 시간과 공간의 경계를 초월하여 절대적 고독 속에서 그를 느껴보십시오.
어느 시점에 이르면 깜깜한 어둠 속에서 그가 한 줄기 빛으로 시작하여 마침내 온 우주를 덮고 있음을 느끼게 됩니다. 이것을 기존 종교가 말하는 믿음의 방식으로 할 필요는 없습니다. 단지 그를 향하여 마음을 열면 됩니다.
자연의 모든 생명은 그에게서 비롯되었다가 그에게로 돌아간다는 것을 느끼게 됩니다. 그는 당신 영혼의 아버지로서 당신에게 생명을 주고 용기를 줍니다. 그는 당신 영혼의 어머니로서 당신을 사랑하고 당신의 마음에 위로와 평화를 줍니다. 그는 당신의 스승으로서 당신에게 바른 진리를 일깨워줍니다. 그는 신비한 존재로 저쪽에 있으면서도 항상 이곳 현실에 있는 당신과 교류하고 있습니다.

이런 느낌을 가지게 되면 당신은 세상의 고통과 근심에서 벗어나 세상의 모든 문제에서 고차원적인 기쁨을 느끼게 됩니다.

이것을 명상가들은 '절대자와의 합일(Union with the Supreme)'이라고 부릅니다. 예수께서 "내 안에 하느님이, 그리고 하느님 안에 내가 있다"라고 말씀하신 것은 바로 이 경지를 말하는 것입니다. 이 경지는 결코 쉽게 이루어지지 않습니다. 그러나 이 경지로 갈 수 있도록 깊은 내면으로 들어가, 정적 속에서 절대자를 향하여 마음을 열어놓는 수행을 거듭 거듭 해보십시오.

제3부

지혜로운 인도자

명상은 사과에 대하여 설명하는 것이 아니라
사과를 직접 먹어보는 것이다

제12장

나는 평화로운 영혼

제1, 2부에서는 치유명상에 대한 기본적인 내용들을 설명하고, 또 간단한 명상 연습들을 소개했습니다. 그리고 지금부터는 제1, 2부의 내용을 응용하여 실제로 명상에 깊이 빠져보는 시간을 갖고자 합니다.

명상에 대한 기본 지식은 꼭 필요하지만, 명상은 이론으로만 끝나면 아무 의미가 없습니다. 명상은 반드시 직접 해보아야 합니다. 그런 뜻에서 저는 명상은 사과에 대한 설명이 아니라 직접 사과를 맛보는 일이라고 말합니다.

사실 중요한 명상은 제2부에서 거의 다 다루었습니다. 그러므로 여기에서는 제2부에서 미처 다루지 못한 명상을 소개하고, 또한 2부에서 다룬 내용을 더욱 구체적으로 적용시켜보고자 합니다.

명상을 내용상으로는 '긴장이완', '느끼기', '깨닫기', '다른 사물과의 경계를 허물고 하나되기' 등으로 분류할 수 있습니다. 이때 '하나되기'에서는 특히 우주적 의식이라고 할 수 있는 절대자와의 합일의 경지가 매우 중요합니다.

제2부와 제3부에서 소개하는 명상들을 때로는 '긴장이완'으로, 때로는 '느끼기'로, 또 때로는 '깨닫기' 등으로 목적을 달리 하여 필요에 따라 적절하게 사용하십시오.

여기 실린 글들은 다른 사람에게 읽어달라고 부탁해도 좋고, 내용을 암기하여 혼자 따라해봐도 좋습니다. 또는 다른 사람에게 읽어주면서 명상을 인도해도 좋습니다. 다만 한 지시어에서 다음 지시어로 넘어갈 때는 적당한 시간의 간격을 두고 하십시오.

명상에 익숙해지면 이런 것들은 다 잊어버려도 좋습니다. 그때는 단지 조용히 앉아 심호흡을 하면서 바라보기만 하면 됩니다.

치유명상 12 | 산악 명상

조용한 곳에 앉아 눈을 감고 심호흡을 합니다.
당신은 주위로부터 완전히 격리되었으며 들숨과 날숨만을 바라보면서 점점 내면의 깊은 곳으로 들어갑니다.
당신은 물질적인 환경으로부터 초월해 있음을 느낍니다.
당신은 대지에 늠름하게 뿌리를 내리고 모진 비바람과 폭풍우와 눈보라에도 꿈적도 하지 않고 당당하게 버티고 앉아 있는 산입니다.
당신을 흔드는 어떤 일들을 생각해보십시오.
그것들이 아무리 당신에게 부딪쳐와도, 양팔을 대지에 드리운 채 버티고 앉아 있는 당당한 산인 당신을 흔들지는 못합니다.
"나는 거대한 산이다. 세상의 그 어떤 것도 나를 흔들지는 못한다. 나는 산이다. 나는 산이다."

　　　　산악 명상을 하면 자신의 정체성을 강화시키는 효과가 있습니다. 외부의 어려움과 스트레스를 잘 극복하고 대처할 수 있습니다. 명상에 익숙해지기 전에는 마음이 자꾸 흩어지고 몸이 뒤틀리곤 하는데, 산악 명상을 하다보면 마음과 신체에서 일어나는 어떤 변화에도 흔들림 없이 당당하게 솟아 있는 산처럼 바르게 앉아서 명상을 계속할 수 있습니다.

치유명상 13 | 자아의 그림자 보기 명상

편안한 상태로 눈을 감고 심호흡을 하십시오.
당신을 괴롭히는 그림자가 있으면 살펴보십시오. 그것은 분노입니까? 우울증입니까? 죄책감입니까? 열등감입니까? 혹은 불안입니까?
이런 것들은 모두 당신의 참자아가 아닙니다.
당신의 참자아는 분노하지 않고, 우울하지 않고, 열등감과는 거리가 멀며, 불안해하지도 않습니다.
당신의 참자아는 온전합니다.
분노와 열등감과 불안과 질투와 어리석음 같은 부정적인 것들은 모두 당신의 그림자에 지나지 않습니다.
당신은 어릴 때, 그리고 자라면서 상처를 받고 좌절을 경험하며 부정적 정서인 자아의 그림자를 형성했습니다.
어릴 때, 그리고 지난날의 당신의 상처는 어떤 것입니까?
그로 말미암아 형성된 그림자들은 어떤 것들입니까?
당신의 온전한 참자아를 살펴보십시오. 그리고 저쪽에 있는 당신의 그림자들을 바라보십시오.
바라보고 또 바라보십시오. 당신의 참자아 안에서 그림자를 바라볼 때 어떤 느낌이 듭니까?

치유명상 14 | 유한성과 무한성 명상

조용하고 캄캄한, 그리고 고독한 밤에 하늘에 떠 있는 빛나는 별 하나를 바라보십시오.

빛의 속도로 가도 그 별까지는 몇 백 년, 몇 만 년이 걸릴지도 모릅니다. 그 무한한 거리를 생각하니 어떤 느낌이 듭니까? 그 별이 백 년 전에는 무엇을 보았을까 상상해보십시오. 그리고 천 년 전, 만 년 전에는 또 무엇을 보았을까요?

그 별이 백 년 후에는 무엇을 보게 될지 상상해보십시오.

그리고 천 년 후, 만 년 후에는 또 무엇을 보게 될까요?

시간의 흐름을 살펴보십시오. 시간의 시작은 언제이며 끝은 언제일까요?

시간의 시작은 약 150억 년 전에 우주가 거대한 폭발(빅뱅 Big Bang)을 일으키면서 시작되었다고 합니다. 약 50억 년 후에는 태양도 사라지고, 또 그로부터 무한한 시간 후에는 우주도 결국은 사라지고 만다고 합니다.

그 무한한 시간의 길이를 상상해보면 우리의 생각은 마비되고 때로는 전율마저 느끼게 됩니다.

우주 공간의 크기를 살펴보십시오. 우주 공간의 시작은 어디이며 끝은 어디일까요? 우주는 지금도 팽창하고 있는데, 그 팽창 속도가 대략 초속 50만 킬로미터라고 합니다. 우주의 크기를 상상하면 시간의 길이를 상상할 때와 마찬가지로 우리의 생각은 다시 마비됩니다.

당신을 고통스럽게 만드는 문제는 무엇입니까?
당신이 집착하는 것은 무엇입니까?
무한한 시간의 흐름 속에, 그리고 무한한 우주의 공간 속에 당신을 고통스럽게 만드는 일을 놓아보십시오. 그리고 당신이 집착하는 것들도 놓아보십시오. 어떤 느낌이 듭니까?

   무한한 시간과 우주의 공간 속에서 유한한 인간의 일을 바라보면 자유와 해방을 느낄 수 있습니다. 우리를 고통스럽게 하던 일도 우리가 집착하던 일도 다 지나갑니다.
   이것을 마음으로 깨달으면 그렇게 괴로워할 것도 집착할 것도 없습니다. 이것을 허무함으로 느끼지 않고 자유를 주는 깨달음으로 경험하는 것이 중요한데, 이것은 영성의 문제입니다.

치유명상 15 | 옴 샨티 명상

심호흡을 하면서 정신을 집중합니다.
들리는 소리가 있으면 그 소리를 들어보십시오. 왜 그 소리가 나는지는 굳이 밝히려 들지 마십시오. 무슨 소리인지 분간하여 단어를 붙이지 말고 그저 들어만 보십시오.
눈앞에 어떤 광경이 떠오르면 그냥 바라만 보십시오. 역시 어떤 단어도 붙이지 말고 그냥 바라만 보십시오.
몸에 어떤 감각이 느껴지면 그것도 바라보십시오. 그 감각에 아프다, 간지럽다, 춥다, 화끈거린다, 마비되었다, 따끔 거린다 등등의 어떤 단어도 붙이지 말고 그냥 바라만 보십시오.
정신을 집중하여 판단하지 않고 바라보다 보면 어느새 마음속에 커다란 평화와 깊은 고요가 밀려듭니다. 그러면 그 평화와 고요를 즐기십시오.
이제 다음과 같은 말을 마음속에서 되뇌어봅니다.

"나는 평화로운 영혼.
깊은 바다 속에서 고요하게 존재하는 평화로운 영혼.
표면의 사나운 바람과 높은 파도에 상관없이 깊은 물속에서 평화로운 물고기처럼 내 영혼은 자유롭고 평화롭다.

모든 고통과 상처와 갈등, 그리고 두려움은 바다 표면 저쪽 어둠 속으로 흘려보냈다.
나는 평화의 깊은 바다 속에 잠겨 있다.
깊고 깊은 고요가 나를 감싼다.
나는 평화로운 영혼…… 옴 샨티…….”

이 세상의 삶은 갈등과 고통과 스트레스로 가득 차 있습니다. '옴 샨티' 명상을 하면 외부의 환경이 바뀌기 전이라도 우리는 초연한 마음의 평정을 누릴 수 있습니다.
'옴 샨티'는 '나는 평화로운 영혼'이라는 뜻입니다.

치유명상 16 | 거기와 여기 명상

눈을 감고 캄캄한 지하 감방 속에 갇혀 있다고 상상해보십시오. 사방의 벽은 돌로 되어 있고, 축축하며, 빛은 단 한 줄기도 들어오지 않습니다.
간수도 몇 달 만에 한 번씩 들를 뿐 주위에는 사람 하나 없습니다. 어떤 느낌이 듭니까?
어느 날 간수가 와서 천장 가까이에 있는 조그마한 지하 감방 창문을 열어줍니다. 창문으로 보이는 것은 파란 하늘과 구름뿐입니다. 어떤 느낌이 듭니까?
어느 날 침대를 가까스로 세로로 세워서 그 위에 올라 창문 밖을 내다봅니다. 저 멀리로 푸른 잔디가 깔려 있는 자연공원이 보입니다.
울창한 나무 사이에서 새들이 노래하고, 아름답게 피어 있는 꽃들 사이로는 나비들이 날아다닙니다.
소풍 나온 가족들이 맛있게 음식을 먹는 모습도 보입니다. 어떤 느낌이 듭니까?
거기와 여기를 드나드는 상상을 계속해보십시오.

현실의 삶이 고통스럽고 지루할 때 이 명상을 하면 새로운 용기와 힘이 생깁니다. 나치 수용소에 감금됐다 살아 나온 유태인들 중 어떤 사람들은 삶이 힘들 때마다 캄캄한 골방에 들어가 이런 명상을 하여 세상을 이길 새로운 힘과 용기를 얻었다고 합니다.

치유명상 17 | 영적인 에너지를 새롭게 하는 명상

편하게 앉아서 심호흡을 하며 들고 나는 숨을 느껴봅니다.
숨을 들이쉴 때는 우주에 충만한 생명 에너지를 들이마시고, 숨을 내쉴 때는 몸 안에 있는 모든 긴장을 흘러나가도록 하면서 호흡을 지켜봅니다.
만일 어떤 생각이나 상상, 소리, 또는 하고 싶은 일이 의식 속에 떠올라도 그것들을 없애려고 애쓰지 마십시오. 그냥 가만히 두고 코끝을 바라보며 들숨과 날숨의 호흡에만 집중하여 그것들이 사라지는 것을 바라보십시오.
호흡의 간격이 길어지고 몸이 평온함을 느낄 때까지 계속 호흡명상을 합니다.

이제 자신이 끝없이 높은 산을 올라가고 있다고 생각해보십시오. 걸어가면서 숨을 내쉴 때마다 속으로 '위로'라고 말합니다. 올라가면서 영혼이 상승하고 있다고 느껴보십시오.
마침내 꼭대기에 이르렀습니다. 거기에 무한히 자비롭고 지혜로운 생명의 근원 앞에 자신이 서 있다고 느껴보십시오.
이 영적인 실체를 부드럽고, 따뜻하고, 치유의 힘이 있는 빛으로 상상하십시오. 이 영적인 에너지를 즐기십시오. 이 에너지가 치유하는 힘으로 점점 당신을 채우고 감싸도록 합니다.
어떤 느낌이 듭니까?
당신의 몸과 마음에 새로운 힘과 용기가 생길 때까지 이 명상을 계속하십시오.

이 치유의 힘이 있는 빛이 실제로 당신의 보다 높은 자아, 당신 존재의 중심에 있는 영성이라고 느껴보십시오.

이제 당신이 사랑하는 사람을 마음속에 그려봅니다. 그 사람을 따뜻한 당신의 생명과 치유의 빛으로 감싸도록 하십시오.
이제 당신이 관심을 가지고 있는 모든 사람을 한 번에 한 사람씩 치유의 빛으로 감싸봅니다.
당신이 다른 사람들에게 에너지를 보낼 때 당신 자신이 그 영적인 에너지 속에 빠져 충만하게 됨을 계속해서 느껴보십시오.

이제 잠시 마음을 비우고 편히 쉽니다.
다시 당신의 따뜻한 생명 에너지를 새의 형상을 가진 빛으로 바꾸어서 하늘 높이 날아올라 보십시오. 그리고 그것을 즐기십시오.

　　　　심리학자 로버트 제라드Robert Gerard는 다음과 같은 말을 했습니다.
　　　　"상상을 통해 위로 올라가는 움직임, 특히 산을 오르거나 하늘 높이 올라가는 것과 같은 움직임은 감정을 변화시키는 경향이 있다. 그리고 우주의 빛과 사랑을 신비롭게 체험할 수 있게 한다. 이러한 명상을 반복해서 하면 보다 높은 의식에 이른다."
　　　　이 명상법은 하워드 클라인벨이 만든 명상을 제가 조금 수정하여 만든 것입니다. 이 명상에서 얻은 새로운 영적 에너지를 가져다가 현실에서 당신이 실제로 만나는 사람들을 감싸도록 해보십시오. 그리고 인간관계가 어떻게 변하는지를 살펴보십시오.

치유명상 18 | 자비명상 2

조용히 앉아 호흡을 바라보면서 얼굴에는 잔잔한 미소를 지으십시오.
인간이라는 존재와 그 운명을 생각해봅니다. 자신이 원해서 이 세상에 온 것도 아니면서 다른 사람에게 뒤질세라 아등바등 살다가, 자신이 원하지 않아도 언젠가는 가야만 할 운명적인 존재, 인간……
사랑하는 사람들을 머리에 떠올려보십시오. 한 사람 한 사람을 꼭 껴안으면서 자비심과 불쌍히 여기는 마음을 그들에게 쏟아 부으십시오.

"당신이 행복하기를. 인생에서 쫓기는 실패자가 되지 말고 비록 가진 것이 없다 할지라도 인생을 당당하게 사는 승리자가 되기를. 나는 당신이 고통에서 벗어나고, 번민에서 벗어나고, 깨달음을 얻어 행복하기를 빕니다. 당신이 진실로 행복하기를, 행복하기를……"

이제 당신이 아는 모든 사람에게 똑같은 방법으로 자비의 마음을 베풀어봅니다. 당신이 모르는 사람들에게도 자비의 마음을 보냅니다. 동물과 식물들에게도, 나아가서 우주의 모든 생명체에게도 자비의 마음을 보냅니다.
이제 미워하는 사람에게도 자비심과 불쌍히 여기는 마음을 보내보십시오.

당신 존재의 중심으로부터 자비심이 퍼져 나와서 마침내 당신의 온 존재를 가득 채웁니다. 이 모습을 생생하게 시각화하십시오.
나는 자비롭고 평화로운 영혼…….

치유명상 19 | 상징적 동일시 명상

호흡에 정신을 집중하면서 마음을 비웁니다.
이제 당신이 좋아하는 자연의 어떤 사물을 하나 마음속에 떠올려봅니다. 꽃, 나무, 바위, 강, 바다, 태양, 은하수 등등 어떤 것이라도 좋습니다.
당신이 나무라고 상상해보십시오.
그리고 나무의 특성을 하나하나 살펴보십시오.

"나무의 녹색은 살아 있는 생명을 연상시킨다. 나무는 생명의 근원인 산소를 공급한다. 나무는 더위와 피로에 지친 사람들이 와서 쉴 곳을 제공한다. 나는 나무다. 사람들에게 생명과 쉴 곳을 제공하는 나무다……."

이제 당신이 바람이라고 상상해보십시오.
바람의 특성을 하나하나 살펴보십시오.

"바람은 신비하다. 어디서 와서 어디로 가는지 모른다. 바람은 자유롭다. 걸림이 없다. 바람은 때로는 격렬하고 때로는 부드럽다. 나는 바람이다. 오고 감에 걸림이 없는 자유로운 바람이다……."

　　　　사람은 자연의 어떤 사물과 동일시함으로써 자신의 내면에 그 사물의 특성을 형성시켜 자라게 합니다. 이 명상에 익숙해시면 잔잔하시만 시원한 즐거움을 느끼게 될 것입니다.

제13장

베일을 걷으면 쏟아지는 햇살

성인은 멈춰서서 응시한다

마음의 눈

명상을 하는 하나의 목적은 마음의 눈을 뜨는 것입니다. 마음의 눈을 뜨면 삶과 더불어 세상의 모든 것이 다른 각도에서 새롭게 보입니다. 마음의 눈으로 세상을 볼 수 있을 때 우리는 비로소 마음의 눈을 떴다고 말할 수 있습니다.

노자의 도道, 부처의 깨달음, 예수의 "진리가 너희를 자유롭게 한다"는 가르침, 그리고 수많은 영성의 스승들이 말하는 '달관의 경지'라는 것도 사실은 마음의 눈을 뜨는 것입니다.

마음의 눈으로 세상을 볼 수 있다면 우리의 삶은 보다 더 따뜻하고 풍요로워질 것입니다.

명상은 피곤한 우리의 육체와 마음을 쉬게 하고, 새로운 느낌을 주고, 가슴을 시원하게 하는 깨달음으로 이끌 뿐만 아니라 지고至高의 존재와 하나가 되는 절정경험도 하게 만듭니다. 그러므로 명상을 배우고 행하는 것은 우리가 우리 자신에게 베풀 수 있는 최고의 선물입니다.

하던 일을 멈추고, 바쁜 마음을 잠시 내려놓고 잠깐 앉아보십시오. 눈을 감고 내면의 자아를 조용히 바라보노라면 깨달음과 감동과 황홀함의 어떤 신비스러운 느낌을 경험하게 될 것입니다.

명상이란 그런 것입니다.

고독

사막이란 말을 히브리어로는 '미드바르midbar'라고 합니다. 이 말은 모래를 뜻하는 어원에서 온 것이 아니라, 다만 '말씀을 듣는다'는 뜻이라고 합니다.

사막은 침묵이 감도는 고독한 곳입니다. 그러므로 히브리 사람들은 사막, 즉 침묵이 감도는 고독한 곳에서 신의 말씀을 들을 수 있다고 생각했습니다. 이것은 히브리 사람들의 위대한 지혜입니다.

그래서인지 이스라엘의 거의 모든 예언자나 선지자, 혹은 지혜로운 사람들은 사막에 인접한 지역에서 나왔습니다. 그들은 고독한 침묵 속에서 신을 만나고 지혜의 말씀을 들었을 것입니다.

우리가 내면의 소리를 듣고 영성을 성장시키기 위해서는 사막의 고독이 필요합니다. 말하는 것, 듣는 것, 번잡하게 생각하는 것 등을 잠시 내려놓고 눈을 감은 채 침묵의 고요 속으로 들어가 내면의 소리를 듣는 것이 정말로 필요합니다.

우리는 사막에 가지 않고도 일상생활에서 고독을 위한 환경을 만들 수 있습니다. 숲 속을 산책하면서, 단순한 찬송을 반복하여 부르면서, 명상음악을 들으면서, 혹은 명상을 하면서 고독을 경험할 수 있습니다. 그렇게 고독을 경험함으로써 우리는 내면 속에 고요함의 감각을 발전시킬 수 있는 것입니다.

마이스터 에크하르트Meister Eckhart*는 "신의 장엄하고 영광스러운 실재는 우선적으로 우리의 내면에서 찾아야 한다. 만약 우리가 그곳에서 신을 찾지 못하면, 우리는 다른 어떤 곳에서도 신을 찾지 못할 것이다. 만일 우리가 거기에서 신을 찾으면, 우리는 다시는 신을 잃어버리지 않는다. 우리가 어디를 향하든지 우리는 신의 얼굴을 보게 될 것이다" 하고 말했습니다.

또 어떤 성인은 이렇게 말했습니다. "빛과 인도자가 밖에 없어도 내 마음속에 빛나는 등불이 있네."

내 마음속의 등불은 침묵의 고독 속에서 발견할 수 있습니다. 왜냐하면 침묵의 고독 속에서만 마음의 등불이 빛을 발하기 때문입니다.

카르마 1

많은 사람들이 자신이 행한 선행이나 악행은 언젠가는 어떤 결과의 열매로 자신에게 되돌아온다고 생각하고 있습니다. 이것을 카르마karma(業)라고 합니다. 그렇게 믿는 사람들에 의하면, 자기가 행한 행위에 대한 업보는 이 세상에서 받지 못하면 다음 세상에서라도 꼭 받는다고 합니다.

자기도 모르는 사이에 뱀에게 물려 죽을 뻔한 사람이 갑자기 나타난 고양이가 뱀을 물어 죽여 목숨을 구했다고 합시다.

업을 믿는 사람들은, 이것은 우연히 일어난 사건이 아니라 사실은 그 사람이 전생에 어떤 이에게 은혜를 베풀어준 일이 있었는데 그가 고양이로 환생했다가 우연히 뱀을 만나 싸우다가 뱀을 죽였다고 생각할 수도 있습니다.

업이 이렇게 신비한 모양으로 작용하기까지 한다고 믿는 사람들은 이런

---

* 중세 기독교의 위대한 신비주의 사상가. 그는 신(神)의 초월과 내재를 동시에 강조하는 범재신론(panentheism)을 주장하여 불교와 노장사상과도 유사한 깨달음을 가지고 있었다고 알려져 있다.

이유로 악한 일을 삼가고 좋은 일을 해야 한다고 말합니다. 그러나 저는 이렇게 말하고 싶습니다. 우리의 행위로 인해 좋은 보상을 받든 나쁜 보상을 받든, 그것에 연연하지 말고 좋은 일을 하자고 말입니다. 우리의 좋은 행위 하나가 우리가 미처 모르는 시간과 장소에서 어떤 사람들에게 위로와 용기와 행복을 주게 될 수도 있습니다.

우리가 저지른 일은 반드시 어떤 결과를 만들어냅니다. 그런 의미에서 저는 업을 믿습니다. 그러나 영성이 맑은 사람은 보상과 관계없이 선한 일을 즐겨 합니다. 왜냐하면 그의 영혼은 본능적으로 생명지향적이며 자비심으로 가득 차 있기 때문입니다.

심리적 위기

심리적 위기는 외부의 사건이 우리의 존재를 위협할 때 일어납니다. 우리의 존재를 위협하는 사건이 발생하면 우리는 충격을 받습니다. 그러나 그 충격의 강도는 우리가 외부의 사건을 평가하는 정도에 따라 다릅니다.

암 같은 몹쓸 병에 걸리면 사람들은 큰 충격을 받습니다. 그리고 그 병이 치료될 가능성이 없으면 사람들은 대개 슬픔과 비탄의 절망에 빠집니다. 심리학자들은 이것을 심리적 위기라고 부릅니다.

그러나 모든 사람이 심리적인 위기에 빠지는 것은 아닙니다. 어떤 사람들은 치명적인 병에 걸려서도 그것을 삶의 과정에서 일어나는 일로 받아들이고 담담하게 죽음을 준비하기도 합니다.

같은 사건을 당하면서도 사람들이 심리적인 위기에 빠지기도 하고 빠지지 않기도 하는 것은 사건을 보는 마음에 달려 있습니다. 그러므로 외부의 사건은 정서적으로 위험한 사건일 뿐이지, 그 자체가 위기는 아닙니다. 심리적 위기는 우리의 마음이 만들어냅니다.

스트레스에 반응하지 않고 대응하기

우리가 숨을 멈추는 그 순간까지 스트레스는 피할 수 없습니다. 특히 경쟁 속에서 바쁘게 살아가는 현대인들에게 스트레스는 아주 위협적이며 위험한 존재입니다.

스트레스는 '작은 에이즈'라고 불릴 만큼 우리의 면역력을 약화시킵니다. 면역력이 약화된 우리의 신체는 자연히 각종 질병에 취약해질 수밖에 없습니다. 암의 발생도 스트레스와 관계가 있다고 합니다.

스트레스로 생기는 감정을 억압하여 만성화되면 불안, 심장병, 고혈압, 만성 두통, 수면장애, 소화장애 등의 이상이 생기기도 합니다. 문제는 스트레스를 받지 않아야 합니다. 그러나 이것은 현실적으로 불가능하므로 차선책은 스트레스에 반응하지 말고 대응하는 것입니다.

우리가 스트레스를 받을 때 반응한다고 하는 것은 자동적이고 무의식적인, 즉 자동항법 장치처럼 맹목적으로 달려가는 것입니다. 스트레스를 받을 때 대부분의 사람들에게 입력된 자동항법 장치는 분노하고, 신경질과 짜증을 내고, 인내심을 잃고 안절부절못하는 것입니다.

스트레스에 대응한다는 것은 스트레스가 일어나는 순간에 스트레스의 내용과 그로 인해 일어나는 감정과 충동을 자각하는 것입니다. 그리고 한 걸음 떨어져서 그것들을 지켜보는 것입니다. 이런 훈련을 위한 최상의 방법은 명상입니다.

스트레스와 그로 인해 발생하는 감정의 과정을 지켜보다가, "이미 일어난 일이야. 이쯤에서 내려놓자" 하고 내려놓을 때마다 내적 평화와 수용과 마음의 개방은 점차 발달합니다.

바라보기와 함께하기

명상은 그것에 일단 익숙해지기만 하면 호흡뿐만 아니라 소리와 감정과 마음속에 일어나는 생각과 그 과정까지도 다 바라보게 됩니다. 무엇을 바라보는 일에 익숙해지면 그것들과 함께하는 것도 익숙해집니다.

상황이 허락하는 대로 앉아서 호흡을 하십시오. 만약 들리는 소리가 있으면 그것을 바라보고 또 그 소리와 함께 앉아 있어보십시오.

산에서는 새소리, 바람소리, 흐르는 물소리가 들릴 것입니다. 도심에서는 차 소리, 오토바이 소리, 장사꾼의 외치는 소리 등이 들릴 것입니다. 그 소리들과 함께 앉아 있어보십시오.

떠오르는 생각이나 감정과도 함께 앉아 있어보십시오. 두통이나 다른 신체의 통증, 그리고 마음의 상처까지도 그냥 바라보며 함께 앉아 있어보십시오.

판단하지 말고, 갈 것은 가게 두고 올 것은 오게 둔 채 고요함 속에 가만히 바라보며 함께 앉아 있어보십시오.

바라보고 함께하는 명상은 뭔가 하지 않으면 안 된다고 우리를 몰아붙이는 힘을 멈추게 하고, 깊은 이완의 평화와 고요한 행복의 기쁨을 가져다줍니다.

사람들이 명상을 하는 것이 즐거움을 주는 것임을 깨닫게 될 때 성장과 치유는 이미 일어나고 있는 것입니다.

영성은 전체성으로 보는 눈

우리는 모두 순간 속에 살고 있습니다. 지금 내가 가지고 있는 슬픔이나 고통, 고민은 현재라는 작은 매듭에 불과하고 전체성이라는 큰 바다에서 일시적으로 발생하는 파도에 지나지 않습니다.

삶도, 죽음도, 고통도 자연의 전체성에서 봐야지 그 자체만 보아서는 안 됩니다. 자연의 전체성에서 보면 삶과 죽음, 기쁨과 고통은 연속적으로 이어져 있는 작은 요소들이라는 사실을 깨닫게 됩니다.

영성이 맑고 깊은 사람은 이런 전체성의 안목을 가지고 사물을 있는 그대로 받아들이는 마음의 눈을 가지고 있습니다.

관계성은 생명의 본질

관계성은 생명의 본질입니다.

어렸을 때부터 격리되어 자란 동물은 성장해서도 정상적으로 기능하지 못하고 빨리 죽는다고 합니다. 어린 시절 부모와 밀접한 관계를 가지지 못했던 사람들이 암에 걸릴 가능성이 높다고도 합니다.

생명체는 본질적으로 다른 존재와 연결되어 있어야 합니다. 그러므로 사회적으로 고립된 사람이 일찍 죽는 것은 당연한 일입니다. 그러나 혼자서 고독하게 살지만 일상에서 행복을 느끼는 수도사는 대개 장수합니다. 왜냐하면, 그는 신神과 자연의 모든 것들, 그리고 지구상에 사는 모든 사람들과 연결되었다고 느끼며 살고 있기 때문입니다.

명상은 '연결감'을 갖게 해주는 가장 좋은 도구입니다.

존재사랑과 결핍사랑

사람들은 가끔 이기적인 소유욕이나 집착을 사랑이라고 착각하는 경우가 있습니다.

자기의 말을 듣지 않는다고 하여 상대방에게 해를 입히는 사람, 혼수를 적게 해왔다 하여 아내의 옆구리를 발로 차서 갈비뼈를 부러뜨리는 사람이 있는가 하면, 자식을 사랑한다는 이유로 과잉보호하거나 과잉통제하여 자녀의 독립성을 완전히 상실시키고 자녀를 소유하려는 부모도 있습니다.

매슬로우는 사랑을 두 종류로 나누었습니다. 첫 번째는 자기에게 부족한 것을 채우기 위해 이기적인 목적으로 하는 사랑이고, 두 번째는 상대방을 존중하고 성장시키는 사랑입니다.

매슬로우는 전자를 결핍사랑(D-사랑), 후자를 존재사랑(B-사랑)이라고 부릅니다. 우리는 이기적인 집착을 사랑이라고 착각하고 있는 것은 아닌지 결핍사랑과 존재사랑의 특징을 살펴보면서 깨달을 필요가 있습니다.

결핍사랑을 하는 사람들은 불건전한 방식으로 서로에게 의존합니다. 또 상대방의 의견을 존중하지 않으며 의견 충돌이 있으면 고도의 적개심을 품습니다. 결핍사랑을 하는 사람들은 서로를 성장과 성숙으로 이끌지 못하고 상대방을 소유하고 구속하려 합니다.

존재사랑은 광범위한 치유 효과를 가지고 있어 상대방을 성장시키며 서로에게 더욱 독립적이고 질투심이 적습니다. 또 그들은 서로에게 불안과 적개심을 거의 갖고 있지 않습니다. 존재사랑은 소유하려 들지 않으며 언제나 기쁨을 주므로 본질적으로 유쾌합니다.

우울증은 반생명反生命

생명은 사랑 속에서 피어나는 한 송이 꽃입니다. 사랑을 담뿍 머금은 꽃은 환하고 아름답게 피어서 사람들의 기쁨이 되지만, 사랑 없이 자란 꽃은 시들고 늘어져서 보는 사람의 마음을 무겁게 합니다.

우울증은 시들고 늘어진 꽃과 같습니다. 우울증에 빠진 사람은 삶을 비관적으로 보며, 빨리 좌절하며, 가슴에 늘 슬픔을 간직하고 있습니다.

우울증 환자들은 대개 어린 시절에 부모로부터 생명을 키우는 사랑을 받지 못한 사람들입니다. 아이들에게 지나치게 비판적이고, 아이들을 지나치게 몰아붙이는 부모는 생명을 키우는 사랑을 하는 게 아닙니다.

아이들의 노력을 칭찬하고 격려하고 찬사를 보내지는 않고, 결과가 나쁘다고만 비난함으로써 아이들은 좌절감, 분노, 낮은 자존감을 형성하게 되는데 이것이 오랫동안 누적되어 우울증을 만듭니다.

부모는 사랑한다고 생각하지만, 아이들은 부모로부터 통제당하거나 거부당했다고 느낍니다. 우울증에 걸린 사람은 유달리 거부에 대한 공포가 강합니다. 사랑에 대한 욕구가 충족되지 않았기 때문에 그는 다른 사람이 자기에게 관심이 없으리라는 생각과, 자신은 다른 사람들로부터 사랑을 받을 만한 가치가 없다는 생각 때문에 늘 두려워합니다.

우울증은 반생명적反生命的입니다. 그런 반생명을 키우는 부모 또한 반생명적입니다. 그러므로 사람들은 얼떨결에 부부가 되고 부모가 되어서는 안 됩니다. 부부가 되고 부모가 되려는 사람들은 반드시 생명을 키우는 사랑에 대하여 배워야 합니다.

초월

무심히 흘러가는 구름을 보며, 가벼운 바람에 따라 부드럽게 흔들리고 있는 들꽃을 보며, 한가로이 내리는 눈을 바라보며, 발갛게 물들어 있는 저녁노을을 바라보며, 안개 낀 새벽 숲 속에서 이름 모를 새소리를 들으며, 저는 시리도록 차가운 슬픔과 용광로처럼 뜨거운 환희를 동시에 느낍니다.

상반되는 이 두 감정이 부딪치며 만들어내는 느낌은 삶의 신비와 절대자의 신성神性 속으로 깊이 빠져 들게 합니다. 이 신비 속에서 저는 마음의 본성과 신의 섭리를 얼핏 바라봅니다. 그리고 초월을 경험합니다.

지치고 찌든 마음은 잊어버리고 무한히 넓고 깊은 마음만이 우주에 가득합니다. 생명의 신비 속에서 나를 잊고 환희에 흘러가는 마음이 바로 초월입니다. 수많은 사람들이 자연의 신비와 아름다움에서 초월을 경험합니다.

도가도 비상도 道可道 非常道

도덕경은 "도를 도라 하면 이미 도가 아니다(道可道 非常道)"라는 말로 시작합니다. 이 말은 도道가 너무 깊고 오묘하여 도무지 말로는 충분히 표현할 수가 없다는 뜻입니다.

인간을 초월하는 신神 혹은 우주 의식도 마찬가지입니다. 그 존재는 너무 크고 넓어서 그에 대한 설명을 하다 보면 어느새 그를 어떤 범주 안에 넣어버리는 꼴이 되고 맙니다. 범주 안에 들어 있는 신은 참된 신이 아닙니다. 신은 그 이상입니다.

신을 논리적으로 증명해보려는 이론은 본래 난센스입니다. 신은 내면의 깊은 영성 안에서 직관으로 느껴지는 존재이기 때문입니다. 그러므로 종교인들은 신에 대해 말할 때 조심해야 합니다. 그들이 건전한 영성을 가지고 있느냐 그렇지 못하느냐 하는 것은 그들이 열린 마음을 가지고 있느냐 그렇지 않느냐에 달려 있습니다. 이런 의미에서 근본주의자들은 참된 종교인이 아닙니다. 그들은 단지 고집과 무지의 어둠 속에 갇혀 있는 사람들일 뿐입니다.

우리 안에서 춤추는 신神

술 취한 사람들은 때로는 노래 부르고 춤추며 흐느적거립니다. 그리고 이것은 보는 사람들로 하여금 눈살을 찌푸리게 만듭니다.

영적인 환희에 취한 사람들도 때로는 노래 부르고 춤추며 흐느적거립니다. 그들은 기쁨에 가득 차서 노래를 부르고, 자연을 찬미하기도 하며, 감동으로 눈물을 흘리며 울기도 합니다. 어떤 때는 걷잡을 수 없는 충동으로 일어나 뛰고 춤을 추기도 합니다.

이런 모습을 보는 사람들도 마음이 고양되어 영적인 환희를 경험합니다. 때로는 박수를 치면서 기뻐합니다. 이런 점에서 물질적인 술에 취한 사람과 영적인 환희에 취한 사람은 다른 것입니다.

우리는 모두 우리의 내면에 춤추는 신을 가지고 있습니다. 영성 수련이란 우리의 내면에 숨어 있는 그를 불러 일으켜 춤을 추게 만드는 일입니다.

마음도 배가 고프다

배가 고프면 음식을 먹어야 합니다. 그 음식이 밥, 고기, 채소 등 양질의 음식이면 우리의 몸은 건강하고 아름답게 형성됩니다. 그러나 이런 음식이 없다면 풀뿌리나 나무껍질이라도 먹어야 합니다. 세상에 배고픔을 견딜 장사는 없기 때문입니다.

풀뿌리나 나무껍질 따위의 음식을 먹고 자란 사람의 신체는 정상적인 모습이 아니며 보기 흉하게 일그러져 있을 것입니다.

마음도 이와 똑같습니다. 모든 사람은 다른 사람에게 관심과 인정을 받기 원합니다. 우리의 육체가 음식을 먹어야 지탱하듯, 우리의 마음은 관심과 인정을 받아야 살 수 있습니다.

좋은 말과 칭찬이 아니면 야단이라도 맞아야 살 수 있습니다. 그러나 야단을 맞아서 마음의 배를 채운다면 우리의 마음은 보기 흉하게 일그러질 것이며 정신건강을 해치게 될 것입니다.

영성의 향기는 사랑을 받아 형성된 마음에서 풍기는 향기입니다. 다른 사람뿐만 아니라 자연과 신으로부터도 사랑의 신비를 느껴보도록 해보십시오. 당신이 풍기는 영성의 향기는 더욱 매혹적인 향기가 될 것입니다.

지금 여기가 가장 중요하다

저는 신영복 선생님이 써 주신 '수처작주隨處作主'라는 글을 보면서 가끔 명상에 잠깁니다.

'수처작주'라는 말은 "있는 곳에서 주인이 되라" 혹은 "지금 있는 곳에서 최선을 다하라"는 뜻이 아닌가 합니다.

우리에게 가장 중요한 의미가 있는 것은 '지금 여기(here and now)' 입니다. 과거는 이미 가버렸고, 미래는 아직 오지 않았으니, 엄밀한 의미에서 과거와 미래는 우리에게 존재하지 않습니다. 그것들은 다만 우리의 마음속에만 존재하는 것입니다.

마음속에 존재하는 어떤 사실로 인해 괴로워하고 스트레스를 받는 것은 마치 있지도 않은 허상에 괴로워하고 스트레스를 받는 것과 마찬가지입니다.

예수님은 이렇게 말했습니다. "내일을 위해 걱정하지 말라. 내일 일은 내일 걱정할 것이다." 프라세드는 또 이렇게 말했습니다. "과거에 연연하여 그 불안과 슬픔으로 현재를 덮지 말라. 이미 톱질이 끝난 톱밥을 다시 썰 수는 없지 않은가?"

우리에게 중요한 것은 지금이며 또한 여기입니다. 과거에 어떤 큰 기업의 부회장을 지냈던 사람이 호텔의 웨이터를 하고 있는 장면을 텔레비전에서 본 일이 있는데, 자기에게 주어진 현재 그곳에서 최선을 다하는 그의 모습은 참으로 보기 좋았습니다.

과거의 일 때문에 오늘을 망칠 수는 없습니다. 내일 일어날지도 모르는 일 때문에 오늘을 망칠 수도 없습니다.

톨스토이는 〈세 가지 의문〉이라는 단편소설에서 가장 중요한 시간은 바로 지금 이 순간이며, 가장 중요한 사람은 지금 자신이 만나고 있는 사람이며, 가장 중요한 일은 다른 사람에게 선행을 베풀면서 하루를 의미 있게 보내는 것이라고 했습니다. 내가 매일 만나고 접하는 사람에게 선을 행하고 사랑하는 것이 가장 중요하다는 것입니다.

이 사실을 아는 것만으로는 충분하지 않습니다. 이 사실을 깨닫고 마음으로 받아들여야 마음의 평화를 얻습니다. 내가 하고 있는 일이 아무리 힘들어도 그것의 의미를 발견한다면 훨씬 수월해지고 즐거울 것입니다.

지금 여기의 중요성을 깨달으면 오늘을 감사와 만족으로 보낼 수 있습니다. 우리가 매일 만나는 사람들, 매일 하는 일들, 산책길에서 늘 보는 꽃과 나무들에게서도 새로운 즐거움과 신비를 경험할 수 있습니다.

지금 여기에서 우리는 참된 만남을 경험할 수 있으며, 그러한 삶 속에서 더 큰 즐거움과 행복을 누릴 수 있습니다.

오늘을 최선을 다해서 살면 매일 매일이 좋은 날이 될 것이고, 오늘을 즐겁고 의미 있게 보내면 내일은 다시 행복한 하루로 다가올 것입니다.

마음의 활성화

사람의 마음속에는 활용되지 못한 가능성이 엄청나게 많이 남아 있습니다. 사람은 보통 전체 능력의 약 10퍼센트만을 사용하고 있다고 하니, 사용되지 못하고 남아 있는 잠재력은 실로 엄청난 것입니다.

작가이자 탐험가인 러시아 사람 이반 예프레모프는 이렇게 주장합니다.

"만일 우리가 우리 두뇌가 지닌 능력의 반만이라도 사용할 수 있다면, 아무 어려움 없이 마흔 가지 언어를 배우고, 거대한 백과사전을 외우며, 수십 개 대학의 학위 과정을 다 마칠 수 있을 것이다."

우리가 사용하지 못하고 있는 잠재력을 높이려면 "난 할 수 없어!"라는 소극적 사고를 버리고 "난 할 수 있다!"라는 적극적 사고를 가져야 합니다.

이런 적극적 사고로 자신이 스스로 깨달아서 바꾼다면 그 위력은 실로 엄청 날 것입니다.

적극적인 사고와 함께 의식 수준을 높이고, 창의성을 발휘할 수 있도록 훈련하고, 통찰력을 심화시킨다면 잠재력은 크게 성장할 것입니다. 또한 의식 수준이 높아지고 창의성이 발휘되며 통찰력이 심화된다면, 사람은 새로운 생동감과 희망을 경험하게 되며 이것이 또한 잠재력을 향상시킵니다.

문제는 자존감을 높이는 것과 '난 할 수 있다'는 마음을 활성화시키는 것입니다. 명상은 이 모든 것을 가능하게 합니다.

나는 나일 뿐

우리는 다른 사람의 비난에 쉽게 화를 내고, 다른 사람이 우리를 거부할 때 쉽게 좌절감에 빠집니다. 그래서 우리는 다른 사람의 비난과 거부를 두려워합니다. 반대로 또 다른 사람의 조그마한 칭찬에는 우쭐거리고, 조그마한 성공에 흥분하여 날뜁니다.

다른 사람의 칭찬과 비난에 일희일비一喜一悲하는 우리는 진실로 거대한 바다에서 파도가 넘실거리는 대로 흔들리는 조그마한 쪽배와 같습니다.

그러나 다른 사람이 나를 비난한다고 해서 내가 그런 사람인 것도 아니고, 나를 칭찬한다고 해서 또 그런 사람이 되는 것도 아닙니다. 비난과 칭찬에 관계없이 나는 그저 나일뿐입니다.

나를 결정짓는 것은 이 세상이 아니라 바로 나의 됨됨이입니다. 이것을 깨달을 때 우리는 가슴이 시원해지며 무한한 자유를 느끼게 됩니다.

내면의 중심에서 피어나는 꽃

"장미는 아름답습니다. 연꽃은 아름답습니다. 그러나 그것들은 아름다움의 꽃은 아닙니다. 물론 그것들은 아름다운 꽃입니다. 그러나 아름다움의 꽃은 아닙니다.

아름다움의 꽃은 그대 내면의 중심에서 피어납니다. 그것은 내적인 성장을 통해 피어납니다. 그대 내면의 잠재력이 현실로 실현될 때 피어납니다. 그대가 진정으로 하나의 존재가 될 때, 그대가 완전하게 삶을 경험할 때 아름다움의 꽃은 그대 내면에서 피어납니다.

그대가 명상 속으로 옮겨가는 순간, 그대가 조금 더 침묵하게 되는 순간, 조금 더 고요해지고 평온해지는 순간, 좀더 긴장을 푸는 순간, 그대 존재 속에서 좀더 휴식하는 순간, 그대는 갑자기 나무들의 아름다움을 인식하게 됩니다.

구름의 아름다움에, 사람들의 아름다움에, 존재하는 모든 것의 아름다움에 눈을 뜨게 됩니다. 모든 것은 신성으로 가득 차 있습니다. 그대가 신성으로 가득 차 있는 모든 것에서 아름다움을 경험하기 시작하면 그대는 아름다워집니다."

오쇼 라즈니쉬가 강연중에 한 말입니다.

그들 자신이 되게 하라

어느 날 라즈니쉬는 의과대학 교수인 어떤 여성에게 저녁 식사 초대를 받았습니다. 저녁을 먹으면서 이야기를 나누고 있는데 어디선가 피아노 소리가 들려왔습니다.

라즈니쉬가 피아노 소리가 나는 곳을 바라보니, 한 소녀가 울면서 피아노를 치고 있었습니다. 이상하게 생각한 라즈니쉬는 그 소녀의 어머니인 교수에게 물어보았습니다.

"왜 저 아이가 울면서 피아노를 치고 있죠?"

그러자 그녀가 대답했습니다.

"글쎄, 저 애는 피아노를 치기 싫다는 거예요. 그래서 가끔 저렇게 울면서 피아노를 친답니다. 전 어렸을 때 얼마나 피아노를 치고 싶었는지 몰라요. 그러나 저의 부모님은 제가 의사가 되어야 한다면서 공부만 하라고 윽박질렀죠. 전 울면서 공부를 해야만 했어요."

부모는 "자녀에게 공부해라 / 피아노 쳐라 / 그림 그려라" 하고 윽박지르는 것을 사랑이라고 착각하고 있습니다. 그러는 동안 사랑스러운 자신의 아이가 망가지고 있다는 사실은 까맣게 모른 채 말입니다. 부모도 선생님도 아이들이 그들 자신이 되도록 도무지 그냥 두지를 않습니다.

자녀들을 너무 몰아붙이지 마십시오. 부모는 자녀들이 그들 자신이 되도록 최선을 다해 도와주면 그것으로 족합니다. 자녀뿐만 아니라 누구라도 자신의 틀 안으로 끌어넣으려 하지 마십시오.

사람들로 하여금 그들 자신이 되게 하십시오. 참으로 깨달은 사람이라면 그렇게 할 것입니다.

올바른 생각이 건강한 정서를 만든다

바른 생각, 올바른 사고가 건강한 정서를 만듭니다. 바르지 못한 사고는 건강하지 못한 정서를 만듭니다. 그러므로 건강한 정서를 간직하기 위해서는 올바른 사고를 할 수 있도록 훈련을 해야 합니다.

명상은 생각을 바르게 하는 훈련입니다. 그러므로 명상은 건강한 정서를 형성하는 가장 좋은 방법입니다.

내가 어떤 일을 늘 완벽하게 해서 다른 사람들의 인정을 받아야 한다고 생각하지 마십시오. 일을 항상 완벽하게 하는 사람은 아무도 없으며 또 늘 남의 인정을 받을 수도 없습니다.

다른 사람은 늘 나에게 이롭게 행동해야 하고 친절하게 대해야 한다고 생각하지 마십시오. 다른 사람은 나에게 친절할 수도 또 친절하지 않을 수도 있습니다. 다른 사람의 태도 때문에 내가 행복하거나 불행할 필요는 없는 것입니다.

인생은 내가 그렇게 되어야 한다고 믿는 대로 이뤄져야 한다고도 생각하지 마십시오. 인생은 절대로 내 뜻대로만 되는 것이 아닙니다.

"생각을 바꾸면 세상이 달리 보인다"는 말이나 "생각을 바꾸면 정서가 달라진다"는 말은 위대한 깨달음의 말입니다. 이 깨달음은 우리를 무한히 자유롭게 만듭니다.

들꽃처럼 사는 사람들

내려놓으라

《우리는 사소한 것에 목숨을 건다》라는 책으로 알려진 심리학자 리처드 칼슨Richard Carlson은 "고달픈 인생을 행복하게 만들기 위해서는 사소한 것에 연연하지 말고 인생을 물 흐르듯이 살아가라"고 조언합니다.

마음을 내려놓으라는 말입니다. 마음을 내려놓는다는 것은 마음을 집착이라는 감옥으로부터 풀어주라는 뜻입니다. 우리가 겪는 모든 고통과 번뇌는 마음을 내려놓지 못하고 집착에서 벗어나지 못하는 데서부터 비롯됩니다.

원숭이 사냥법에 이런 것이 있습니다. 상자에 바나나를 넣고 조그만 구멍을 뚫어놓으면 원숭이가 구멍에 손을 넣어 움켜쥡니다. 사람들이 잡으러 와도 원숭이는 바나나를 움켜쥔 손을 펴지 않아서 구멍에서 손을 꺼내지 못해 잡히고 맙니다.

우리는 이런 원숭이를 보고 비웃습니다. 그러나 사실은 우리 자신이 바로 그 원숭이일지도 모릅니다. 다만 우리가 그 사실을 깨닫고 있지 못할 뿐입니다.

깊은 바다의 물고기

바다의 표면에서 노니는 물고기는 폭풍이 불고 파도가 치면 파도에 휩쓸려 정신을 차리지 못합니다. 그러나 바다 깊은 곳에서 노니는 물고기는 바다 표면의 폭풍이나 파도 따위에 큰 영향을 받지 않습니다.

오히려 깊은 바다 속에서 고요와 평화를 즐깁니다.

명상을 하는 사람은 깊은 바다에서 노니는 물고기와 같은 존재입니다.

내 곁을 스쳐가는 행복

행운의 여신은 앞에서 보면 긴 머리가 치렁치렁하게 늘어져 있지만 머리 뒷부분에는 머리카락이 없다고 합니다. 그래서 행운은 앞에서 올 때는 움켜잡기 쉽지만 일단 지나가고 나면 따라잡기가 어렵답니다.

행복도 마찬가지입니다. 행복은 먼 미래에 있는 것이 아니라 바로 지금 우리 곁에 있습니다. 행복이 바로 지금 우리 곁을 지나가고 있으니 그것을 움켜잡기만 하면 우리는 행복해질 수 있습니다. 그런데 불행히도 우리는 이 사실을 깨닫지 못하고 과거의 덫에 묶여서 오늘을 불행하게 살아가고 있고, 미래의 불확실한 행복을 바라며 오늘을 소비하고 있습니다.

과거는 이미 지나가버려서 지금은 존재하지 않습니다. 과거를 반성하는 것은 바람직하지만, 지금 존재하지 않는 과거의 회한 때문에 오늘까지 불행하게 느낄 필요는 없습니다.

미래를 위한 준비는 중요합니다. 하지만 막연한 미래의 행복을 위해 오늘의 행복을 희생하지는 마십시오.

행복은 바로 지금 우리 곁을 지나가고 있습니다.

죽음에 대한 명상

죽음의 문제를 해결하기 전까지는 우리는 완전히 자유롭다고 말할 수 없습니다. 죽음은 우리의 삶 속에서 강하게 혹은 희미하게, 그러나 끊임없이 들려오는 배경음악과 같은 것입니다.

명상을 수련하는 사람은 삶에 대해 성찰하는 것과 마찬가지로 죽음에 대해서도 깊이 성찰해야 합니다. 죽음에 대해 성찰하는 목적은 자유로운 삶으로 깨어나기 위함입니다.

자신의 죽어 있는 시신을 바라보는 명상을 통해 우리는 비로소 자유로워집니다. 어떤 사람은 죽음의 명상을 혐오스럽게 느끼기도 하고, 자신의 죽음을 바라보는 명상중에 눈물을 흘리기도 할 것입니다. 그러나 죽음의 명상을 피하지 않고 그 의미를 깊이 성찰하다 깨달음을 얻으면 미소를 띠고 자신의 주검을 바라볼 수 있게 됩니다. 마침내 완전한 자유를 얻게 된 것입니다.

카르마 2

굶주린 조카들을 위해 빵 한 조각을 훔친 것이 계기가 되어 십여 년을 감옥에서 살다 나온 장발장은 마음이 돌덩이처럼 굳어져서 인간성을 믿지도 못하고 감동도 받을 줄 모르는 사람이 되어 있습니다. 하지만 그런 장발장의 돌 같은 마음도 밀리에르 주교의 사랑으로 녹아버립니다.

그 후 장발장의 위대한 삶은 《레미제라블》을 읽는 독자들로 하여금 끊임없이 감동의 눈물을 흘리게 만듭니다. 그러나 정작 밀리에르 주교는 자신이 베푼 선행이 만들어가는 파문을 모르고 있습니다.

히틀러에 관해 야사로 전해지는 이야기가 있습니다. 히틀러가 청년 시절에 너무 굶주린 나머지 어떤 유태인의 집 앞에서 쓰러진 적이 있었습니다. 그때 이를 본 유태인 처녀가 2층에서 그에게 빵 한 조각을 던져주었습니다.

굶주린 히틀러는 허겁지겁 그 빵을 먹었습니다. 빵을 먹고 정신을 차린 히틀러는 자기가 유태인의 빵을 먹었다는 사실을 알고는 손으로 땅을 치며 손가락을 목구멍에 넣어 먹은 것을 모두 토해냈습니다.

만일 그때 그 유태인 처녀가 빵과 우유를 들고 내려와 쓰러진 히틀러를 부축하여 일으켜 세우고 음식을 먹였더라면 그 6백만 명의 목숨은 어떻게 되었을까요?

카르마가 보이지 않는 손으로 작용하는 것을 바라보고 있노라면 참으로 신비합니다.

답답한 사람들 1

눈이 먼 거위 한 마리가 뒤뚱거리며 걸어가고 있었습니다. 그런데 뒤뚱거리며 걷는 그 모습이 매우 특이해서, 호기심이 생긴 수많은 닭과 오리들이 그의 뒤를 따라 걷기 시작했습니다.

다른 집짐승들도 호기심이 생겨 그 무리를 따라가기 시작했습니다. 그들은 눈먼 거위 뒤를 따라가면서 그를 위대한 지도자로, 그리고 영웅으로 치켜세우며 미화시켰습니다.

눈먼 거위는 도로를 건너기 시작했습니다. 그를 따르는 다른 짐승들도 그를 따라 도로를 건너기 시작했습니다. 그런데 저쪽에서 트럭 한 대가 빠른 속도로 달려오고 있었습니다.

맹렬한 속도로 달려오는 트럭을 본 순간 위험을 느낀 다른 짐승들은 이러다가 차에 치여 죽는 것이 아니냐는 두려움으로 동요가 일어났습니다. 그들은 모두 눈먼 거위를 바라보았습니다. 그러나 그 거위는 여전히 뒤뚱거리며 태평하게 걸어가고 있었습니다.

짐승들은 안심이 되었습니다. 위대한 영웅이며 지도자인 거위가 트럭이 달려오는 것을 모를 리 있겠느냐, 무언가 다른 뜻이 있을 것이라는 생각이 들었기 때문입니다. 그래서 그들은 멈추지 않고 계속 거위를 따라갔습니다. 잠시 후 맹렬한 속도로 달려오던 트럭은 미처 속력을 늦추지 못했고, 닭과 오리와 집짐승들은 모두 트럭에 치여 죽고 말았습니다.

조용히 마음을 가다듬고 세상을 한 번 살펴보십시오. 소위 지도자라고 하는 정치인들, 경제인들, 성직자들, 그리고 지성인이라고 할 수 있는 교수들과 학자들…… 이들이 혹시 탐욕과 집착과 어리석음으로 눈이 먼 거위는 아닐지요? 그리고 우리는 그들의 명성과 권위에 눌려 무작정 따라가는 바보들은 아닐지요?

민족주의를 앞세워 인종청소를 하자고 선동했던 히틀러와 그를 무작정 추종했던 무지한 사람들을 보고 인류는 다시는 이런 일이 일어나서는 안 된다고, 역사를 통해 배우자고 말합니다만, 오늘날 세계 각처에서 일어나고 있는 배타적 민족주의에 입각한 인간 살육을 보면 인간이 도대체 얼마나 어리석은 존재인지 감조차 잡을 수가 없습니다.

시끄럽고 선동적인 분위기 속에서는 눈먼 지도자와 맹목적인 추종자를 알아보기 힘듭니다. 그러나 마음이 맑은 사람들의 눈에는 그것이 보입니다.

가지고 있는 것을 사랑하면 부자이다

사람들은 모두 행복하기를 원하지만 자신이 정말 행복하다고 생각하는 사람은 많지 않습니다. 그 이유는 자신은 가지고 있는 것이 별로 없다고 생각하기 때문입니다.

돈도 없고, 지위도 없고, 명예도 없고, 자신을 알아주는 친구도 없다고 생각합니다. 그러나 제가 만났던 사람들 중에는, 말은 그렇게 하지만 실제로는 저보다 돈도 많고, 지위도 높고, 유명세도 더 많이 타는 경우가 적지 않았습니다.

그들이 행복하다고 느끼지 못하는 이유는 자신이 못 가진 것들에 대해 너무 많은 생각을 하기 때문입니다. 자신이 못 가진 것들에만 에너지가 집중되어 있으니 행복을 느낄 리가 없습니다. 사실은 저 역시 그런 이유로 행복을 느끼지 못할 때가 많았습니다.

얼마 전에 아내가 가구 정리를 다시 하면서 조그마한 찬장에 도자기들을 한데 모아놓았습니다. 도자기라야 다기茶器, 찻잔, 그리고 외국의 벼룩시장에서 산 용도를 알 수 없는 몇 개의 유리 제품들입니다.

그러나 저는 그것들을 보면서 행복한 몇 시간을 보냈습니다. 그 물건을 만든 사람들, 그 물건의 쓰임새, 내 뒤에 이 물건들을 소유할 사람은 이것들을 어떻게 볼까 하는 생각 등으로 참으로 즐거운 한때를 보냈습니다. 그러다 문득 깨달았습니다. 내게는 이미 가지고 있는 것을 다 즐길 만한 시간도 부족합니다. 그래서 못 가진 것을 생각하느라 불행을 느끼기보다는 가진 것을 즐기면서 행복을 느끼겠노라고 말입니다.

절대적 빈곤은 악惡입니다. 그러나 상대적 빈곤은 영성적인 문제입니다. 가지고 있는 것을 즐기면 삶은 더욱 풍요로워집니다. 그런 의미에서, 가지고 있는 것을 사랑할 줄 아는 사람은 부자입니다.

자기 자신으로 살기

현대를 살아가는 대부분의 사람들은 매우 지쳐 있습니다. 복잡하고 바쁜 사회 구조 속에서 끊임없이 다른 사람과 경쟁해야 하고, 처리해야 할 일은 해도 해도 쌓여 있기 때문입니다.

그러나 우리를 지치게 만드는 것은 이런 일상생활의 과중한 업무만은 아닙니다. 사람은 누구나 자기 자신이 되고자 하는 욕구가 있는데, 그렇지 못할 때 마음의 평화를 잃고 지치게 됩니다.

자기 자신이 된다는 것은 무슨 뜻일까요? 그것은 내면의 소리에 귀를 기울이고 그 소리에 따라 자아를 만들어가는 것입니다.

다른 사람이나 주위 환경이 요구하는 모습으로 사는 인격을 페르소나 persona라고 부릅니다. 과도한 페르소나를 벗어던지고 자기 자신이 되어 사는 것이 건강한 영성을 지닌 사람의 삶의 모습일 것입니다.

여기에 생활 속에서 자기 자신이 되어 사는 태도를 몇 가지 소개합니다.

첫째, 겉보기로부터 벗어나십시오.

저는 가끔 집단상담에서 '참자아의 발견'이라는 주제를 다룹니다. 어떤 사람들은 자기의 솔직한 감정과 생각, 그리고 태도 등을 좀처럼 드러내지 않습니다. 그들은 끊임없이 교양 있는 여성, 힘 있는 남성의 태도로 말하고 행동합니다.

어떤 사람들은 상담이 끝날 때까지도 결코 치유되거나 성숙하지 않습니다. "남이 나를 어떻게 볼까?" 하는 관점에서 그들은 남의 기준에 자신을 맞추기 위해 진실하지 않게 생각하고 행동합니다.

이것은 자신을 피곤하게 할 뿐만 아니라 위선으로 이끌기도 합니다. 우리의 체면 문화도 하나의 예입니다.

둘째, 해야만 한다는 강박관념으로부터 벗어나십시오.

"해야만 한다"는 강박관념을 가지고 있는 사람이나 완벽주의자는 결코 마음의 평화를 누릴 수 없습니다.

물론 우리에게는 최선을 다해서 해야 할 일들이 있습니다. 그러나 최선을 다해서 일을 하는 것과 그렇게 해야만 한다는 강박관념은 전혀 다릅니다. 전자는 우리를 즐겁고 행복하게 만들지만, 후자는 스트레스를 주어서 몸과 마음을 망가뜨리고 맙니다.

셋째, 부당한 기대에 부응하려는 노력에서 벗어나십시오.

다른 사람 혹은 우리가 몸담고 있는 사회와 문화가 우리에게 부당하게 기대하는 것들로부터 벗어나려는 태도가 중요합니다.

예를 들어, "남자는 울어서는 안 된다"라든지, "여자는 다소곳하고 얌전해야 한다"라는 말에 길든 사람들은 그렇지 않은 사람들보다 훨씬 더 많은 스트레스를 받습니다.

남자도 울 때는 울어야 하고 여자도 말할 때는 말해야 합니다. 그래야 정신이 건강해집니다.

넷째, 자신을 신뢰하고 받아들이십시오.

다른 사람은 존중하고 인정하면서도 자기 자신은 별로 중요하게 여기지 않는 사람들이 있습니다. 이것은 겸손과는 다릅니다. 잘나면 잘난 대로, 못나면 못난 대로 있는 그대로 자신을 받아들여야 합니다.

키가 크면 어떻고 작으면 어떻습니까. 발바닥이 땅에 닿으면 그것으로 족한 것입니다.

다섯째, 다른 사람을 좀더 폭넓게 받아들이십시오.

다른 사람 역시 있는 그대로 받아들이십시오. 그를 간섭하거나 구태여 자기의 틀 안에 끼워 맞추려 하지 마십시오. 이런 행동은 인간관계를 갈등으로 이끌어 파괴시키는 지름길입니다.

내가 나 자신이 되고 싶은 것처럼, 상대 역시 그 자신이 되고 싶어한다는 것을 명심하십시오.

여섯째, 다른 사람과 경쟁하지 마십시오.

인생을 살아가자면 어느 정도의 경쟁은 피할 수 없습니다. 그러나 지나친 경쟁심리는 우리를 지치게 만들 뿐만 아니라 천박하게 만들기도 합니다.

남들이 메이커 운동화를 신고, 골프를 치고, 비싼 차를 탄다고 해서 나도 꼭 그래야 하는 것은 아닙니다.

지금까지 경승용차를 타고 다녔어도 마냥 행복하기만 했는데, 옆집의 젊은 부부가 중형차를 산 후로 남편을 무시하거나 부부 싸움을 한다면 이 얼마나 어리석은 일인지 앞에서 생각해보지 않았습니까?

일곱째, 보다 높은 자아를 발견하십시오.

우리에게는 현재 의식하고 있는 자아가 아닌, 우리가 미처 의식하고 있지 못하는 좀더 높은 자아가 있습니다. 이것은 왜곡되지 않은 영성 본래의 모습입니다.

보다 높은 자아를 발견하면 참으로 자기 자신이 될 수 있습니다. 이런 사람은 지극히 평화로우며, 열린 마음을 가지고 있고, 세상 만물을 미소로 바라봅니다. 그야말로 세상 만물 가운데 기쁨의 불꽃이 아닌 게 하나도 없는 경지에 이르게 되는 것입니다.

신앙과 치유

나치의 유태인 대량 학살의 희생자가 된 어떤 사람이 지하실의 벽을 손톱으로 긁어서 다음과 같은 시詩를 썼습니다.

> 태양이 구름에 가려 빛나지 않을지라도
> 나는 태양을 믿습니다.
> 주위에서 사랑이라곤 전혀 느낄 수 없지만
> 나는 하느님을 믿습니다.
> 하느님이 비록 침묵 속에 계신다 할지라도
> 나는 하느님을 믿습니다.

"신앙이 있는 사람에게는 나쁜 일이 생기지 않는다"라는 생각은 잘못된 것입니다. 참된 신앙이란 역경과 고난 속에서도 쓰러지지 않고 희망을 보며 극복하는 용기입니다.

신앙이 있는 사람에게 하느님이란 잠재적 치유력의 존재입니다. 그러므로 신앙을 가지고 있는 사람은 고통 가운데서도 평화와 행복을 발견하는 능력이 있습니다. 이런 의미에서 참된 신앙은 곧 영성이며 치유입니다.

미소는 생명의 향기

제가 에드먼턴의 한 수녀원에 머물 때였습니다. 저는 그곳에서 유방암 수술 후에 항암치료를 받고 있는 브렌다 수녀를 만난 적이 있습니다.

그녀는 고통스러운 항암치료를 받으면서도 늘 미소를 지었습니다. 어떤 때는 고통으로 얼굴이 일그러지면서도 미소를 지었습니다. 그녀는 복도를 지날 때도, 청소를 하면서도, 주방에서 일을 하면서도 늘 휘파람을 불었습니다.

저는 그녀에게 물어보았습니다.

"수녀님은 그렇게 힘든데도 어떻게 아름다운 미소를 지을 수가 있나요? 수녀님은 휘파람 부는 것을 무척이나 좋아하시는 모양이죠?"

브렌다 수녀는 또 미소를 지으며 말했습니다.

"글쎄요, 사실 전 너무 힘들기 때문에 웃기도 하고 휘파람도 부는 거예요. 앞으로 죽을지도 모른다는 두려움이 엄습해오거나 너무 힘들어 지칠 때는 저도 우울해져요. 하지만 계속 우울한 마음을 가지고 있으면 더욱더 우울해져서 정말 견딜 수 없게 되지요. 이럴 때 미소를 짓거나 휘파람을 불면 이상하게도 마음이 다시 즐거워지기 시작해요. 그래서 나는 힘들수록 미소를 짓거나 휘파람을 불지요. 미소는 하느님이 내게 주신 가장 커다란 선물이에요."

미소는 신비한 치유의 기능이 있습니다. 힘들수록 미소를 짓는다는 브렌다 수녀는 그런 의미에서 삶의 지혜를 터득한 사람입니다. 우울할 때, 부정적인 감정이 우리를 지배할 때, 미소는 희망과 긍정으로 우리 마음의 방향을 바꾸어줍니다.

카네기는 미소에 대하여 다음과 같은 말을 했습니다.

1. 미소는 밑천이 하나도 들지 않지만 소득은 크다.
2. 미소는 아무리 주어도 절대로 줄지 않고 받는 사람은 더욱 풍성해진다.
3. 아무리 부자라도 미소가 없이는 못 살고, 아무리 가난해도 미소가 있으면 풍성해진다.
4. 미소는 가정을 행복하게 만들고, 친구들에게는 우정을 심어준다.
5. 미소는 피로한 사람에게 휴식을, 실의에 빠진 사람에게 위로를, 애통

해 하는 사람에게 기쁨을, 근심걱정에 빠져 있는 사람에게 희망을 주는, 자연이 주는 최고의 해독제이다.

미소는 진실로 생명의 향기이며 영성의 향기입니다.

창조적 관계는 생명의 본질

무릇 생명 있는 모든 존재는 필연적으로 관계 속에서 살아갑니다. 사람도 다른 사람과 관계를 맺으며 살아갑니다. 그런데 그 관계는 창조적일 수도 있고 파괴적일 수도 있습니다. 창조적인 인간관계는 서로를 성장시킵니다. 인격 또는 성격이 성숙한 사람은 대부분 창조적인 인간관계 속에서 자란 사람입니다.

우리는 어떤 사람의 부모도 되고 또 어떤 사람의 자녀도 됩니다. 그리고 남편과 아내, 다른 사람의 친구와 직장 동료도 됩니다. 이런 만남 속에서 창조적인 인간관계는 자기 자신도 성장시키고 다른 사람도 성장시킵니다.

창조적인 인간관계는 우리가 상대방을 인정해주고, 상대방에게 친절하며 칭찬과 격려를 아끼지 않는 태도를 보일 때 일어납니다.

《채털리 부인의 사랑》으로 유명한 영국의 작가 D. H. 로렌스는 "우리는 살아서 생명을 전해주는 사람들이다. 우리가 생명을 전해주지 못하면 생명은 우리를 통해 흘러가지 못한다"라고 말합니다. 저는 그가 말하는 생명이란 사랑으로 다른 사람을 성장시키는 것이라고 이해하고 있습니다. 그러므로 다른 사람에게 미소 짓지 아니하고, 친절하지 못하며, 칭찬하지 않는 사람은 반생명적인 사람입니다.

자연과의 관계도 마찬가지입니다. 사람은 자연과 교감함으로써 건강할 수 있고 또 상처도 치유할 수 있습니다. 한 송이의 꽃과 나무에서 무한한 생명력을 느끼고, 새들의 노랫소리에서 창조주의 소리를 들을 수 있으면 그 사람은 진실로 영성이 맑은 사람입니다.

아씨시의 성 프란시스코는 바람을 '바람 수사'로, 새를 '새 수녀'라고 부르면서 자신은 늘 그들과 이야기한다고 했습니다. 이 얼마나 바람같이 자유롭고 건강한 사람입니까? 자연과 교감하는 능력을 가지고 있는 사람은 자연 속에서 절정의 환희와 초월의 신비를 경험합니다.

깨달은 사람은 창조적 관계가 곧 생명의 본질임을 압니다.

'아야! 선'을 인정하라

모든 사람은 아픔을 느끼는 자신의 영역이 있습니다.

신체적이든 정서적이든 다른 사람이 그 영역을 침범하면 아픔을 느낍니다. 아픔을 느끼는 이 영역을 우리는 '아야! 선(Ouch! line)'이라고 부릅니다.

프로레슬러를 꼬집었더니 싱글벙글 웃습니다. 연약한 피부를 갖고 있는 여성을 꼬집었더니 아프다고 소리 지르며 눈물을 글썽입니다. 그렇다고 그녀를 "왜 저 프로레슬러는 웃고 있는데 너는 아프다고 소리를 지르느냐?" 하고 비난하는 것은 잘못입니다.

'아야! 선'은 사람마다 다릅니다. 신체적으로나 정서적으로 아픔을 느끼는 것은 어디까지나 당하는 사람의 문제입니다. 오직 당하는 사람만이 아픔이 어디에서 느껴지는지 알 수 있습니다. 그래서 우리는 상대방의 '아야! 선'을 존중해주어야 합니다. 그러나 상대방의 '아야! 선'을 존중하지 않는 사람들이 너무나 많습니다. 깨달은 사람은 다른 사람의 '아야! 선'을 존중하는 사람입니다.

세계는 이야기들로 이루어져 있다

시인 뮤리엘 루키저는 "세계는 원자로 이루어진 것이 아니라 이야기들로 이루어져 있다"고 말했습니다. 저는 이 말이, 삶에서는 과학적 현실보다도 감동을 주는 인간들의 이야기가 더 중요하다는 사실을 상징적으로 표현한 말이라고 생각합니다.

어떤 아버지와 아들이 함께 먼 길을 가고 있었습니다. 길이 너무 멀어 지루하고 지친 아버지가 아들에게 길을 좀 줄여보라고 말합니다. 아들은 자신이 축지법을 하는 것도 아닌데 어떻게 길을 줄일 수 있느냐고 대답합니다. 그러나 그 후에도 먼 길을 갈 때마다 아버지는 아들에게 길을 좀 줄여보라고 말합니다. 아들은 어머니에게 이 일을 의논했습니다. 어머니는 아들에게 다음에는 재미있는 이야기를 해보라고 일러주었습니다.

아버지와 아들이 또 먼 길을 가게 되었을 때 아버지는 아들에게 똑같은 요구를 했습니다. 아들은 재미있는 이야기를 시작했습니다. 그들은 이야기 덕분에 먼 길을 지루하지 않게 갈 수 있었습니다.

이 세상은 물론 원자로 이루어져 있습니다. 그러나 이 세상이 원자로 이루어져 있다는 과학적 사실에만 관심을 집중한다면, 우리의 삶은 얼마나 지루하고 메마르겠습니까? 인생은 또 얼마나 힘들고 지치고 무의미하게 느껴지겠습니까? 이때는 돈도 지위도 권력도 도움이 되지 않습니다.

때로는 영성이 맑은 사람의 향기로운 이야기나 깨달은 사람의 지혜로운 이야기, 혹은 보통 사람들이 살아가는 어떤 감동적인 이야기 등이 인생의 먼 길을 지루하지 않게 갈 수 있도록 도와줄 것입니다.

영성의 목마름

사람은 두 종류의 눈을 가지고 있습니다. 외부를 바라보는 눈과 내면을 바라보는 눈이 그것입니다. 서구 문명에 익숙한 사람들과 현대 산업사회에 익숙한 사람들은 외부를 바라보는 눈이 발달되어 있습니다.

외부의 눈이 발달되면 사람의 에너지가 외적인 것을 추구하는 데에 집중됩니다. 외적인 것을 추구하다 보면 사람은 더욱더 많은 것을 갈구하게 되어 정신은 황폐화되고, 마침내 치유되기 어려운 고통을 낳습니다.

연령 면으로 살펴보면 젊은 사람들이 외부의 눈이 더 발달되어 있습니다. 그러나 나이가 들면서 외부로 흐르던 에너지는 자신도 모르는 사이에 내부로 방향을 바꾸게 됩니다. 그래서 공연히 쓸쓸하고 이유 없이 우울해집니다. 이것을 영성의 목마름이라고 해도 좋을 것입니다.

사람은 영혼의 갈증이 채워지지 않으면 심각한 마음의 병을 앓게 됩니다. 삶의 에너지의 흐름이 외부로부터 내면으로 그 방향이 바뀌었는데도 불구하고, 방향이 바뀐 사실조차 모르고 있으면 마음의 병은 더욱 깊어집니다.

'영성의 목마름'의 원인을 진단하고 치유를 경험할 수 있으려면 내면을 바라보는 눈을 발달시켜야 합니다. 내면의 눈을 밝게 만드는 것은 명상입니다. 명상을 올바르게 수련하면 혼돈에서 벗어나는 지혜를 얻을 수 있습니다.

참자아를 깨달은 이는 오고 감이 없다

근대 인도의 정신적 스승인 라마나 마하리쉬가 팔에 생긴 종양으로 수술을 했을 때였습니다. 그는 마취를 거부하고 수술을 받았습니다. 수술이 끝난 뒤 아프지 않았느냐고 한 제자가 묻자 그는 고통조차도 우리의 한 부분이라고 대답했습니다.

그의 암이 더욱더 심해지자 크게 슬퍼하는 제자에게 그는 다음과 같이 말했습니다.

"그대는 내가 마치 어디로 가는 것처럼 슬퍼하고 있구려. 내가 어디로 가겠으며 또 어떻게 가겠소? 가고 오는 것은 육체에게나 있는 것이지, 어떻게 진아眞我가 가고 올 수가 있겠소? 소가 자기의 뿔에 밧줄이 걸려 있는지 없는지 잘 모르듯이, 또 술 취한 사람이 자기 몸 위에 옷이 걸쳐 있는지 없는지 잘 모르듯이, 깨달은 사람은 자신의 육체가 아직 살아 있는지 죽었는지 잘 모르는 법이라오."

촛불이 달빛의 아름다움을 가로막다

인도의 유명한 시인인 타고르가 보름달이 유난히도 밝은 어느 날 밤, 무성한 나무들이 쭉 뻗어 있는 아름다운 강 위에 배를 띄워놓고 크로체의 미학美學에 관한 책을 읽고 있었습니다.

미학에 대한 크로체의 복잡한 설명을 읽다 피로해진 타고르는 책을 덮고 촛불을 껐습니다. 바로 그 순간 배의 모든 창문을 통해 은은한 달빛이 밀려 들어와 배 안을 가득 채웠습니다.

타고르는 한동안 고요히 앉아 있었습니다. 그것은 신비한 느낌으로 가득한 신성한 경험이었습니다.

그가 배 밖으로 나갔을 때, 고요한 강 위로 달빛이 아름답게 빛나고 있었습니다. 숲은 적막하기 이를 데 없고, 강물은 소리 없이 흐르고 있었습니다. 그는 그날 밤의 일을 일기에 다음과 같이 썼습니다.

"아름다운 달빛이 사방에서 나를 에워싸고 있었는데도 작은 촛불이 그 아름다움으로부터 나를 차단하고 있었다. 그 촛불 때문에 달빛이 배 안으로 들어오지 못하고 있었던 것이다."

행복의 요건

사람이 행복해질 수 있는 요건은 무엇일까요? 존 리브만이라는 학자는 다음과 같이 말했습니다.

"행복의 요건은 건강, 사랑, 돈, 물질의 풍요, 재능, 권능, 명성 등입니다. 이런 요건이 갖춰지면 인간은 행복해질 수 있습니다."

그의 말을 듣고 있던 허름한 한 노인이 이렇게 말했습니다.

"당신이 말하는 모든 것이 있다 하더라도 단 한 가지, 즉 당신의 마음속에 평화가 없으면 참된 행복은 있을 수 없습니다."

어떤 명상가는 "은행 구좌에 돈이 조금밖에 없어도 행복한 사람은 참으로 부자이다"라고 말합니다. 기적은 인간의 내면에서 일어납니다.

인생찬가

우리는 인생을 좀더 풍요롭고 의미 있게 살기 위해 때로는 명상의 침묵 가운데 마음의 평화를 추구하기도 하지만 또 때로는 피가 끓는 정열을 갈구하기도 합니다.

롱펠로우의 〈인생찬가〉라는 시를 읽고 그 뜻을 음미하면서 끓는 피의 정열을 느껴보십시오.

> 슬픈 사연으로 내게 말하지 말라,
> 인생은 한낱 헛된 꿈에 지나지 않는다고.
> 만물은 외양에 나타난 그대로가 아니다.
> 인생은 진실, 인생은 진지한 것.
> 무덤이 그 목표는 아니다.
> 너는 본래 흙이니 흙으로 돌아가리라.

이 말은 영혼을 두고 한 말은 아니다.
우리가 가야 할 곳 혹은 가는 길은
향락도 아니며 슬픔도 아니다.
내일이 저마다 오늘보다 낫도록
행동하는 것이 인생이니라.
세상의 넓은 싸움터에서 인생의 노염 안에서
말 못하고 쫓기는 짐승이 되지 말고
싸움터에서 이기는 영웅이 돼라.

아무리 즐거워도 미래를 믿지 말라.
죽은 과거는 죽은 채 묻어두라.
활동하라. 산 현재에 활동하라.
속에는 심장이 있고 머리 위에는 신이 있다.

위인들의 생애는 말해주노니
우리도 장엄한 삶을 이룰 수 있고
떠날 때는 시간의 모래 위에
우리의 발자욱을 남길 수 있음을.

그러니 우리 부지런히 일해 나아가자.
어떠한 운명도 헤쳐 낼 정신으로
끊임없이 성취하고 추구하면서
일하고 기다리기를 애써 배우자.

참다운 영성은 어떤 일에 최선을 다하면서도 거기에 집착하지 않는 것입니다. 이런 의미에서 롱펠로우의 〈인생찬가〉는 명상중에 바라보아야 할 의미 있는 시입니다.

진실한 아름다움은 마음속에 있다

옛날 어느 멋진 궁전에 한 왕자가 살고 있었습니다. 그는 부유했고 아쉬운 것이 없었으므로 이기적이고 거만했으며 또한 인정도 없었습니다.

어느 추운 겨울밤에 한 거지 노파가 궁전에 찾아와 장미 한 송이를 선물로 내놓으며 하룻밤 묵게 해달라고 부탁했습니다. 그러나 왕자는 노파의 초라한 행색을 보고 그 선물을 비웃으며 노파의 요청을 거절했습니다.

노파는 "진실한 아름다움은 사람의 마음속에 있다"고 말하면서 하룻밤 재워달라고 거듭 부탁했지만 왕자는 끝내 거절했습니다. 왕자의 마음속에 사랑이 없다는 것을 안 노파는 요정으로 변해 왕자에게 저주를 내렸습니다.

왕자는 징그럽고 무서운 야수로 변했으며 궁전의 모든 사람이 마법에 걸렸습니다. 요정은 장미 한 송이를 남겨놓으며 그 장미의 마지막 잎사귀가 떨어지는 해, 즉 왕자가 21세가 될 때까지 그가 진정으로 누군가를 사랑하고 또 그로부터 진정한 사랑을 받지 못한다면 영원히 야수로 살아야 할 것이라고 예언했습니다.

벨이라는 젊고 아름다운 처녀가 있었습니다. 그녀는 아버지의 잘못으로 야수로 변한 왕자와 함께 살게 됐는데, 그녀는 처음에는 야수를 무서워했으나 점점 정이 듭니다.

어느 날 벨은 아버지가 보고 싶어서 집에 갔다 오고 싶다고 말합니다. 야수는 벨이 돌아오지 않으면 자기는 죽게 된다고 말하면서도 벨을 집으로 보내줍니다. 벨은 집에서 바쁘고 즐겁게 지내다 약속한 한 달이 지난 것을 알고는 주위의 반대를 뿌리치고 야수의 성으로 돌아옵니다.

야수는 죽어가고 있었습니다. 비록 징그럽고 무서운 야수지만, 벨은 가슴 깊은 곳에서 그에 대한 사랑을 느낍니다. 그녀는 그의 죽음을 슬퍼하며 눈물을 흘리면서 "나는 당신을 사랑해요"라고 말합니다. 그러자 야수는 마법이 풀려 다시 늠름한 왕자로 변했습니다. 두 사람은 오랫동안 행복하게 살게 됩니다.

이 이야기는 《미녀와 야수》라는 동화입니다. 우리는 이 동화에서 인생의 진실에 대한 어떤 상징을 느낄 수 있습니다.

삶을 진실하고 행복하게 살고자 하는 모든 사람은, 진실한 아름다움은 마음속에 있는 진정한 사랑이라는 사실을 깨달아야 합니다.

명상의 참된 목적은 어떤 초능력을 얻는 것에 있는 것이 아닙니다. 진실한 아름다움이 바로 내 마음속에 있다는 사실을 깨닫는 데 그 목적이 있습니다.

당신은 행복하십니까?

심리학자이며 정신과 의사인 하워드 커틀러가 달라이 라마와 행복에 대한 토론을 하면서 그에게 물었습니다.

"당신은 행복하십니까?"

그러자 달라이 라마는 망설임 없이 대답했습니다.

"물론입니다. 난 행복합니다."

정신세계원의 송순현 원장이 격월간 〈정신세계〉에 싣기 위하여 '영성치유'에 대한 인터뷰를 하면서 저에게 물었습니다.

"당신은 행복하십니까?"

저는 머뭇거리다가 멋쩍게 웃으면서 대답했습니다.

"행복하려고 노력하지요."

보통 사람들은 예수나 석가, 또는 달라이 라마 같은 성자가 아닙니다. 그러므로 "당신은 행복한가 혹은 참으로 마음이 평화로운가?" 하는 질문을 받으면 누구나 자신 있게 그렇다고 대답하기가 어렵습니다.

어리석은 사람은 거짓으로 행복한 체, 마음의 평화가 있는 체 하면서 마음을 닦으려고 노력하지 않습니다. 그러나 지혜로운 사람은 참된 의미의 행복을 얻으려고 혹은 마음의 평화를 얻으려고 노력합니다.

하워드 커틀러가 달라이 라마에게 다시 물었습니다.

"사람이 누구나 행복해지는 것이 가능할까요?"

달라이 라마가 대답했습니다.

"그렇습니다. 누구나 마음의 수행을 통해 행복을 발견할 수 있습니다."

마음을 수행한다는 것은 영성이 맑아지고 깊어진다는 뜻입니다. 영성이 맑고 깊은 사람은 자신 있게 "나는 행복하다 혹은 평화롭다"고 말할 수 있습니다.

노력하는 사람은 마침내 행복을 발견하고 마음의 평화를 얻을 수 있습니다. 가장 중요한 것은 당신이 바쁘게 하던 일을 잠시 멈추고 눈을 감은 채 내면의 고요함 속에서 바라보는 일입니다.

최선을 다하되 집착하지 않는 삶

우리는 가끔 이런 질문을 합니다. "인생을 어떻게 살까? 인생을 어떻게 살아야 가장 잘 사는 것일까?"

저는 그 질문에 이렇게 답하고 싶습니다. 우리가 하는 일에 최선을 다하되 집착하지는 말라고.

어니스트 헤밍웨이의 소설 《노인과 바다》는 인간의 삶의 모습을 상징적으로 극명하게 보여주고 있습니다. 이 소설은 또한 우리가 어떻게 살아야 하는가라는 문제에 대한 답도 암시적으로 보여줍니다.

늙은 어부 산티아고는 84일 동안 한 마리의 고기도 낚지 못했지만 좌절하지 않고 다시 바다로 나갑니다. 그러나 그는 여전히 고기를 잡지 못합니다.

그는 굶주림과 갈증의 고통 속에서도 결코 포기하지 않고 고기를 잡기 위해 최선을 다합니다. 그는 마침내 엄청나게 커다란 고기를 발견하여 사흘간의 사투 끝에 그 고기를 잡습니다. 그러나 집으로 돌아오는 도중에 상어떼를 만납니다. 그리고 상어들은 어부가 잡은 그 큰 고기를 다 먹어치우고 맙니다. 바다에서 몇 날 몇 밤 동안 벌였던 사투는 물거품이 되고, 그는 결국 고기의 뼈만 가지고 집으로 돌아옵니다.

지친 어부는 자기의 오두막에서 고요히 잠이 듭니다. 그의 얼굴에는 후회와 아쉬움의 표정은 찾아볼 수 없고 그저 평화로워 보입니다. 그는 꿈속에서 사자獅子를 봅니다.

《노인과 바다》는 단순한 내용의 이야기지만 그것이 우리에게 말하고자 하는 의미는 실로 크다고 할 수 있습니다. 저는 이 소설이 삶의 의미와 비밀을 상징적으로 잘 보여주고 있다고 생각합니다.

바다는 삶의 장場을 의미합니다. 산티아고 노인이 바다에서 큰 고기를 잡으려고 노력한 것처럼, 사람들은 이곳에서 성공을 거머쥐려고 사투를 벌입니다. 그가 잡은 커다란 고기는 사람들이 거머쥔 성공을 뜻합니다.

그러나 삶의 현장에서는 항상 예상치 못한 복병이 도사리고 있습니다. 그것은 산티아고 노인이 잡은 큰 고기를 다 먹어치운 상어 같은 것들입니다. 그 복병은 질병일 수도 있고, 인간관계의 파괴, 회사의 부도, 혹은 죽음일 수도 있습니다. 피땀 흘려 이룩해놓은 성공이 물거품으로 돌아갈 때 사람들은 대부분 실망과 좌절과 허무감에 빠지게 됩니다. 그런 모습은 초라해

보이고 추하게 보이기도 하며, 때로는 연민의 정을 느끼게 하기도 합니다.

그러나 산티아고 노인은 자기가 애써 잡은 큰 고기를 상어 떼가 다 먹어치웠음에도 불구하고 평화롭게 잠들고 꿈속에서 사자를 봅니다. 사자는 위풍당당한 초원의 왕입니다. 이것이 상징적으로 의미하는 바는, 산티아고 노인은 자기가 이룩해놓은 결과에 집착하지 않고 다만 최선을 다했다는 자부심으로 사자와 같은 당당한 태도를 견지한다는 것입니다.

그의 태도는 달관의 경지에 도달한 것입니다. 그 달관의 경지는 삶의 장에서 최선을 다하지만 그 결과에 집착하지는 않는다는 것입니다.

진정 마음의 평화를 원한다면, 그리고 당당하고 물 흐르듯이 살기를 원한다면, 우리는 최선은 다하지만 그 결과에는 집착하지 않는 산티아고 노인의 달관의 태도를 배워야 합니다.

세상일에 집착하지 않기 위해 어떤 사람들은 아예 세상을 등지고 깊은 산속으로, 혹은 수도원으로 들어가기도 합니다. 그들은 속세에 살고 있는 한 집착을 털어버리기가 어렵다고 생각하는 것일지도 모릅니다.

그러나 대부분의 사람들은 구도자와 같은 생활을 하지는 못합니다. 그들은 여전히 세상이라는 바다에 살면서 큰 고기를 낚아보려고 애를 씁니다. 어떤 면으로는 이것이 삶을 더 윤택하고 풍요롭게 만드는 것인지도 모릅니다. 다만 어떤 일의 결과에 집착하지만 않는다면 말입니다.

집착하지 않는 사람만이 진실로 바람같이 자유로운 사람입니다. 집착에서 벗어나 바람같이 자유로운 사람이 된다면 이것은 궁극적인 치유입니다.

신의 정원에 핀 꽃들

밤이 끝나고 낮이 시작될 때

한 늙은 랍비가 밤이 끝나고 낮이 시작되는 때가 언제인지 말할 수 있겠느냐고 학생들에게 물었습니다.

한 학생이 되물었습니다.

"저 멀리 동물이 하나 보이는데 그 동물이 양인지 개인지 구별할 수 있는 때입니까?"

랍비는 아니라고 했습니다.

다른 학생이 물었습니다.

"그러면 저 멀리 나무 한 그루가 보이는데 그 나무가 무화과나무인지 복숭아나무인지 구별할 수 있는 때입니까?"

랍비는 또 아니라고 답했습니다.

이번에는 모든 학생이 함께 물었습니다.

"그렇다면 밤이 끝나고 낮이 시작되는 때는 언제입니까?"

랍비가 대답했습니다.

"그것은 네가 어떤 사람을 보면서 그가 바로 네 형제요, 자매라는 것을 깨달을 때이다."

하시딤Hasidim(유대교의 신비주의 종파)에서 전해오는 이야기입니다.

보는 방법을 바꾸라

여행자: "오늘 날씨는 어떨 것 같습니까?"

목동: "제가 좋아하는 날씨가 될 것입니다."

여행자: "그걸 어떻게 아십니까?"

목동: "저는 제가 좋아하는 것만을 항상 얻을 수는 없다는 사실을 깨달았습니다. 그래서 제가 얻는 것을 항상 좋아하자고 결심했지요. 그러니 오늘 날씨가 어떠하더라도 저는 그것을 좋아한답니다."

앤소니 드 멜로의 우화입니다.

행복의 비밀은

한 어부가 있었습니다. 그런데 그는 매일 낚시로만 고기를 잡았습니다. 어느 날 친구가 그에게 말했습니다.

"자네는 언제까지 낚시로만 고기를 잡을 텐가?"

"그럼 낚시 말고 또 무엇으로 고기를 잡는단 말인가?"

"배를 한 척 사서 넓은 바다로 나가 그물로 고기를 잡아보게."

"왜?"

"그래야 고기를 많이 잡지."

"고기를 많이 잡으면 무얼 할 건데?"

"뭐 하기는? 고기를 많이 잡아야 돈을 많이 벌지."

"돈을 많이 벌면 무얼 하려고?"

"돈을 많이 벌면 하고 싶은 일을 할 수도 있고 여유를 즐길 수도 있지."

어부는 한참 동안 생각에 잠겼다가 이렇게 말했습니다.

"그렇다면 구태여 배를 사서 그물로 고기를 잡아 돈을 많이 벌 필요가 없을 것 같네. 나는 지금 하고 싶은 일을 하고 있고, 또 여유를 즐기고 있으니까 말일세."

답답한 사람들 2

사람들이 죽은 사람을 메고 장지로 갔습니다. 관을 내려놓으려고 하는데

관 속에서 누가 뚜껑을 땅땅 하고 쳤습니다. 그러더니 죽었다던 사람이 관 뚜껑을 열고 일어나 앉았습니다.

"대체 뭣들 하고 있는 거요? 난 죽지 않았소. 이렇게 살아 있단 말이오!"

관 주위를 둘러서 있던 사람들은 어안이 벙벙하여 서로 얼굴만 바라보고 있었습니다. 마침내 장례를 맡아 치르던 사람이 말했습니다.

"여보게, 의사들과 사제들이 모두 자네가 죽었다는 걸 확인했다네. 전문가들이 잘못할 리가 있겠는가? 그런데 자네가 이러면 어쩌는가!"

결국 사람들은 관 뚜껑을 다시 못질해 닫고 예정대로 장례를 거행했습니다.

수피(이슬람교의 신비주의 종파)에서 전해오는 이야기입니다.

자신이 누구인지 우리는 단지 잊어버렸을 뿐

"나는 그대에게 직접 진리를 줄 수는 없습니다. 그것은 아무도 할 수 없는 일입니다. 그러나 어디서 진리를 발견할 수 있는지는 가르쳐줄 수 있습니다. 진리는 달에 있는 것도 아니고 에베레스트에 있는 것도 아닙니다. 진리는 바로 그대의 내면에 있습니다.

바깥을 향한 눈을 닫고 자신의 내면을 바라보는 법을 배우십시오.

신성은 우리 외부에 있는 어떤 것이 아닙니다. 우리의 내면을 바라보면 우리의 존재 자체가 신성임을 알 수 있습니다. 그러므로 신성을 찾아 이리 저리 다닐 필요가 없습니다. 단지 기억해내기만 하면 됩니다. 우리가 그것을 까맣게 잊어버리고 있는 것이지, 잃어버린 것은 아니기 때문입니다.

자신이 누구인지 우리는 단지 잊어버렸을 뿐입니다."

오쇼 라즈니쉬가 강연중에 한 말입니다.

소경의 등불

한 사내가 캄캄한 밤길을 걸어가고 있었습니다. 그런데 그 맞은편에서 소경 한 사람이 등불을 든 채 걸어오고 있는 것이 보였습니다. 그 사내가 소경에게 물었습니다.

"당신은 소경인데 등불이 무슨 소용이 있소?"

그러자 소경은 이렇게 대답했습니다.

"내가 이 등불을 들고 걸어가면 내가 걷고 있다는 것을 눈뜬 사람들이 잘 알 수 있을 테니까요."

〈탈무드〉의 한 이야기입니다.

디오게네스의 향기

철학자 디오게네스는 어느 날 대낮에 등불을 들고 아테네 거리를 헤매고 있었습니다. 기이하게 여긴 어떤 사람이 그에게 물어보았습니다.

"당신은 왜 대낮에 등불을 들고 다닙니까?"

디오게네스가 대답했습니다.

"나는 사람을 찾는 중이라오."

그러던 디오게네스가 어느 날 저녁 식사로 콩꼬투리를 먹고 있었습니다. 왕에게 아첨하며 편안하게 살고 있는 철학자 아리스토포스가 이것을 보고 말했습니다.

"왕에게 고분고분할 줄 알면, 그따위 맛없는 콩꼬투리나 먹고살지 않아도 되련만."

디오게네스가 받아쳤습니다.

"콩꼬투리를 먹고살 줄 알면, 왕에게 아첨 떨지 않아도 되련만."

사랑

"그리하여 우리는 잠시 동안 사랑을 받다가는 이윽고 잊혀집니다. 그러나 그 사랑은 그것으로 충분할 것입니다.

모든 사랑의 충동은 그 사랑을 낳았던 모체로 되돌아갑니다. 기억조차도 사랑에는 필요하지 않습니다.

산 사람의 나라가 있고 죽은 사람의 나라가 있습니다. 그리고 그것을 잇는 다리는 사랑입니다. 사랑만이 살아남고 사랑만이 의미를 갖습니다."

미국의 극작가 손톤 와일더의 말입니다.

모든 사람은 꽃이다

"아이든 어른이든 간에, 우리는 모두 꽃입니다.

우리의 눈꺼풀은 장미의 꽃잎을 꼭 닮았습니다. 특히 눈을 감았을 때는 더욱 그러합니다. 우리의 귀는 새의 노랫소리에 귀를 기울이고 있는 나팔꽃을 닮았습니다.

우리의 입술은 우리가 웃을 때마다 아름다운 꽃이 되곤 합니다. 그리고 우리의 두 팔은 다섯 개의 잎을 가진 수련입니다.

이제 우리가 노력해야 할 것은 우리의 '꽃다움'이 언제나 살아 있도록 하는 일입니다. 그러나 이 일은 우리의 이익을 위해서가 아니라 모든 사람의 행복을 위해서 그리해야 합니다."

틱낫한 스님의 말입니다.

인간에게는 얼마나 많은 땅이 필요한가

톨스토이의 작품 중에 〈인간에게는 얼마나 많은 땅이 필요한가〉라는 유명한 단편소설이 있습니다.

바홈이라는 가난한 농부는 삶의 목표가 자신의 땅을 갖는 것이었는데, 파시키르 족族의 촌장이 매우 특이한 방법으로 땅을 판다는 소식을 듣고 그를 찾아갑니다. 촌장은 이렇게 말합니다.

"당신이 1천 루블(러시아의 화폐 단위)을 내고 하루 종일 걸어서 밟은 땅은 당신 차지가 됩니다. 그러나 조건이 하나 있습니다. 당신이 만약 해가 지기 전에 출발점으로 돌아오지 않으면 그건 무효가 됩니다."

바홈은 다음날 아침 일찍 출발점에 말뚝을 박아 놓고 걷기 시작합니다. 땅은 기름지고 아주 넓었습니다. 그는 혼자 중얼거립니다. "1분이라도 시간을 허비해서는 안 되지. 조금이라도 시원할 때 부지런히 걸어야 해."

그는 정오가 지났을 무렵 돌아가려고 마음먹었으나 기름진 땅이 보여 '조금만 더, 조금만 더' 하며 계속 앞으로 나아갑니다.

어느덧 해가 서쪽으로 기울기 시작했습니다. 바홈은 당황하여 본래의 출발점을 향해 뛰기 시작합니다. 그러나 출발점까지는 너무 멀고 시간은 별로 없습니다. 그는 숨이 턱에 닿을 때까지 있는 힘을 다해 달렸습니다. 이러다가 죽을지도 모른다는 생각이 들었으나 쉴 수가 없었습니다. 그는 마침내 출발점에 돌아왔습니다. 그러자 촌장이 소리칩니다.

"허어, 장하구려. 당신은 정말 많은 땅을 차지하셨소."

그러나 바홈은 너무 숨이 찬 나머지 입에서 피를 흘리며 죽고 맙니다. 사람들은 그를 땅에 묻었습니다. 그가 마지막으로 차지한 땅은 겨우 한 평 정도였습니다.

최고의 초능력은 깨달음

"깨달음의 힘은 다른 모든 초능력을 사용하는 것보다 훨씬 더 강력합니다. 초능력은 종류가 많고 다양합니다. 하지만 깨달음이야말로 최고의 초능력입니다.

그것은 다른 초능력을 가진 사람들은 모두 깨달음을 얻으려고 하는 반면, 깨달음을 얻은 사람은 다른 초능력을 구하지 않는 것을 보면 알 수 있습니다. 그러니 오직 깨달음만을 추구하십시오.

초능력을 가지고 있지 못한 사람들에게는 초능력이 대단한 것으로 보일지 모르지만 그것은 일시적인 것에 불과하며, 일시적인 것은 추구해봐야 소용이 없습니다. 또 그 신비하게 보이는 초능력들은 사실 진아眞我 안에 모두 갖추어져 있습니다.

모든 것을 다 주는 신神에게 가치 없는 초능력을 달라고 구걸하는 것은 마치 박애주의자에게 상한 죽 한 그릇만 달라고 구걸하는 것과 같습니다.

인도의 성자 라마나 마하리쉬의 말입니다.

진실한 구도자의 가슴

"젖은 성냥은 아무리 그어도 연기만 좀 날 뿐, 쉽사리 불이 붙지 않습니다. 그러나 마른 성냥은 살짝만 그어도 불이 붙습니다.

진실한 구도자의 가슴은 마른 성냥과 같습니다. 신神의 이름을 가볍게만 불러보아도 그의 가슴에는 사랑의 불이 붙습니다. 그러나 세상의 부富에 집착하고 욕망의 물에 젖어 있는 가슴은 불 붙기를 거부하는 젖은 성냥과 같습니다.

신은 여러 번 그에게 가르침을 주지만 신의 사랑의 불꽃은 결코 그의 가슴 속에서 점화되지 않습니다."

인도의 성자 라마크리슈나의 말입니다.

꼬마 물고기

"실례합니다. 당신은 저보다 나이도 많으시고 경험도 많으시니 저를 도와주실 수 있겠군요. 바다라고 부르는 곳을 어디 가면 찾을 수 있을까요? 이곳저곳 다녀봤지만 찾을 수가 없네요."

어린 바닷물고기가 나이 지긋한 다른 물고기에게 물었습니다.

"지금 네가 헤엄치고 다니는 바로 거기가 바다란다."

"여기가 바다라고요? 이건 그냥 물이잖아요. 제가 찾고 있는 건 바다라고요, 바다."

어린 물고기는 사뭇 실망해서 또 다른 데로 바다를 찾아 헤엄쳐갔습니다.

앤소니 드 멜로는 이 이야기에 다음과 같은 글을 덧붙였습니다.

"꼬마 물고기야, 그만 찾아다니거라. 찾으러 가야 할 곳이란 아무 데도 없단다. 그저 가만히 머물러 눈을 뜨고 바라보아라. 네가 해야 할 일은 다만 바라보는 것이란다."

버리라

어떤 사람이 찾아와 붓다에게 꽃을 선물하려고 했습니다.

그를 올려다본 붓다가 말했습니다.

"그 꽃을 버리시오."

그 사람은 꽃을 버리라는 붓다의 말을 이해할 수 없었습니다. 그러나 그는 곧 왼손에 들고 있는 꽃을 버리라는 소리라고 생각했습니다. 왜냐하면 왼손으로 누구에게 선물을 하는 것은 예의에 어긋나는 일이었기 때문이었습니다. 그래서 그는 왼손에 든 꽃을 오른손으로 옮겨쥐었습니다.

"그 꽃을 버리라니까요!"

붓다는 다시 그렇게 말했습니다.

그는 이번에는 손에 든 꽃을 모두 버리고 붓다 앞에 섰습니다. 그러자 미소를 지으며 붓다가 다시 요구했습니다.

"버리시오."

그 사람은 어리둥절해져서 붓다에게 물었습니다.

"무얼 버리라는 말씀입니까?"

붓다가 대답했습니다.

"내가 버리라는 것은 꽃이 아니라 그 꽃을 가져온 사람입니다."

제14장

영성의 길

　　현대인은 과거의 그 어느 때보다도 심각한 위기에 처해 있다고 할 수 있습니다. 물질문명이 고도로 발달되어서 생활은 매우 편리해졌지만, 조금만 정신을 차리고 현대인의 삶을 돌아보면 도처에 위기가 도사리고 있음을 알 수 있습니다.

　　현대인의 위기가 어디 한둘이겠습니까만, 그중에서도 영성靈性의 상실이 가장 심각한 증후가 아닌가 합니다.

　　영성이 상실되고 돈과 권력과 외모 등의 물질적 요소가 지나치게 강조되는 사회에서는 인간의 영혼이 허전하고 공허해집니다. 그래서 어딘가에 미치지 않으면 안 됩니다. 성공과 물질, 권력, 마약이나 알코올 혹은 섹스 등에 집착하면서 허전함과 허무함을 달래려고 합니다. 이것들은 정상적인 욕구 충족의 단계를 넘어서 거의 중독 상태에 와 있습니다.

　　복잡한 사회구조와 치열한 경쟁 속에서 가슴과 가슴이 따뜻하게 만나는 인간관계는 점점 희미해지고 있고, 컴퓨터의 가상현실 속에서 인간들의 정서는 급속도로 황폐화되고 있습니다. 자연에 대한 마구잡이식 개발은 지구의 자정 능력을 상실케 만들어서 결국은 지구상에서 생명이 말살될지도 모르는 지경에 이르렀습니다.

그러므로 지금은 그 무엇보다 영성을 회복해야 할 시대입니다. 지금 사람들이 영성 회복의 중요성을 깨닫고 세계 곳곳에서 영성 수련을 통해 영성 회복 운동이 일으키고 있는 것은 참으로 다행스러운 일입니다.

영성 수련은 시대와 장소에 따라 수많은 방법들이 개발되어 있습니다. 여기서 저는 기독교와 불교의 전통적인 수련법을 소개하려고 하는데, 기독교의 이그나티우스의 영성 수련과 소위 영적 독서라고 불리는 렉시오 디비나Lectio Divina, 그리고 불교의 심우도가 바로 그것입니다.

기독교와 불교의 영성 수련은 비슷한 면이 많이 있지만 근본적으로는 매우 다릅니다. 기독교에서는 그들이 믿는 하느님의 가르침을 철저하고 완벽하게 배우고 따름으로써 성인이 되고자 하는 수련의 방법을 발달시켰고, 불교는 자신이 직접 진리의 길을 찾아 실천해가는 수련의 방법을 발달시켰습니다.

그러니까 기독교에서는 하느님이 이미 제시한 진리에 부응되도록 자신의 신앙과 영성과 인성을 닦으면 되었고, 불교에서는 스스로 진리를 찾고 깨달아서 그에 부응하는 영성을 닦으려고 노력했던 것입니다.

성 이그나티우스의 영성 수련

기독교의 영성 수련으로 대표적인 것은 이그나티우스의 영성 수련입니다. '영성 수련'은 본래 로욜라의 성 이그나티우스(St. Ignatius of Loyola)가 그리스도인들의 영성 훈련을 위해 만든 소책자의 이름입니다.

이그나티우스(익나시오)가 영성 수련을 통해 일어나기를 기대하는 것은, 사람들로 하여금 하느님의 뜻을 열망하게 하고, 하느님의 뜻을 발견하고,

마침내 하느님의 뜻에 따라서 삶을 선택하게 하는 것입니다.

이그나티우스 이후 이 책자에 따라 실시되는 일정 기간 동안의 피정避靜 혹은 퇴수회退修會를 '영성 수련'이라고 부르는데, 오늘날은 그 형태가 매우 다양해졌습니다. 이그나티우스는 원래 네 단계의 영성수련을 권했는데, 한 단계에 일주일씩 총 4주간의 수련을 권장했습니다.

그러나 한 단계가 꼭 일주일이라는 기간을 필요로 하는 것은 아닙니다. 필요에 따라 한 단계를 하루에 마칠 수도 있고, 때로는 한 달이 걸릴 수도 있습니다. 그러니까 여기에서의 시간은 객관적인 물리적 시간(chronos)이라기보다는 주관적인 의미의 시간(kairos)이라고 보는 것이 좋을 것입니다.

여기에 제시하는 영성 수련은 이그나티우스의 영성 수련에 기초를 두었으나 저 나름대로 내용을 다소 변용하여 응용한 것입니다.

첫 번째 단계는 각성(awakening)과 정화(purification)의 단계입니다.

바쁜 일상생활의 번잡함에서 잠시 떠나 '나는 누구인가'를 묵상해보는 것은 우리의 영성을 고양시키는 일에 있어서 필수적인 시작입니다. 내가 누구인지를 찾다보면, 우리는 자연히 절대자, 즉 하느님을 찾게 되고 삶과 죽음의 의미까지도 찾게 됩니다.

크리스토퍼라는 성인聖人이 어느 날 밤에 꿈을 꾸었는데, 그 꿈속에서 사람들은 활활 타오르는 커다란 불덩이 앞에 서 있었습니다. 그 불덩이는 사람들에게 무엇인가를 묻고 대답을 잘 하지 못하는 사람들을 한입에 삼켜버렸습니다.

마침내 크리스토퍼의 차례가 되었을 때, 불덩이는 이렇게 물었습니다.
"너는 누구냐?"

뜻하지 않은 질문에 당황하기도 하고 겁에 질리기도 한 크리스토퍼가

"나는 크리스토퍼입니다" 하고 이름을 말하자, 그 불덩이는 "나는 지금 너의 이름을 묻고 있는 것이 아니다. 너는 누구냐?" 하고 다시 물었습니다.

크리스토퍼는 엉겁결에 "나는 사제입니다"라고 대답했습니다. 그러자 그 불덩이는 "나는 너의 직업을 묻고 있는 것이 아니다. 너는 누구냐?" 하고 다시 물었습니다.

크리스토퍼는 불덩이의 뜨거운 입김에 온몸이 타들어가는 것 같은 고통을 느꼈습니다. 크리스토퍼가 대답을 하지 못하고 머뭇거리자 불덩이는 그를 집어삼키려고 확 달려들었습니다. 크리스토퍼는 겁에 질려 소리를 지르며 꿈에서 깨어났습니다.

이것은 비단 크리스토퍼에게만 주어진 질문이 아니라 우리 모두에게 주어진 질문입니다. 만일 그 불덩이가 당신에게 "너는 누구냐?" 하고 묻는다면 당신은 무엇이라고 대답하겠습니까? 종교에 따라 또 개인에 따라 그 대답은 달라지겠지요. 만일 당신이 기독교인이라면 뭐라고 대답하겠습니까?

이 세상에 태어난 사람은 누구나 한 번쯤은 '나는 누구인가?' 라는 질문을 하게 됩니다. 그리고 소수의 사람만이 그 질문에 나름대로의 해답을 발견하고 세상을 떠납니다.

기독교인은 하느님과 예수에 대한 신앙에 기초를 두고 자신의 정체성을 발견하는데, 모든 기독교인의 공통된 자기정체성은 '나는 부족하고 죄스러운 존재' 라는 것입니다. 크리스토퍼의 이야기는 기독교 문화 속에서 나온 이야기이므로 불덩이가 크리스토퍼에게 "너는 누구냐?" 라고 물었을 때, 크리스토퍼는 "저는 부족한 죄인입니다" 하고 대답했어야만 했습니다.

참으로 아이러니컬하게도 기독교인들은 자신이 부족하고 죄스러운 존재라는 것을 느낄 때 하느님의 크신 사랑도 동시에 느낍니다. 자신은 하느님의 사랑을 받기에 부족한 인물이지만 그 누구보다도 하느님의 사랑을 받고 있다고 느낀다면, 이것은 심리적으로 하느님의 치유의 사랑을 경험하는 것이며, 이런 경험은 마음의 정화(purification)를 가져옵니다.

이 단계에 이른 사람은 자연스럽게 "나는 참으로 그리스도인인가? 그렇다면 나는 그리스도를 위해서 무엇을 해왔는가? 그리고 지금 나는 그리스도를 위해서 무엇을 하고 있는가? 또 앞으로 그리스도를 위해서 무엇을 해야 하는가?"라는 질문을 하게 되고, 그러는 과정에서 기독교인으로서의 정체성에 대한 나름대로의 각성(awakening)을 하게 됩니다.

두 번째 단계는 조명(illumination)의 단계입니다.

두 번째 단계의 중심적 관점은 예수 그리스도의 공생애公生涯입니다. 예수의 삶의 모습, 가르침 등을 현재적인 체험으로 관상을 통해 시각화(visualization)해봅니다.

예수의 삶의 모습과 가르침의 핵심을 성경에서 찾아보면 사랑과 겸손과 자비심(compassion, 불쌍히 여기는 마음)으로 집약이 됩니다.

일전에 어느 분이 제게, 예수는 왜 사랑을 그렇게 강조했는지 그 이유를 물어본 적이 있습니다. 예수가 사랑이나 겸손, 그리고 자비심 등을 강조한 것은 단순히 윤리적인 이유에서 그런 것만은 아닙니다. 사랑은 바로 생명을 살리는 신비한 에너지이기 때문에 그렇습니다.

저는 최근에 심한 우울증과 때로는 정신분열 증세를 보이는 젊은 여성을 상담한 적이 있습니다. 그녀는 대학병원에서 정신과 치료를 받고 약을 복용 중이어서 정서가 비교적 안정적이었습니다. 그러나 에너지가 너무 고갈되어 있어서 어떤 욕망이 있어도 그것을 행동으로 옮길 만한 힘이 없어 보였습니다.

저는 어떻게 하면 그녀의 마음속에 에너지의 불씨 하나를 지필 수 있을까 하고 고민했습니다. 그런데 어느 날 그녀의 어머니가 전화를 해서 말하기를, 그녀가 저와의 상담 후에 얼굴이 상당히 밝아지고 태도도 긍정적으로 바뀌는 것 같다는 것입니다.

무엇이 그녀의 마음속에 불씨를 지폈을까요? 그것은 아마도 저의 진실한 관심이었을 것입니다. 진실한 관심이 그녀에게는 사랑으로 느껴졌겠지요.

정신분석학자인 프로이트에게 그의 제자인 플루겔이 물었습니다.

"선생님, 치유는 언제 일어납니까?"

프로이트가 대답했습니다.

"상담자가 자기를 사랑하고 있다는 것을 내담자가 느끼면 치유는 일어나기 시작하네."

신앙이 좋다는 것은 무엇을 뜻하는 걸까요? 주일 잘 지키고, 헌금 잘 내고, 새벽기도를 빠지지 않고 잘 나오면 신앙이 좋은 것일까요? 물론 이것은 기독교인이 지켜야 할 중요한 덕목임에는 틀림없습니다. 그러나 예수의 가르침의 진리가 깨달음의 빛으로 비치기 전에는 절대로 신앙이 좋다고 할 수 없습니다.

조명이란 밝게 비친다는 뜻이니, 예수의 삶과 가르침이 깨달음의 밝은 빛으로 우리에게 다가오도록 하는 단계가 두 번째 단계입니다.

세 번째 단계는 고통의 예수와 하나되는(union with suffering Jesus) **경험의 단계입니다.**

그리스도의 고통 속에는 하느님의 신성이 숨겨져 있습니다. 기독교 신앙에 의하면, 예수는 하느님의 아들이었지만, 세상에서 사실 때 머리 하나 변변히 뉘일 곳이 없는 가난한 분이었습니다. 그는 명예도 권력도 탐하지 아니했습니다. 그뿐만 아니라 십자가 위에서 고통과 모욕을 당하면서 돌아가셨습니다.

그리스도인이 된다는 것은 부귀와 영광만을 취하는 것이 아니며, 필요할 때는 가난과 고통도 취해야 함을 의미합니다. 기독교인은 그리스도의 고통과 연합하는 경험을 통해 슬픔 속에서 기쁨을, 약함 속에서 강함을, 그리고 부족함 속에서 감사함을 체험할 수 있습니다.

예수의 고통과 하나되는 경험 속에서 기독교인은 그들의 삶의 모습과 원칙을 선택하게 됩니다. 기독교인은 나의 편함과 명예만을 위해서 사는 것이 아니라 필요할 때는 고통까지도 감사함으로 받아들이는 삶을 살아야 한다고 믿습니다. 그러므로 기독교인의 삶은 항상 봉사의 삶이어야 합니다. 비록 그것이 어렵고 고통스러워도 그렇습니다.

네 번째 단계는 하느님과 하나되는(union with God) 경험의 단계입니다.

부활한 예수는 여전히 못 박히고 창에 찔린 자국이 있지만 더 이상 예전의 모습은 아닙니다. 부활한 예수에게는 하느님의 신성이 깃들어 있습니다.

부활한 예수는 초자연적인 모습으로 마리아와 여인들에게 나타나서 그들을 위로합니다. 예수는 엠마오로 내려가는 두 제자에게 나타나 그들과 대화를 나누지만, 그들은 영적인 눈이 뜨이기 전까지는 예수를 몰라봅니다. 예수는 또한 유대인을 피해 마가의 다락방에 숨어 있던 제자들에게도 나타나서 그들에게 용기와 마음의 평화를 줍니다.

예수는 자신을 믿는 사람들에게 이렇게 말합니다.

"나는 너희에게 평화를 주고 간다. 내가 주는 평화는 세상이 주는 평화와는 다르다. 나와 하느님이 하나인 것처럼 너희도 서로 하나가 되어라."

기독교인들은 이런 예수에게서 하느님의 신성을 느낍니다. 평화와 환희가 온몸을 감쌉니다. 영성 수련중에 이런 경험을 하는 사람들은 어두운 현실 속에서 하느님의 희망과 생명을 볼 수 있고, 무한히 신비한 우주 속에서 하느님의 섭리를 볼 수 있는 혜안, 즉 지혜의 눈을 가지게 됩니다.

그들은 하느님과 온전히 하나되는 경험을 하면서 무한히 고요하고 평화로운 상태에 머물게 됩니다.

이그나티우스는 그의 마지막 관상인 '사랑을 얻기 위한 관상'에서 다음과 같은 기도를 합니다. 이것은 그가 영성수련을 통해 이룩한 내면의 지혜의 영성으로부터 들은 말씀일 것입니다.

> 주여, 나를 받으소서.
> 나의 모든 자유와 나의 기억력과 지력과 의지와
> 내게 있는 것과 내가 소유한 모든 것을 받아들이소서.
> 당신이 내게 이 모든 것을 주셨나이다.
> 주여, 그 모든 것을 당신께 도로 드리나이다.
> 모든 것이 당신 것이오니
> 온전히 당신 의향대로 그것들을 처리하소서.
> 내게는 당신의 사랑과 은총을 주소서.
> 이것으로 내가 족하나이다.

기독교의 영성 수련은 자신의 밖, 즉 외부의 신神에 대한 신앙을 전제로 하여 그의 영성을 닮아가려고 수련한다는 점에서, 자신의 내면을 성찰하고 그 안에서 진리를 찾으려고 수련하는 불교와는 근본적으로는 다릅니다. 그러나 유한한 물질과 권력과 명예 등을 초월하여 영원한 마음의 평화와 생명 등을 추구한다는 점에서는 다를 바가 없습니다. 그러므로 기독교나 불교가 서로 배타적이지만 않다면 영성 수련이라는 점에서는 상호보완적인 면이 많이 있는 것이 사실입니다.

영적 독서

영적 독서(Lectio Divina)는 전통적으로 수도원을 중심으로 행해져온 성경 읽기 기도입니다. 요즘 교회에서 많이 하는 QT(quiet time)는 영적 독서를 생활 속에서 간단하게 응용하려는 기도입니다. 그러므로 영적 독서와 QT는 같은 방법을 사용하는 기도입니다.

이 기도는 네 부분으로 이루어져 있는데, 독서(lectio), 묵상(meditatio), 기도(oratio), 그리고 하느님의 현존 안에서 평화롭게 머무는 관상(contemplatio)이 바로 그것입니다.

이제 구체적으로 예를 들면서 이 기도의 방법을 설명하겠습니다.

먼저 심호흡을 하면서 예수기도를 하여 내면의 세계에서 마음의 평화를 느끼도록 합니다.

예수기도는 정교회 교인들이 주로 하던 기도이지만 오늘날에는 전 세계의 모든 기독교인이 관상기도중에 즐겨하는 기도입니다. 숨을 들이쉬면서 속으로 '예수'라고 말하고, 숨을 내쉬면서 '그리스도여'라고 말합니다. 혹은 숨을 들이쉬면서 '예수 그리스도여'라고 말하고, 숨을 내쉬면서 '저에게 자비를 베푸소서'라고 말하기도 한다.

처음에는 2분, 5분, 10분으로 시작하여 나중에는 시간에 구애받지 않고 하고 싶을 때까지 예수기도를 합니다. 예수기도를 통해 마음 깊은 곳이 예수의 현존으로 가득 차게 되면, 두려움을 극복하고 마음의 평화를 느끼게 됩니다. 때로는 날개 치며 하늘 높이 솟아오르는 독수리의 기상을 느끼기도 하고, 또 때로는 비둘기 같은 온유함을 느끼기도 합니다.

마하트마 간디는 이런 방식의 기도는 원자탄보다도 더 강한 힘이 있다고 말했습니다.

그런 다음 독서할(lectio) 책 또는 성경을 들고 읽기 시작합니다.

어떤 단어나 절, 혹은 문장이 마음에 와닿을 때까지 읽습니다. 그리고 마음에 와닿는 어떤 문장이 있으면 읽기를 멈춥니다. 영적 독서에서 읽는 책은 영적인 내용의 책이면 어떤 책이라도 무방하지만 대부분은 주로 성경을 선택합니다.

다음에는 부각된 어떤 말씀에 초점을 맞추어 그 의미를 묵상(meditatio)합니다.

말씀을 묵상하면서 의미를 성찰할 때 어떤 틀 안에 갇히지 말고 넓고 깊게 의미를 고찰하도록 합니다.

깨달음이 있으면 하느님께 말씀드리고 싶은 어떤 느낌이 일어나는데, 그러면 그 느낌을 하느님께 말씀드리는 기도(oratio)를 합니다.

이런 과정을 거친 후 의미의 성찰과 그 성찰의 결과에 응답하는 기도가 단순화되면서 하느님의 현존 안에 평안히 머무는 텅 빈 충만의 상태로 옮겨가게 되는데, 이것이 관상(contemplatio)의 상태입니다.

성경을 지식 위주로 혹은 맹신적으로 공부하다 보면 독선과 배타성이 자신도 모르게 조금씩 강해져서 깨달음의 세계와는 점점 멀어질 위험이 있습니다.

성경을 읽고 묵상하고 기도하면서 마음을 비우고 관상의 상태로 갈 수 있도록 꾸준히 노력하는 기독교인은 틀림없이 영성이 깊어지고 성장하게 됩니다. 영성의 성장은 또한 치유를 가져온다는 사실을 꼭 기억하십시오.

심우도 尋牛圖

명상의 과정, 특히 깨달음의 과정에 대한 설명으로서 가장 적절한 설명은 곽암선사鄭庵禪師의 심우도尋牛圖 혹은 십우도十牛圖가 아닌가 합니다.

심우도에 대해서는 이 책의 앞에서 간단하게 설명했습니다만, 여기서 소(牛)는 인간의 마음을 의미합니다. 그런데 그 마음은 참자아, 지혜, 또는 진리를 포함하는 마음입니다.

소를 찾아 떠나는 열 가지 과정을 설명하는 것이어서 심우도 혹은 십우도라고 하는데, 심우도가 의미하는 바는 자신의 잃어버린 마음을 찾아서 참자아나 진리를 발견한다 해도 그것을 온전히 깨달아 걸림이 없어질 때까지는 많은 수행이 필요하다는 것입니다.

"이해를 깨달음이라 착각하지 말고, 깨달음을 해탈이라 착각하지 말라"는 티베트의 속담이 있습니다. 이 속담이 의미하는 바도, 심우도와 마찬가지로 깨달음의 영적 여행에는 지속적인 수행이 필요하다는 뜻인 듯합니다.

심우도의 첫 번째 그림은 참자아의 본성을 잃어버리고 방황하는 사람입니다. 이것은 시공時空을 초월하여 모든 사람에게 적용되는 사실이지만, 천박한 물질주의와 탐욕과 쾌락과 퇴폐 속에서 길을 잃고 헤매는 현대인들에게 특히 잘 들어맞는 상징으로 보입니다.

심우도의 두 번째 그림에서 그는 소의 발자국을 발견합니다. 우리는 불경이나 성경을 읽다가, 아니면 고전문학을 읽다가, 혹은 자연의 신비를 바라보다가 소의 발자국을 발견하곤 합니다. 당신 또한 지금 이 책을 읽고 명상을 수행하다가 소의 발자국을 발견하여 영적 여행을 떠나게 될 수도 있습니다.

심우도의 과정 하나하나는 그 자체로 명상의 좋은 대상이 됩니다. 다음에 제시하는 심우도의 과정에 대한 노래들을 하나씩 명상하고, 다음에는 심우도 전체를 바라보며 명상해보십시오.

한 가지 조심할 점은, 심우도는 진리를 추구하기 시작하는 하나의 영적 여행에 대한 과정을 묘사한 것이지 어떤 특정한 종교성을 띠는 것은 아니라는 점입니다. 그러므로 종교에 대한 선입견을 가지고 심우도를 대하지는 마십시오. 심우도는 종교의 유무를 떠나 나를 찾아가는 모든 사람에게 해당하는 영적 여행입니다.

1. 소를 찾아 나서다 (尋牛)

우거진 풀숲 헤치며 지향 없이 헤매니
물은 깊고 산은 험해 길은 더욱 험하구나.
아무리 애써 봐도 찾을 길 막연하고
무심히 들려오는 늦가을 벌레 소리.

〈주해〉

잃어버린 마음을 찾기 위해 명상을 시작했으나 마음이 분산되고 세상일에 얽매여서 잃어버린 마음을 찾기가 쉽지 않다. 자신의 참된 본성에서 분리되어 지금까지 살아왔으니 마음을 집중하고 세상일에 무관하기가 쉽지 않은 것이다. 자신의 참된 본성을 찾으려는 소망과 노력으로 심신이 피로해졌지만, 그것을 찾을 길은 막연하고 세상의 유혹과 욕망만이 가득하다.

2. 소의 발자국을 보다 (見跡)

개울가 우거진 수풀 아래
드디어 여기저기 발자국이 보이네.
아무리 산이 깊고 험하다 한들
하늘 같은 콧구멍 저가 어이 감추랴.

〈주해〉

소의 발자국은 땅 위에서 볼 수 있는 것이다. 풀로 뒤덮인 풀숲에서야 어찌 소의 발자국을 찾을 수 있겠는가. 마음이 맑고 선명한 명상 속에서 참된 자신의 본성이 보이는 법이다. 마음이 어지럽게 흩어진 곳에서야 어떻게 자신의 참된 본성을 볼 수 있겠는가. 마음을 맑고 밝게 닦아가면 결국은 자신의 잃어버린 참자아의 본성이 보이기 시작한다.

3. 소를 발견하다 (見牛)

꾀꼬리 가지에서 노래 부르고
따뜻한 봄바람에 버들 푸르네.
한 걸음도 물러설 수 없는 곳인데
드디어 보이누나 반가운 소의 모습.

〈주해〉

귀를 기울이노라면 그 소리의 근원을 느낄 수 있다. 나무에 앉아 울어대는 꾀꼬리 소리를 들으며, 봄날 산들바람에 나부끼는 버들 가지를 보는 평화로운 마음이면 이미 문 안에 들어선 것이다. 일단 문 안에 들어서면 소의 머리가 보인다. 소는 애당초 밖에 있었던 것이 아니다. 소는 항상 문 안에 있었다. 참된 본성은 항상 내 안에 있었다.

4. 소를 붙잡다(得牛)

죽을힘을 다해 코를 꿰었건만
제멋대로 날뛰어서 길들이기 어렵구나.
어떤 때는 언덕으로 겨우 끌고 갔으나
이내 다시 숲 속으로 달아나고 마누나.

〈주해〉

그동안 숨어 있던 소를 찾아 격렬한 싸움 끝에 간신히 코를 꿰었다. 그러나 그동안 자유분방했던 소의 사나운 힘은 길들이기가 어렵다. 간신히 언덕 위로 끌어올려놓으면 이내 다시 안개 속으로 숨어버리고 만다. 내 마음속의 소는 아직도 맛 좋은 풀을 찾아 헤매고 있으며, 아직도 고집이 세고 제멋대로이다.

5. 소를 길들이다(牧牛)

채찍과 고삐로서 부지런히 다스림은
혹시나 딴길 들까 두려웠기 때문이네.
이제야 길이 들어 서로가 낯익으니
고삐를 안 매어도 순순히 따라오네.

〈주해〉

하나의 깨달음을 얻었다 해도 언제 그것이 사라질지 모른다. 한 번 진리를 본 것으로는 충분하지 않다. 그래서 방심해서는 안 된다. 고삐를 바짝 당겨 계속 정진해야 한다. 외부의 현상에 현혹되지 않고 나의 참된 본성을 바로 보아 물 흐르듯이 자연스러워지면 더 이상 고삐를 바짝 당기지 않아도 될 것이다.

6. 소를 타고 집으로 돌아오다 (騎牛歸家)

소를 타고 느긋이 돌아오는 길
닐리리 피리 불며 저녁노을 한가롭네.
한 곡조 한 가락의 한없는 뜻을
구태여 알아줄 이 구해서 무엇하랴.

〈주해〉

소를 길들인 후 소와 싸움은 끝났다. 나는 잃어버린 마음을 찾아 주인이 된 것이다. 이 깨달음의 기쁨을 이해하는 사람은 많지 않으니 홀로 즐길 수밖에 없다. 그리고 구태여 그것을 알아주는 사람은 찾아서 또 무엇 하겠는가.

7. 소는 잊고 사람만 남다(忘牛存人)

소를 타고 무사히 내 집에 오고 보니
소는 이미 필요 없고 사람도 한가롭네.
해 뜨도록 늦잠 자고 느긋이 눈을 뜨니
채찍 고삐 부질없이 외양간에 걸려 있네.

〈주해〉

본래 소와 나는 둘이 아니다. 다만 나의 어두움이 내 안의 소를 보지 못하게 막았을 뿐이다. 소와 내가 하나가 된 지금, 나는 무한히 평화롭고 무한히 자유롭다. 외부의 상황이 어떻다 한들 나는 구애받지 않고 자연스럽다. 소를 길들이던 채찍과 고삐도 이제는 필요 없다. 나는 그물에 걸리지 않는 바람이다.

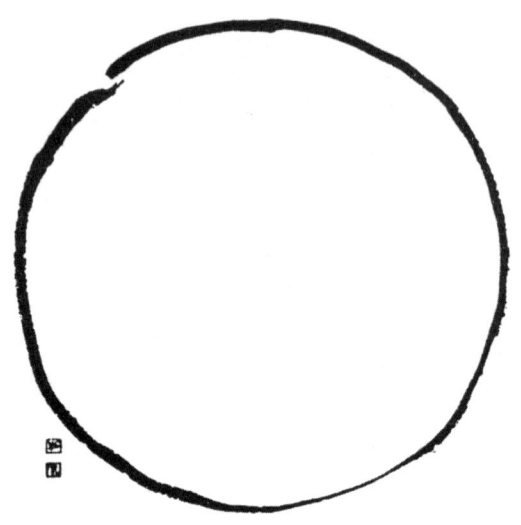

8. 나와 소를 모두 초월하다 (人牛俱忘)

채찍 고삐 사람 소 모두 잊으니
푸른 하늘 광대하여 끝이 없구나.
훨훨 타는 화롯불에 한 점 눈이라
이제야 바야흐로 할 일 다했네.

〈주해〉

마음은 한없이 맑고 투명하여 걸림이 없다. 일상적인 것들은 사라져버리고 더 이상 깨달음을 추구하지도 않는다. 다만 깨달음의 존재일뿐. 타오르는 불꽃 위에 떨어지는 눈송이가 순간도 머무르지 못하듯이, 어떤 것도 나에게는 걸림이 되지 못하고 또한 수용하지 못할 것도 없다. 태어나고 늙고 병들고 죽는 것도 나에게는 다 하나의 현상일 뿐, 나는 어떠한 상태에도 머무르지 않는다.

9. 근원으로 돌아가다 (返本還源)

본래로 돌아오니 공연히 애썼구나.
차라리 귀먹고 눈이나 멀었던들
내 집 안에 있는 풍경 내가 왜 못 봤던고
물은 절로 흘러가고 꽃은 스스로 붉구나.

〈주해〉

다만 내가 보지 못했을 뿐 처음부터 진리는 거울처럼 맑다. 나의 마음도 이제 거울처럼 맑고 평정하다. 거울처럼 맑고 평정한 나의 마음에 비치는 우주의 삼라만상은 스스로 형성되고 스스로 해체된다. 인위적으로 어떤 것을 이루려고 하지도 않고 어떤 것에 집착하지도 않는다. 산은 산이고 물은 물이다.

10. 세상으로 돌아오다 (入鄽垂手)

맨발에 맨가슴 길거리로 설렁설렁
흙먼지 덮어써도 언제나 웃음일세.
신선의 비결 따위 무슨 소용 있으랴
곧바로 마른 나무 꽃을 피우네.

〈주해〉

좋은 곳 나쁜 곳, 높은 자리 낮은 자리 구별하지 않는다. 구태여 격식을 갖추지도 않는다. 그런 나를 보고 알아주지 않아도 개의치 않는다. 있으나 없으나, 누가 알아주든 말든 언제나 미소로 바라본다. 기적을 행하거나 신통력을 쓰지 않아도 알아보는 이는 알아보고 깨달음을 얻는다.

노인과 바다

《노인과 바다》는 어니스트 헤밍웨이에게 노벨문학상을 안겨준 중편소설입니다. 13장의 〈최선을 다하되 집착하지 않는 삶〉이라는 글에서 이미 《노인과 바다》의 내용을 간단하게 소개했지만, 여기에서 다시 이 소설을 소개하고 명상의 소재로 삼아볼까 합니다. 이 소설은 얼핏 보면 한 늙은 어부의 일화에 지나지 않지만 사실은 인생의 실상을 가장 정확하게 보여주는 최고의 상징입니다.

분량이 그리 많지 않은 중편소설임에도 불구하고 수많은 문학비평가들이 위대한 소설로 극찬하고 수많은 독자들이 여전히 애독하고 있는 이유는, 이 소설이 삶의 여정을 거의 영적 차원에서 적나라하게 상징적으로 보여주고 있기 때문입니다.

적지 않은 문학 작품들은 영적 독서의 교재로 삼아도 좋을 만큼 인생의 심오한 면을 다루고 있는데 《노인과 바다》도 그중의 하나라고 생각합니다. 《노인과 바다》의 내용은 다음과 같습니다.

멕시코 만류에서 혼자 고기잡이를 하는 산티아고라는 한 늙은 어부가 있었습니다. 다른 어부들은 큰 물고기를 잘도 잡아왔지만, 그만은 지난 84일 동안 날마다 바다로 나갔으나 한 마리의 물고기도 잡지 못했습니다.

그는 아직 어두운 새벽에 다시 배를 저어 고기잡이를 떠납니다. 그는 며칠을 뜨거운 태양과 굶주림과 싸우면서 자신도 큰 물고기를 한 번 낚아보겠다는 염원으로 낚싯줄을 바다에 드리우고는 하염없이 기다렸습니다.

그는 고기가 미끼를 물기를 기다리고 있는 동안 돌고래 떼도 만나고 바다거북이도 만나면서 그들에게 강한 형제애 같은 감정을 느끼기도 합니다.

그는 바다매나 크고 억센 바다새도 만나고 또 제비갈매기처럼 연약한 새도 만납니다.

그는 혼자 중얼거려 봅니다.

"바다매나 억세고 큰 새들이라면 또 몰라도 바다의 새들은 대개 우리보다도 더 고달픈 생활을 하고 있어. 바다란 매우 잔인할 때도 있는데 어쩌자고 제비갈매기처럼 저렇게 연약한 새를 만들었을까? 바다는 보통 때는 다정하고 아름답지만 때로는 무자비하기도 하고, 또 그것도 갑자기 일어나니 가냘픈 소리로 울면서 주둥이를 바다에 적시며 먹이를 찾고 다니는 저 새들은 바다의 모진 생활을 견디기에는 너무나도 연약하지 않은가?"

어부는 마침내 엄청나게 큰 물고기를 낚게 됩니다. 물고기가 어찌나 크던지 노인은 물고기와 사흘간이나 사투를 벌입니다. 그동안에 그는 손에 쥐도 여러 번 났고, 등과 손바닥은 다 벗겨졌습니다.

노인은 우여곡절 끝에 고기를 잡아 배의 옆에 비끌어맸습니다. 고기가 너무 커서 배에 실을 수 없기 때문이었는데, 고기의 몸이 어찌나 큰지 조각배 옆에 더 큰 배 하나를 달고 가는 것 같아 보였습니다.

그는 부지런히 자기가 떠나온 그 작은 항구로 돌아가기 시작했습니다. 그러나 노인은 죽을 고비를 넘기며 사투 끝에 잡은 그 거대한 물고기를 항구까지 무사히 가져갈 수 없었습니다. 도중에 여러 종류의 상어 떼를 만났기 때문입니다. 상어들은 노인이 잡은 거대한 물고기에게 달려들어 살을 먹어치우기 시작했습니다.

산티아고 노인은 고기를 지키기 위해 필사적으로 상어 떼와 싸웠으나 역부족이었습니다. 그가 항구에 돌아왔을 때는 밤이었는데, 그 거대한 물고기는 어둠 속에 뼈만 앙상하게 드러내고 있었습니다. 노인은 피로를 느꼈으므로 자신의 오두막으로 들어가 이내 잠이 들었습니다.

다음날 아침 노인의 조각배 옆에는 어부들이 모여 고기의 시체를 들여다 보며 감탄하고 있었습니다. 그들은 이렇게 큰 물고기는 생전 처음 보았습니다. 사람들은 고기가 상어 떼에게 다 먹히고 뼈만 남아 있는 것을 안타깝게 생각하고 있었습니다. 그러나 노인은 오두막 속에서 다시 잠들고 있었는데, 그는 잠 속에서 사자 꿈을 꾸고 있었습니다.

이 소설의 줄거리를 읽고 어떤 깨달음을 얻었으며 어떤 느낌을 받았습니까?
이 소설은 이미 말했듯이 인생을 관조하는 상징 소설입니다. 이 소설에서 바다는 우리가 살고 있는 삶의 현장, 곧 이 세상을 의미하고 어부들이 잡고자 하는 물고기는 우리가 인생에서 이루고자 하는 성취 내지 성공을 의미합니다.
그러나 커다란 물고기를 잡는 것은 정말로 어렵습니다. 마찬가지로 인생에서 우리의 꿈을 이루거나 원하는 대로 성공하는 것은 저절로 되는 것이 아니라 온 힘을 기울여서 필사적으로 노력을 해야만 가능한 일입니다. 성공은 노력과 함께 운도 따라야 합니다. 그러니 꿈을 이루고 성공을 하는 사람들은 극소수일 수밖에 없습니다.
산티아고 노인이 집으로 돌아오는 도중에 상어가 달려들어 그 큰 물고기를 다 뜯어먹어 치웁니다. 노인은 고기를 지키려고 무던 애를 쓰지만 상어 떼를 막지 못합니다.
상어가 상징하는 것은, 우리가 이룬 꿈이나 성공도 결코 영원할 수는 없다는 뜻입니다. 한 번 얻은 성공을 죽을 때까지 지키기는 무척 어렵기 때문입니다. 설사 죽을 때까지 자기가 이룬 성공을 지켜낸다고 해도 마지막 상어가 우리를 기다리고 있습니다. 그것은 바로 죽음이라는 상어입니다. 사실

죽은 후에는 우리가 얻은 그 모든 것은 다 사라지고 마는 것이 진실입니다.

사람들은 상어가 다 먹어치우고 뼈만 앙상하게 남은 물고기에 대해 아쉬워하고 있지만, 산티아고 노인은 자기가 잡았던 물고기나 상어 따위는 이미 잊어버리고 편안한 얼굴로 잠이 듭니다. 그리고 꿈속에서 아프리카의 초원을 달리는 사자를 꿈꿉니다. 자기가 이룬 성공은 사라져도 백수의 왕 사자의 기상은 간직한 채 말입니다.

산티아고 노인의 태도는 인생을 달관한 사람의 태도입니다. 그래서 문학 비평가들은 이 소설의 분위기를 스토아학파(stoicism)와 궤를 같이 한다고 설명합니다.

산티아고 노인은 자신이 하는 일에 최선은 다하지만 그 결과에 연연하지는 않는, 즉 인생을 관조하는 달관의 태도를 가지고 있는데 저는 이런 것이야말로 오늘날 명상하는 사람들이 추구하고 성취해야 할 경지가 아닐까 하는 생각을 가지고 있습니다.

치유명상 20 | 산티아고 노인과 함께 하는 명상

심호흡을 하면서 마음을 고요히 만들어봅니다.
이제 자신을 산티아고 노인이라고 상상해보십시오. 다른 어부들은 크고 작은 물고기를 잡아 신나게 돌아오곤 하는데 자신은 84일 동안이나 물고기를 잡으러 바다에 나가서도 늘 허탕만 치고 돌아옵니다. 어떤 느낌이 드십니까?

노인은 좌절된 마음을 추스르면서 다시 바다로 나갑니다. 동틀 무렵이긴 하지만 아직 어둑어둑한 바다 위를 노를 저어갑니다. 튀어나온 날치들이 '슛슛' 하는 소리를 내면서 바다 위를 날아가고, 작고 연약한 제비갈매기들이 가냘픈 소리를 내면서 바다에 주둥이를 적시며 먹을 것을 찾아 애를 쓰고 있습니다.
바다매나 크고 억센 새들이라면 몰라도 바다갈매기처럼 그렇게 연약한 새들은 바다의 모진 생활을 하기가 너무 벅찰 것 같다는 연민의 정에 노인의 가슴은 찡하게 저려옵니다.
이 세상에서 배우지 못하고, 돈 없고, 소외된 채 희망 없이 살아가는 사람들과 연약한 바다갈매기를 연상시켜보십시오. 어떤 느낌이 드십니까? 잠시 그 느낌 안에 머물러보십시오.

햇볕이 점점 따가워지자 노인은 목덜미가 쓰려옵니다. 노질만 조금 하는데도 온몸에 땀이 흐르는 것을 느낍니다. 배도 고프고 목도 마릅니다. 때로는 눈도 흐릿하여 헛것을 보기도 합니다. 그러나 노인은 악착같이 버팁니다.

마침내 물고기가 미끼를 물었는지 낚싯줄이 풀려 나갑니다. 풀려 나가는 낚싯줄의 속도와 힘을 보아 아주 큰 물고기 같습니다. 노인은 낚싯줄을 등에 둘러 메고 버팁니다. 줄이 어찌나 팽팽한지 노인은 사흘간이나 고기와 사투를 벌이면서 등이며 손바닥이 다 벗겨졌습니다.

노인은 포기하고 싶은 마음을 극복하면서 싸운 결과 마침내 엄청나게 커다란 물고기를 잡습니다. 물고기는 배에 싣기에 너무 컸기 때문에, 노인은 배 옆구리에 비끌어 매고서 자기가 떠나온 그 작은 어촌으로 돌아갑니다.

돌아가는 도중에 여러 종류의 상어 떼가 고기에게 달려들어 고기의 살을 먹어 치우기 시작합니다. 어촌으로 돌아간 후 노인은 피로하여 잠들고 사람들은 뼈만 남은 그 커다란 고기를 보며 안타까워합니다.

노인은 아랑곳하지 않고 자신의 오두막집에서 편안한 얼굴로 잠들어 아프리카 초원을 달리는 사자의 꿈을 꿉니다.

당신이 상상 속에서 산티아고 노인이 되어 이런 명상을 하면서 어떤 느낌을 가지게 되었는지 살펴보고 그 느낌 속에 잠시 머물러보십시오.

산티아고 노인의 이야기와 이 세상을 살아가는 사람들의 삶을 비교하면서 그 느낌 또한 살펴보십시오.

어떤 깨달음과 느낌을 얻었습니까?

책을 닫으며

　이 책의 수정증보판을 마무리하면서도 무언가 아쉬움이 남습니다. 저의 삶에 주어진 일을 하느라, 즉 직업적인 일로 바빴기에 원고에 집중할 여력이 부족하여 원래 쓰고자 했던 내용을 충분히 다 쓰지 못했다는 생각에 그런 감정이 생기는 것 같습니다.

　특히 이 책은 초판이 나왔을 때부터 많은 분들에게 구체적인 치유명상 프로그램을 만들어달라는 요청을 받았습니다. 그럴 때마다 저는 다음번 개정판을 낼 때 노력해보겠다고 말씀드렸는데, 결국 그러지를 못해서 더욱 아쉬운 마음이 드는가 봅니다.

　사실 이 책의 목적은 명상을 통해 '나는 누구인가' 성찰해보고, 삶과 죽음의 의미를 깨닫고, 그 결과로 영성을 성장시켜 우리의 상처를 치유하기 위함입니다. 그리고 그런 목적을 위해 제가 행하고 경험했던 다양한 지식과 에세이를 엮어놓은 원고였습니다.

　그러므로 치유명상의 과정들을 하나의 프로그램으로 빠짐없이 구체적으로 구성하는 것은 이 책의 주된 목적과는 일치하지 않습니다. 그럼에도 불구하고 소박하고 순수하게 이 책을 읽어 나간다면, 신영복 선생님이 말씀하신대로, 우리는 우리의 아픔까지도 사랑하게 되고 그것은 곧 치유로 이어지리라고 저는 믿습니다.

이 책에 치유명상 프로그램을 따로 제시하지 않은 또 다른 이유는, 치유명상은 얼굴과 얼굴을 맞대고 함께 해야 하는 것이지 글로만 써서 전달하기에는 다소 무리가 따른다고 생각해서입니다. 저는 언젠가 형편이 허락되면 치유명상 프로그램을 원하는 사람들과 함께 명상하는 기회를 만들고 싶습니다. 그 일은 저 자신을 위한 숙제로 남겨두겠습니다.

맺는 말을 쓰면서, 나도 모르게 어느새 가을이 성큼 다가왔고, 또 미처 의식하지도 못한 채 벌써 가을이 끝자락에 접어들고 있다는 느낌을 받습니다. 그렇게 시간은 흐르고, 강물도 흐르고, 또 우리의 청춘과 인생도 흐릅니다. 때로는 쓸쓸함도 느낍니다. 이 책을 읽는 독자분들은 아무쪼록 명상을 통해 그 쓸쓸함까지도 미소로 관조할 수 있으면 좋겠습니다.

순금의 정신으로 빚어내는
천금의 감동이 있는 곳

정신세계사는 홈페이지와 인터넷 카페를 통해
열린 마음으로 독자 여러분들과 깊은 교감을 나누고자 합니다.
홈페이지(www.mindbook.co.kr)에 들러 회원으로 가입해주시면

1. 신간 및 관련 행사 소식을 이메일로 받아보실 수 있습니다.
2. 신간 도서의 앞부분(30쪽 가량)을 미리 읽어보실 수 있습니다.
3. 지금까지 출간된 도서들의 정보를 한눈에 검색하고 열람하실 수 있습니다.
4. 품절·절판 도서의 대여 서비스를 이용하실 수 있습니다.(카페 안내문 참고)
5. 자유게시판, 독자 서평, 출간 제안 등의 기능을 활용하실 수 있습니다.
6. 정신세계의 핫이슈에 대한 정보와 의견들을 자유롭게 나누고
   교류하실 수 있습니다.
7. 책이 출간되기까지의 재밌는 뒷이야기들을 들으실 수 있습니다.

풍성한 컨텐츠로 새롭게 태어난
인터넷 카페(cafe.naver.com/mindbooky)도 꼭 방문해주세요.
일상의 깨달음에서 심오한 가르침에 이르기까지,
그 모든 정신의 도전을 책 속에 담아온 정신세계사의 가족이 되어주세요.

정신세계사의 주요 출간 분야

겨레 밝히는 책들 / 몸과 마음의 건강서 / 수행의 시대 / 정신과학 / 티벳 시리즈 / 잠재의식과 직관 / 자연과 생명 / 점성·주역·풍수 / 종교·신화·철학 / 환생·예언·채널링 / 동화와 우화 영혼의 스승들 / 비총서(소설 및 비소설)